ESSAIS

DE

LITTÉRATURE DU DROIT

DU MÊME AUTEUR.

Principes du Droit. 1857. 1 vol. in-8   Prix : 6 fr.

A LA MÊME LIBRAIRIE.

Fœlix. Traité du Droit international privé, ou du conflit des lois de différentes nations en matière de droit privé. Troisième édition, revue et augmentée, par Ch. Demangeat, professeur suppléant à la Faculté de droit de Paris, 2 vol. in-8.
15 fr. »» c.

— Des Lettres de change et Billets d'Angleterre, etc., in-8.
1 fr. 50 c.

Lacuisine (De), conseiller à la cour royale de Dijon. Traité du Pouvoir judiciaire dans la direction des débats criminels ; 1 gros vol. in-8.......................... 7 fr. 50 c.

— Administration de la Justice criminelle en France. In-8.
3 fr. »» c.

— De l'influence légitime de la magistrature sur les décisions du jury. — Étude des mœurs judiciaires. Brochure in-8.
1 fr. 25 c.

— De l'esprit public dans l'institution du jury, et des moyens d'en empêcher la ruine. Brochure in-8........ 2 fr. »» c.

R. de Fresquet, professeur de droit romain à la faculté d'Aix. Répétitions écrites sur le Droit romain, ou Traité élémentaire contenant :

1° Une introduction historique ;

2° Le texte, la traduction, et un commentaire complet des Institutes de Justinien.

3° Les principales théories du Digeste, du Code et des Novelles.

Revue pratique de droit français, jurisprudence, doctrine, législation, par MM. Charles Demangeat, professeur suppléant à la Faculté de Droit de Paris, Charles Ballot, docteur en droit, Frédéric Mourlon, docteur en droit, Émile Ollivier, avocat à la Cour impériale de Paris. — Cette Revue paraît tous les quinze jours, à partir du 15 février 1856, par cahiers de trois feuilles d'impression, qui forment à la fin de l'année deux beaux volumes in-8°. Années 1856-1857, 1857-1858, 4 vol. in-8.

Prix de l'abonnement : pour Paris et les départements, 15 fr. par an ; pour l'Étranger, 18 fr. par an.

Corbeil, typ. et stér. de Crété.

ESSAIS

DE

LITTÉRATURE DU DROIT

PAR

H. THIERCELIN

DOCTEUR EN DROIT

Ancien avocat à la Cour de Cassation

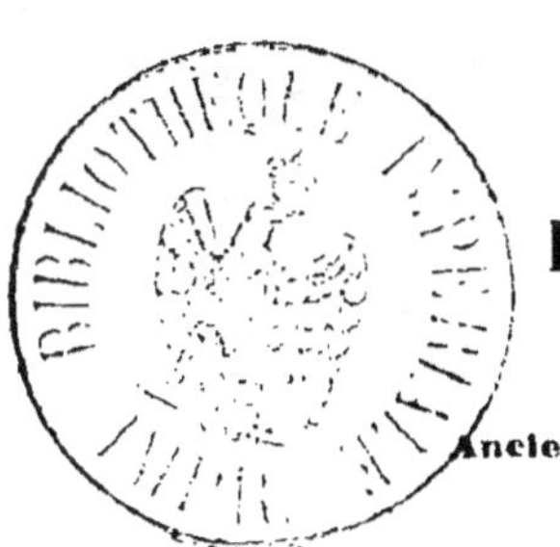

PARIS

A. MARESCQ, LIBRAIRE-EDITEUR

17, RUE SOUFFLOT

1859

PRÉFACE

—

Les Allemands appellent Littérature du Droit toute une classe de travaux qui, sans avoir pour objet telle ou telle partie de la science, touchent à toutes les parties par leur généralité. Ce genre d'études, très-cultivé chez eux, est, chez nous, à peu près inconnu. En donnant sous ce titre un nouveau volume au public, j'ai besoin de rappeler qu'il ne se compose que de dissertations toutes parues à différents intervalles dans diverses publications périodiques : cela expliquera quelques formes de style qui surprendraient dans un livre écrit tout d'une suite, et au premier abord, un défaut d'unité de composition choquant dans un ouvrage prémédité, eût-il été écrit, comme toutes les dissertations qui composent ce volume, sous l'empire d'une pensée unique.

La pensée de ces causeries, pour me servir d'un

mot à la mode, est celle qui préoccupe tout jurisconsulte qui ne croit pas que la science du Droit
puisse se développer au hasard. Après tant de travaux approfondis sur toutes les matières du Droit,
quand plus d'un demi-siècle écoulé depuis la publication de nos Codes a permis à la jurisprudence
des tribunaux d'en éclairer toutes les parties, ne serait-il pas bon de faire un retour sur les questions de
méthode pour mesurer le chemin parcouru et la
route à suivre ? Peut-être. C'est parce que j'en suis
convaincu que je me suis laissé aller à ce travail
où je touche à tant de choses. Toutefois ces impro-
visations ne sont pas sans lien entre elles. Dans une
première partie, j'ai émis quelques vues sur l'étude
du Droit et son enseignement ; dans la seconde,
une suite de dissertations, dont j'ai fait dans cette
réimpression autant de chapitres, ont pour objet
quelques principes de logique et de méthode les plus
usuels ; une troisième partie complète ces vues par
l'exposition de la doctrine juridique de quatre
grands esprits, Leibnitz, Vico, Bacon et Montesquieu, jurisconsultes-philosophes, non utopistes,
à qui la science du Droit, dans son ensemble, est
redevable des services les plus signalés ; et l'ouvrage se termine par un travail sur l'organisation

intérieure de la Cour de cassation. Ces séries d'é-
tudes qui reparaissent corrigées, toutes conçues,
dans un même esprit, ne demeureront peut-être pas
tout à fait étrangères aux hommes pratiques, ne
fût-ce que par leur objet : c'est pour eux, à vrai
dire, qu'elles furent écrites.

On ne trouvera pas ici de théorie sur le Droit
philosophique tel que l'ont rêvé Grotius, Kant
et leurs émules. Rien de conjectural n'a trouvé place
dans ce recueil ; tout ce qui aurait porté l'empreinte de vues trop personnelles a été rigoureusement écarté. J'ai pris le Droit tel que les législations
positives l'ont fait, et me suis borné à mettre en lumière quelques principes qui le dominent. Si la
lecture de ces pages pouvait ramener dans quelques
intelligences vouées aux rudes travaux du Droit, le
goût d'études trop négligées, tout aussi nécessaires
que celles qui accumulent dans nos bibliothèques
tant d'énormes in-quarto, d'où ne tardera pas à naître la confusion je me féliciterais ; car j'aurais
obtenu tout le succès que je puis me promettre de
cette modeste publication.

H. T.

ESSAIS
DE LITTÉRATURE DU DROIT

PREMIÈRE PARTIE

ENSEIGNEMENT

CHAPITRE PREMIER

DE L'ENSEIGNEMENT DU DROIT CIVIL EN FRANCE

I

L'enseignement du Droit est depuis de longues années, en France, l'objet d'incessantes préoccupations. Tous ceux que cette science intéresse, professeurs de Facultés, magistrats, membres du Barreau, reconnaissant que l'enseignement laisse à désirer, s'inquiètent des causes qui semblent paralyser en quelque sorte les efforts des corps enseignants, qui cependant ne furent jamais à aucune époque plus éclairés, plus consciencieux et plus méritoires.

A quelles raisons faut-il attribuer la stagnation des études du Droit, et par suite l'isolement des écoles où on l'enseigne ? On ne s'en prendra pas à la science, quoiqu'elle ait bien ses difficultés particulières dont nous essaierons plus loin de préciser la nature. On ne s'en prendra pas non plus aux hommes, car nos professeurs de Droit, hommes distingués, même éminents pour la plupart, et tous sans exception très-instruits et très-laborieux, ne peuvent pas encourir le reproche de manquer à leur tâche. Et quant aux élèves, on nous accordera bien que la jeunesse actuelle, où l'École, la Magistrature et le Barreau trouveront très-certainement un jour de dignes recrues, n'entend pas laisser tomber volontairement en désuétude les fortes traditions de travail des générations qui l'ont précédée. Mais peut-être, si l'on ne peut accuser ni les hommes ni les choses, trouvera-t-on la cause du mal là même où on l'a si longtemps cherchée. Si ces vagues inquiétudes du professeur que nous avons vues si souvent se manifester, sinon sur l'excellence de l'enseignement qu'il dispense, au moins sur les résultats qu'il est en droit d'en attendre, et si le découragement qui atteint tant d'élèves à leur début, découragement trop général pour n'avoir pas quelque raison, témoignent d'un mal réel auquel il importe de remédier ; d'un autre côté, ces tâtonnements en tous sens des maîtres à la recherche de quelque méthode propre à faciliter à la jeunesse de nos écoles l'accès de la science, ces tentatives réitérées pour lui épargner tant de dégoûts, effet inévitable de tant d'efforts infructueux, auxquels n'échappent pas même les plus studieux et les mieux doués, jusqu'à ce qu'ils aient trouvé leur voie, ces recherches, disons-nous, indiquent d'elles-mêmes que le mal est dans le mode d'enseignement et qu'on sent instinctivement la possibilité de l'améliorer.

Les bases de l'enseignement du Droit, en France, sont encore dans la loi du 22 ventôse an XII, qui a ordonné l'organisation des écoles de Droit. Dans le système de cette loi, le cours des études ordinaires de Droit est de trois années ; il comprend le Droit civil français dans l'ordre établi par le Code, les éléments du Droit naturel et du Droit des gens, le Droit romain, dans ses rapports avec le Droit français, le Droit public français et le Droit civil, dans ses rapports avec l'Administration publique, et enfin, la législation criminelle et la procédure. A diverses époques, des modifications ont été apportées à ce programme d'études ; mais la plupart n'ont pas duré, et, sauf de légères modifications sans importance réelle dans l'ordre des cours, c'est le programme de la loi du 22 ventôse an XII qui est encore en vigueur.

Sur les résultats de ce plan d'études, bien des plaintes se sont élevées ; mais il s'en faut de beaucoup que les critiques aient partout raison. On s'est étonné que les élèves de nos Facultés n'en sortissent pas tout formés pour les affaires, tout armés pour la lutte ; on s'est plaint qu'ils consumassent leurs efforts dans l'étude de théories d'une application lointaine et d'une utilité douteuse aux affaires de la vie pratique, et l'on a souvent souhaité quelque système d'études qui fût une préparation plus immédiate de la jeunesse de nos écoles aux difficultés positives des différentes carrières qu'elle est appelée à parcourir.

Ceux qui ont élevé ces plaintes et émis ces vœux ne se rendent pas compte des conditions de tout bon enseignement en général, ni de la nature véritable de cette science pratique à laquelle ils voudraient que la jeunesse fût de suite initiée. Quoi donc, en effet, l'école pourrait-elle enseigner après les principes et leurs applications les plus immédiates, après la science telle que le temps l'a faite, après cet ensemble de règles et de conséquences, dont l'agencement constitue ce qu'on appelle la science du Droit, après la voie, la méthode selon laquelle il faut se diriger dans ce fourré épais et touffu, au milieu des complications infinies que l'état civil a fait naître? La pratique des affaires ne s'enseigne pas plus que la science de la vie; elle s'apprend, on ne la montre pas. Après l'enseignement de l'école, viennent les leçons de l'expérience; mais, de même que pour la vie commune, un cours de philosophie ne suppléera jamais aux rudes leçons des événements et du monde, de même aussi, dans la vie du jurisconsulte, c'est au *Forum* seulement, non ailleurs, que se complétera l'enseignement théorique du Droit; c'est au Palais que le légiste fera la contre-épreuve des vérités apprises à l'école, et qui forment son bagage scientifique.

Mais ce n'est pas à dire cependant qu'il faudra considérer comme oiseuses toutes ces théories qui s'élaborent à l'école avec un soin qu'on trouve trop méticuleux, et comme perdu le temps qu'on aura passé à les étudier. Ce serait se méprendre sur le caractère de l'enseignement et sur ses nécessités. Enseigner une science, c'est initier à ses principes et montrer comment ils s'agencent : or la nature d'un principe, ses conséquences, sa portée doivent être expliquées indépendamment de toute idée d'application. Car, pour appliquer la règle du juste avec certitude aux cas particuliers, il faut avoir une compréhension entière et parfaite de l'idée de justice, à quoi l'on n'arriverait pas si l'on ne l'étudiait que dans ses rapports les plus prochains avec la pratique. Il y a plus, une préoccupation trop vive des nécessités pratiques serait un obstacle à un enseignement complet et parfait ; elle détournerait le professeur de sa voie ; elle le ferait substituer à la science telle qu'elle est une science bâtarde et de proportions difformes, tantôt incomplète et tantôt inféconde.

Je ne m'étonne nullement que, pour développer un principe de Droit et le montrer tout entier, le professeur invente des espèces impossibles, fasse des hypothèses presque invraisemblables ; je ne m'étonne pas davantage qu'il néglige tel cas trèspratique, si cela ne doit pas manifester un principe quelconque sous un jour nouveau. Demander à un enseignement d'être, comme l'on dit, pratique, c'est demander, sans le savoir, la suppression de l'enseignement, quand même ce ne serait pas demander une chose impossible et en tous cas parfaitement inutile. On aurait alors des praticiens d'une habileté douteuse, des hommes d'affaires qui auraient peut-être par intuition un sentiment plus ou moins vrai du Droit, mais on n'aurait plus de savants, par une raison forcée, c'est qu'il n'y aurait plus de science.

Ces critiques dirigées contre le système d'enseignement de nos Facultés n'ont donc aucun fondement. Il y a dans la matière du Droit, comme dans toutes autres, deux choses bien distinctes et qui ne peuvent pas se suppléer, la science et l'application. L'enseignement donne la topographie de la science, il indique les chemins et la manière de s'y conduire ; mais le voyageur qui voudra bien connaître le pays ne sera pas dispensé de le visiter.

Mais si ces critiques ne sont pas fondées, il en est d'autres très-graves, auxquelles il n'a peut-être manqué que d'être formulées avec précision pour motiver d'utiles réformes. Elles ne s'adressent pas à l'enseignement des parties accessoires de la science du Droit, mais uniquement à celui du Droit civil, qui est le fond de l'enseignement de nos Facultés. Nous les résumerons en quelques mots ; les voici toutes en une seule : on exige trop de l'élève ; on le jette trop tôt dans les difficultés de l'étude approfondie du Droit ; on ne ménage pas assez les transitions ; au lieu de le faire descendre par degrés jusqu'au fond du gouffre, on l'y précipite dès les premiers pas.

Que peut-on attendre d'un enseignement qui, dès le début, plonge l'élève au plus profond des inextricables difficultés que l'explication de notre Code peut faire naître ? L'enseignement, chez nous, est tout de suite complet ; le professeur dit tout dès la première fois. Chaque matière, chaque disposition, de notre Code est abordée sans préparation, et le professeur ne la quitte qu'après l'avoir épuisée. On parle à des écoliers comme à des jurisconsultes éprouvés. Mais l'esprit se refuse à concevoir ainsi du premier coup toutes les conséquences d'une vérité, d'un principe, car la science n'entre dans l'intelligence que par couches superposées ; l'y faire entrer de prime abord complète, sans préparation et sans ménagement, c'est obliger l'esprit à des efforts pour lesquels il n'est pas fait.

On a proposé de changer l'ordre de l'enseignement du Droit civil. En 1842, par une décision administrative, les professeurs de Droit civil ont été autorisés à ne pas s'astreindre à l'ordre du Code civil, ainsi que l'exigeait la loi du 22 ventôse an XII, et quelques-uns ont usé de cette liberté pour présenter la science selon l'ordre où ils la concevaient.

Cet essai, qui a bientôt motivé d'assez vives réclamations, quoiqu'il parût convenir à quelques esprits systématiques, n'a pas été continué, et, disons-le de suite, il ne pouvait pas l'être. Se figure-t-on l'enseignement du Droit civil distribué ainsi en tous sens dans nos Facultés, et le Code dépecé de toutes les manières, selon les convenances et les systèmes particuliers des professeurs ? Qu'un accident, une maladie, la mort vienne à interrompre un cours ainsi fait, qui pourra le continuer ? A qui le professeur aura-t-il pu dire le mot de son système, le secret de sa méthode ? Qui donc, autre que lui-même, pourrait achever son œuvre ? Le succès d'un cours est ainsi à la merci d'un événement qu'il serait bien imprudent de ne pas faire entrer dans les prévisions.

D'ailleurs, ce système d'enseignement, que nous ne voudrions pas condamner en quelques mots, car tous les systèmes ont quelque chose de vrai, même quand on ne peut les accepter, ce système, disons-nous, a un plus grave inconvénient, celui de ne pas montrer notre Code civil à la jeunesse tel que ses auteurs l'ont conçu et, par conséquent, tel qu'il est. Dans une œuvre législative, l'économie générale de l'œuvre, la disposition des matières, la distribution des parties de chacune d'elles ont mille révélations qu'on ne peut pas négliger sans s'exposer à en concevoir une idée fausse. Pour la bien connaître, il faut commencer à l'étudier par le commencement et finir par la fin. Cujas a bien senti cette vérité, lorsqu'il a rapproché, dans ses Commentaires du Droit romain, les fragments des mêmes jurisconsultes, pour faire jaillir de ce rapprochement des lumières nouvelles. Il se peut que ce soit améliorer un Code que d'en disjoindre les parties et d'en changer la distribution, mais assurément c'est en fausser le sens.

On a beaucoup discuté sur la meilleure méthode d'exposition ; mais toutes sont bonnes selon la manière dont on s'en sert, et la meilleure ne peut suffire à elle seule au résultat qu'on se propose dans tout bon enseignement. La méthode à préférer serait celle qui consisterait à initier par degrés l'élève à la science, à le conduire insensiblement des vérités les plus simples aux difficultés les plus arducs, à lui faire connaître l'ensemble de notre législation civile tel qu'il a été conçu et réalisé, et enfin, si cela se peut, à lui présenter ou à lui permettre de se représenter la science dans son ensemble, dans son unité, dans sa synthèse. Mais une seule manière, une seule méthode ne peut suffire à une telle œuvre, et c'est pourquoi toute discussion sur la préférence qu'on doit donner soit à la méthode dogmatique, soit à la méthode exégétique, ne sera jamais qu'une vaine dispute.

Il semblerait, à en juger par l'esprit des controverses qui se sont engagées sur ce sujet, qu'il n'y ait qu'à choisir entre deux voies simples, comme si la science pouvait pénétrer dans de jeunes intelligences, sans les rebuter, autrement que par l'emploi judicieux d'une méthode complexe. Or, la méthode dogmatique seule ne conduira jamais au but où tendent les absolutistes de l'enseignement. Inventez des classifications inconnues, bouleversez l'ordre des matières, dépecez le Code en tous sens, et vous n'arriverez pas encore à en présenter un tableau tel que chaque partie soit éclairée de sa propre lumière, sans avoir à emprunter aucun reflet aux autres. Il n'est pas une disposition de notre Code qui ne soit, pour emprunter un mot aux jurisconsultes romains, prépostère, c'est-à-dire qui ne suppose des connaissances que l'élève acquerra plus tard. Et quand un tel plan pourrait être réalisé, l'élève n'y gagnerait

guère, car son intelligence se refuserait à l'embrasser du premier coup.

Ce que l'on ne comprend pas, en effet, et qu'il
faudrait comprendre, c'est que l'art de raisonner
dans les matières du Droit, que l'élève acquerra un
jour peut-être, il ne l'a certainement pas en commençant. On oublie trop que l'utilité de l'enseignement de l'école est moins de faire des savants, à
quoi elle n'arriverait pas, que de former les jeunes
esprits à la méthode juridique.

D'autres, plus frappés de l'insuffisance du résultat des études en France que soucieux d'épargner à
la jeunesse la perte d'un capital si précieux et
qu'elle ne retrouvera plus, le temps, ont proposé
d'augmenter le temps des études et de porter la
durée des cours de trois à quatre et même à cinq ans.

Ceux-ci ne tiennent pas compte des nécessités de
toutes sortes qui obligeront toujours de resserrer le
temps des études dans un espace relativement trèscourt ; et, dominés par une idée exclusive, ils ou-
blient que chaque période de notre courte existence a
ses exigences, ses devoirs, auxquels il faut satisfaire
de toute nécessité aux époques indiquées par la nature. Ce n'est pas tout, en effet, que l'enseignement
de l'école : après avoir étudié la science, le jeune légiste a à apprendre la vie. Quelle que soit la carrière
qu'il choisisse, la Magistrature, l'Administration,
le Barreau exigeront toujours une préparation particulière, et, par conséquent, l'emploi d'une partie
notable du temps qu'il peut consacrer à son éduca-

tion. Prolonger outre mesure le temps des travaux purement théoriques, c'est gêner l'accès des travaux utiles.

Et quels résultats peut-on attendre d'un système d'enseignement qui prolongerait l'adolescence intellectuelle au delà du terme fixé, en quelque sorte, par Dieu même? on ne dérange pas impunément l'économie de la vie, et ce n'est pas sans péril qu'on exigerait du jeune légiste de rester encore écolier après l'âge. Ses aspirations à une existence plus active, réfrénées, engendreraient bientôt l'impatience, après quoi ne tarderaient pas à venir la lassitude et le découragement.

D'ailleurs, dans notre société démocratique, où toute la séve semble venir d'en bas, et où les professions libérales se recrutent presque exclusivement dans la classe intermédiaire, assez riche pour pourvoir aux frais d'une éducation ordinaire de ses enfants, mais trop pauvre pour subvenir aux dépenses d'un enseignement de luxe, un temps d'études aussi prolongé serait pour les familles un fardeau impossible. Pour que les carrières où la connaissance préalable du Droit est nécessaire trouvassent leur contingent, il faudrait, si l'on élevait le niveau de l'instruction théorique, modifier les conditions d'admissibilité, et alors l'école pourrait être plus satisfaite, mais la société n'y gagnerait rien.

Cette réforme proposée aggraverait donc le mal, loin d'y remédier. Ce qu'il faut prévenir, c'est ce dégoût précoce où tombe l'élève, quand aux difficultés de la science viennent s'ajouter celles d'un enseignement distribué de telle sorte que l'élève, ne pouvant pas se l'assimiler, le laisse forcément tomber en partie. Là seulement est le mal. N'augmentons pas le temps des études ; bien employé, il suffirait. Ce qu'il faut regretter, ce ne sont pas les moments trop courts, c'est qu'il y ait tant de moments perdus.

Enfin, des réformateurs, modelant nos Facultés de Droit sur les Facultés des lettres et des sciences, ont proposé une entière liberté de l'enseignement. Ce système, si l'on peut appeler l'anarchie un système, serait la négation de l'enseignement du Droit en France. Que les lettres et même les sciences soient enseignées dans nos Facultés sans plan arrêté et par parties, cela se conçoit : l'élève arrive au cours déjà préparé par l'enseignement du collége, et il y vient moins chercher un enseignement proprement dit qu'une manière, une méthode, une initiation aux principes supérieurs de la science, dont il fera lui-même ensuite l'application à tel sujet de son choix. Dans les hautes sphères, la littérature, l'histoire, toutes les sciences en général sont sans limites précises ; et il suffit, pour le but qu'on se propose, que le jeune historien ou le jeune savant ait une vue du domaine où il devra marcher bientôt seul, pour continuer au profit de ses successeurs futurs ce grand travail d'exploration qui ne finira qu'avec l'humanité.

Mais l'étude du Droit est d'une application bien

plus prochaine. Ce qu'il faut au jeune licencié sortant de nos Facultés, ce ne sont pas seulement de simples connaissances qui lui permettent de discourir sur le Droit ; il lui faut des notions précises, complètes, un tableau réduit, mais entier, de la science, une préparation à une carrière où l'imagination ne suppléerait pas à la science acquise. Tandis que, dans les Facultés voisines, l'étudiant arrive préparé, l'élève en Droit a tout à apprendre ; il aborde dans une contrée dont la carte même lui est inconnue. Or, un enseignement arrêté, un programme précis, comme le sont d'ailleurs les programmes des Facultés de Droit en France, peuvent seuls donner une pleine satisfaction à ces nécessités, et la liberté de l'enseignement et jusqu'à un certain point la liberté des méthodes, ne seraient autre chose que l'absence de l'enseignement.

Si nous nous sommes fait suffisamment comprendre, on voit que le seul changement, mais nécessaire, qu'il convienne d'apporter au système de la loi du 22 ventôse an XII ne concerne que l'enseignement du Droit civil. Ceux que l'on a proposés jusqu'à présent sont insuffisants ou dangereux à nos yeux. Tous appliquent le remède à côté du mal. Le plus raisonnable poursuit un but impossible : celui de dire tout de suite à l'élève tout ce qu'il doit savoir, sans rétrograder vers l'enseignement passé, sans anticiper sur l'enseignement futur. Mais dans ce système, aussi bien que dans celui qui est actuellement en vigueur, que de travaux inutiles pour faire entrer ainsi la science à flots par l'orifice étroit d'une intelligence de vingt ans ! Que d'efforts perdus ; que de liqueur précieuse coulant extérieurement le long des parois du vase ; que de bon grain qui ne fructifie pas, faute de tomber dans un terrain suffisamment préparé ! Il est temps de réformer un régime qui, de l'aveu même de ceux qui le défendent encore, réduit l'élève, à ses premiers pas, alors qu'il a le plus besoin de guide, à apprendre comme il peut. Le chef actuel de l'Université, qui, par un hasard heureux pour l'enseignement du Droit, joint à un esprit plein de justesse et de sagacité l'expérience des choses judiciaires, et par conséquent la connaissance des nécessités de l'enseignement du Droit, est plus propre qu'aucun de ses prédécesseurs à réaliser cette amélioration. Elle est presque promise ; qu'elle vienne au plus tôt. Mais nous n'aurions rien fait si, après avoir signalé le vice du système actuel, nous n'indiquions les réformes dont il nous paraît susceptible. Voyons donc dans quel sens le système actuel peut être modifié, et même s'il ne serait pas possible de trouver un système qui, outre qu'il parerait à ce vice, répondrait mieux aux nécessités générales de l'enseignement du Droit ; voyons, après le mal qu'on fait, le bien qu'on ne fait pas.

II

La difficulté d'un bon système d'études de Droit tient beaucoup à la difficulté que présente, en général, l'enseignement supérieur, quel qu'en soit l'objet. Mais elle est augmentée d'autres difficultés inhérentes à la nature de la science du Droit ou provenant des conditions dans lesquelles l'élève aborde cette étude. Expliquons-nous d'abord sur les nécessités générales de l'enseignement.

L'homme, c'est-à-dire l'homme qui pense et qui sent, car tout autre ne compte pas, a en lui-même un monde en abrégé, un microcosme, comme l'a dit un poëte. Les sentiments et les idées qui pénètrent dans notre intelligence y trouvent des formes selon lesquelles ils se modèlent ; et ces sentiments, ces idées se coordonnant de manière à former un ensemble propre à l'intelligence qui les éprouve, qui les conçoit, lui appartiennent alors à elle seule, et sont en quelque sorte son bien, sa chose, tellement que nul autre ne les éprouve, ne les conçoit de la même façon, et surtout ne les éprouve ni ne les conçoit sous le même aspect ni dans le même enchaînement.

Sans avoir à émettre ici un jugement sur la vieille controverse des idées innées et des idées acquises, nous pouvons donc reconnaître cette vérité, que le moule de l'intelligence, différént chez chaque individu, donne sa forme à tout ce qui l'affecte, et que tout sentiment, toute idée, qui y prennent une place, s'y transfigurent en quelque sorte, s'y réfléchissent plus ou moins sous un aspect particulier qu'ils n'ont point eu encore et qu'ils n'auront plus absolument pareil dans nul autre; et cette puissance d'assimilation et de reproduction constitue l'originalité de l'être pensant, qui n'est autre chose chez l'homme que la faculté créatrice.

C'est cette vérité, dont nous pouvons faire l'expérience chacun sur nous-même par comparaison, qu'exprime cet adage courant : que tout homme a sa manière de voir. Cela ne veut pas dire sans doute qu'il n'y ait rien d'absolu, et que toutes les vérités soient des vérités relatives, comme l'ont soutenu à tort certains sceptiques, qui, faute d'aller jusqu'à l'essence des choses, en ont méconnu la réalité ; mais cela veut dire que l'homme ne peut rendre ce qu'il a compris ou senti que moulé sur la forme dont il porte en lui l'archétype, qu'il ne peut le rendre qu'empreint de la marque, du sceau de sa propre individualité. La chose, c'est-à-dire l'idée, est bien restée identique, mais la forme s'est profondément modifiée.

Ce phénomène psychologique donne l'explication de la diversité des méthodes dans l'exposition d'une même science. Le maître, dans sa chaire, enseigne la science telle qu'elle s'est faite dans son esprit, et l'élève l'apprend telle que les formes de son intelligence la lui feront concevoir plus tard. Or, c'est cette différence entre la science enseignée et la science à apprendre qui ait la difficulté de l'enseignement supérieur. Qui n'a été frappé, dans nos Facultés, du pénible spectacle des efforts de l'élève pour entrer dans la pensée du maître, et de la lutte de celui-ci contre lui-même pour accommoder sa manière aux intelligences qu'il dirige ? La perfection de la méthode serait d'établir, qu'on nous passe l'expression, un pont entre l'intelligence du maître qui ne peut pas montrer la science autrement qu'elle n'existe pour lui-même, et l'intelligence de l'élève qui ne peut pas s'assimiler un enseignement que le moule de son esprit ne serait pas disposé à recevoir ; car c'est une vérité fâcheuse, mais enfin une vérité, que plus l'enseignement du maître a une valeur marquée, plus l'esprit de l'élève est d'une trempe vigoureuse, et plus aussi est grande pour tous deux la difficulté de s'entendre, si le plan de l'enseignement n'est pas conçu de façon à atténuer cette sorte de contradiction qui naît précisément de deux qualités.

Elle n'existe pas dans l'enseignement secondaire, et cela s'explique par cette raison que l'enseignement secondaire donne seulement sur toutes choses des notions, et que le raisonnement en est presque absolument banni, la logique étant la même pour toutes les sciences dans leurs commencements. Le classement des connaissances de l'élève se fait alors comme de soi-même dans son intelligence et en vertu des lois générales de l'esprit humain. Mais la logique d'une science approfondie, cette méthode propre à elle seule, que chacun doit approprier aux formes de son intelligence, et que l'on ne saurait renfermer dans quelques règles générales, exige de bien autres efforts ; elle ne s'apprend, pour ainsi dire, qu'en marchant, chemin faisant ; elle se développe et se perfectionne parallèlement avec la science qu'on étudie, de même que, dans les arts mécaniques, l'instrument devient plus parfait à mesure que se perfectionne l'art de travailler, avec son aide, la matière dont il est fait ; et comme d'un autre côté cette logique, cette méthode, cet instrument ne peut être utilement employé qu'à la condition d'être l'œuvre propre de celui-là même qui le manie, on conçoit comment l'enseignement supérieur présente, aux débuts surtout, de si grandes difficultés.

Mais cette difficulté générale n'est pas la seule qui gêne le développement de l'enseignement du Droit ; il en est une autre plus difficile à surmonter, parce qu'elle est inhérente à la science même. Elle naît de ce que la science du Droit commence par des règles, des principes très-abstraits par leur nature, pour devenir, en finissant, très-sévères dans leur application. Tandis que dans les sciences naturelles, par exemple, on part des faits pour arriver au principe, à la loi qui les régit, dans la science du Droit on part du principe pour arriver aux faits. Dans les premières on induit, dans la seconde on déduit ; les unes finissent par la généralisation, l'autre semble commencer par la conclusion. Mais l'intelligence se fatigue souvent en tentatives infructueuses et en efforts douloureux avant d'accomplir une telle enjambée : commencer à étudier une science par le sommet, c'est une difficulté très-réelle que le système d'enseignement actuel augmente, pour le Droit, au lieu de l'aplanir.

Si nous ajoutons maintenant que l'élève en Droit arrive à l'école sans avoir été aucunement préparé à en recevoir l'enseignement, et que dans ces conditions l'enseignement de l'école doit être à la fois élémentaire et approfondi, ce qui expose (chose grave) à mêler deux méthodes distinctes, nous aurons présenté un tableau complet, quoiqu'en raccourci, des graves difficultés de l'enseignement du Droit, auxquelles le système de la loi du 22 ventôse an XII a encore ajouté les inconvénients déjà signalés qu'il importe de faire disparaître au plus tôt.

Ainsi, le problème est de trouver un système d'enseignement qui, tout en permettant au professeur de conserver l'originalité de sa pensée, soit tel que l'élève puisse s'en accommoder sans avoir à déformer sa propre intelligence ; un système qui facilite à l'élève cette rude ascension aux sommets de la science par où il doit commencer ; un système qui satisfasse aux conditions d'un enseignement à la fois élémentaire et approfondi, en évitant l'inconvénient d'embarrasser l'esprit de l'élève par l'emploi simultané de deux procédés aussi différents que le sont le procédé de l'étude élémentaire et le procédé de l'étude approfondie ; enfin, un système qui n'ajoute pas aux difficultés inhérentes à l'étude du Droit cette tâche impossible pour l'élève d'apprendre sur chaque matière, dès les premiers jours, tout ce qu'on en peut savoir.

Dans de telles conditions, il ne nous paraît pas qu'on puisse satisfaire aux nécessités d'un bon enseignement du Droit autrement qu'en le ramenant aux conditions ordinaires de l'enseignement de toutes les sciences. Dispensez d'abord à la jeunesse un enseignement élémentaire et ensuite l'enseignement approfondi ; faites en sorte que la science se dépose dans les intelligences par couches successives, au lieu de l'y faire pénétrer (tâche impossible !) comme par force, tout entière, de prime abord et en quelque sorte avec effraction ; et vous aurez fait pour l'étude du Droit tout ce qui peut en faciliter le progrès.

Nous voudrions que, des trois années qui forment la durée des cours de Droit civil, le professeur consacrât la première à une explication des principes de toute la matière de son enseignement ; nous voudrions que l'élève acquît d'abord la connaissance des principes, des éléments, avant d'arriver aux difficultés de détail qui sont insolubles pour lui s'il les aborde sans préparation ; nous voudrions qu'il eût dès cette première année une vue complète de la science, une connaissance suffisante du pays dont il va entreprendre l'exploration. Les deux années suivantes seraient consacrées à une étude plus approfondie du Droit civil, à une explication exégétique, où l'on suivrait alors l'ordre du Code tel qu'il est, bon ou mauvais ; car on ne peut se flatter de faire bien connaître un grand monument de législation si l'on en bouleverse toutes les parties.

Une ordonnance, du 25 juin 1840, a décrété pour la Faculté de Paris la création d'une chaire d'introduction générale à l'étude du Droit : la pensée était bonne ; car précipiter le jeune homme, tout échauffé de ses études philosophiques et littéraires, dans les eaux glacées du Code civil, c'est plus que de la folie, c'est de la cruauté. Tomber d'Homère et de Platon sur Toullier et Merlin, au lieu d'y descendre par degrés, c'est un choc auquel plus d'une belle intelligence n'a pas pu survivre. Mais un cours d'introduction à l'étude du Droit n'est pas encore une transition suffisante : on s'en tient trop à des généralités. Séparer l'enseignement élémentaire de l'enseignement approfondi, telle nous paraît être la première condition du succès de l'enseignement de nos Facultés.

Qu'opposerait-on à ce système d'études qui est, après tout, le système suivi pour toutes les études, dans toutes les branches des connaissances humaines ? Les dogmatistes de l'enseignement plaindraient-ils le professeur, sous le prétexte qu'il se trouve ainsi astreint à un système qui scinde son enseignement et qui dérangera peut-être, dans sa pensée, l'idée qu'il s'est faite de la science qui en est l'objet ? Mais, avant les convenances du maître, il faut placer les besoins vrais de l'élève. On ne voit, on ne veut qu'une chose, la possibilité pour le professeur de présenter la science en un tableau complet, comme il l'imagine ; quant à l'élève, on ne se demande pas s'il en profitera. Or, la question n'est pas de faciliter au professeur une exposition plus ou moins brillante de sa science, sans souci pour le profit que les élèves pourront en tirer. Sa mission est d'enseigner utilement, et non pas de chercher uniquement dans sa chaire sa propre satisfaction. Que, dans ses élucubrations solitaires, il s'élance à la poursuite de l'idéal et construise la science sur un plan à lui propre, c'est un bien, et même l'originalité de son enseignement est à ce prix ; mais il ne doit pas oublier que sa manière de comprendre peut n'être pas la manière de concevoir de son jeune auditoire, et le grand art du professeur est de présenter sa pensée dans un ordre et dans une forme qui la rendent acceptable à tous, sans lui laisser perdre l'empreinte de son individualité.

Quand Platon rêvait les conditions d'existence d'un État parfait, il écrivait son dialogue de *la République*. Mais quand il songeait à faire pénétrer ses idées dans les institutions de son pays, il écrivait son dialogue des *Lois*, et quand il voulait les rendre encore plus immédiatement applicables, il méditait un troisième livre moins loin encore de la réalité, conclusion d'une grande pensée qu'il ne lui fut pas donné de faire connaître tout entière.

Ce qu'il y aurait de vrai dans l'objection que nous cherchons à prévenir, c'est que l'art d'enseigner aura toujours de grandes difficultés ; c'est que le professeur ne pourra jamais, sans de grands efforts, se satisfaire soi-même tout à la fois et être utile aux autres. Nous ne voulons pas le contester : les conditions de l'enseignement du Droit et la nature de la science sont telles, qu'elles obligeront toujours le professeur à un travail difficile pour arriver à ce double résultat ; mais il devra bien se garder de chercher un succès apparent seulement, et facile, en sacrifiant le but à atteindre à sa propre satisfaction. Or, le but, c'est l'instruction de l'élève ; la satisfaction du professeur n'est qu'un moyen. Il ne devra donc pas s'imaginer que les autres auront bien compris, parce qu'il croira, selon ses convenances particulières, avoir bien enseigné ; il devra songer toujours qu'il s'adresse à des intelligences toutes neuves, qui ont tout à apprendre, la langue, la méthode et la science, et non à des jurisconsultes formés. Ne prendre souci que de soi, que de ses conceptions, que de ses propres idées, quand il s'agit d'apprendre aux autres, c'est se tromper à la façon du tireur qui, se reposant sur la bonté de son arme, se croirait dispensé de viser ou ne tiendrait pas compte des circonstances atmosphériques qui peuvent faire dévier le trait ; c'est prendre le moyen pour le but, et c'est là, en réalité, l'erreur des inventeurs de classifications nouvelles dans la science, des champions de la liberté absolue dans l'enseignement.

D'autres peut-être craindront que le temps ne

manque au professeur pour donner une explication complète du Code, selon ce système, qui établirait deux cours ; mais ce serait là une crainte sans fondement. Dans le système actuel, où l'on suit le Code pas à pas, le professeur est obligé à bien des redites. Nous ne nous en plaignons pas ; ce système étant admis, cette nécessité du va-et-vient qui promène les élèves pendant trois années à travers nos Codes est la seule chose qui ait pu le faire absoudre. Nous la constatons, pour conclure que la séparation du cours de Droit civil en deux cours, l'un ayant pour objet l'enseignement des principes et leur coordination, l'autre ayant pour objet de former l'élève à la dialectique judiciaire et de lui faire acquérir le sens du Droit, par l'application de ces principes aux questions les plus importantes qu'a fait naître notre Code civil ; pour conclure, disons-nous, que ces deux cours ne surchargeront nullement l'enseignement, et n'ouvriront pas au professeur une carrière que l'espace de temps ne lui permettrait pas de fournir.

Si l'on veut bien maintenant résumer avec nous les avantages que nous attribuons à ce système d'enseignement, peut-être trouvera-t-on qu'il satisfait aux nécessités de tout enseignement en général et de l'enseignement du Droit en particulier, et qu'il fait éviter les inconvénients des systèmes actuellement suivis.

D'abord, tout en permettant au professeur de donner à son enseignement un caractère propre, de l'empreindre du sceau de son individualité, il n'a pas ce grand inconvénient du système de liberté absolue qui favorise chez le professeur cette tendance trop naturelle à soumettre violemment l'esprit de l'élève aux formes du sien. La liberté absolue ne conviendrait que dans les Facultés où les élèves pourraient choisir entre plusieurs professeurs ; et encore y aurait-il bien des choix malheureux, l'élève choisissant lui-même, c'est-à-dire prenant le plus souvent au hasard.

En second lieu, il ne jette pas l'élève, dès les premiers pas, au milieu des formidables difficultés que présente l'étude approfondie du Droit ; il ménage les transitions ; il initie par degrés les jeunes intelligences aux secrets de la méthode juridique ; il ne les oblige pas à de fatigants efforts pour parcourir du premier coup toute une matière, depuis ses plus âpres sommets jusqu'à ses plus ténébreuses profondeurs ; il ne les place pas, dès les premiers jours, en face de problèmes solubles seulement pour ceux-là qui ont acquis la connaissance de tous les grands principes, et jusqu'à un certain point ce qu'on appelle le sens du Droit. Il sépare la méthode, le procédé de l'étude élémentaire, de la méthode, du procédé de l'étude approfondie. D'après ce plan, la science pénètre régulièrement dans les esprits et s'y dépose par couches successives. A tout prendre, tous tant que nous sommes, nous n'apprenons pas autrement.

En troisième lieu, il présente l'avantage de combiner deux méthodes dont aucune n'est préférable à l'autre exclusivement. Dans les sciences naturelles, l'observation précède la généralisation. Il suit de là que la vraie méthode des sciences naturelles, c'est la méthode analytique ; mais dans les sciences philosophiques, et dans la science du Droit particulièrement, il faut suivre une marche inverse ; c'est ce qui fait leur difficulté : le jurisconsulte n'induit pas, il déduit. Une exposition dogmatique des grands principes de la science doit donc précéder l'explication des textes.

Enfin, ce plan d'étude aurait l'immense avantage de prévenir ce dégoût précoce où nous voyons si souvent s'abandonner l'élève réduit par le système actuel à apprendre comme il peut. Qui n'a éprouvé un sentiment de commisération douloureux à voir les tâtonnements du jeune apprenti légiste, à ses commencements ? Qui n'a plaint le professeur lui-même, dont la voix n'est si longtemps pour son auditoire qu'un bruit sans écho ? Sous l'empire des règlements de nos Facultés, l'élève en Droit, pauvre jeune esprit, incertain, égaré, marche seul, au hasard, dans la nuit, se déchirant aux ronces du chemin, trébuchant parmi les aspérités d'une route inconnue ! Il use ses forces dans le vide ; quand la lumière lui vient enfin, le jour s'est fait ; il commence à comprendre son professeur quand, à la rigueur, il pourrait s'en passer !

Avec le système que nous indiquons, au contraire, il arriverait lentement, insensiblement, mais sûrement, à acquérir le sens du Droit, ce sentiment in-

définissable des finesses de la science et de la méthode qui lui est propre, sans lequel il n'y a pas de
jurisconsulte, et que ni les ressources de l'esprit ni
les connaissances acquises ne pourront jamais remplacer.

Ce n'est pas à dire toutefois qu'un cours de Droit
serait désormais sans difficultés. Nous en avons indiqué auxquelles on ne pourra jamais obvier complétement. Mais qui dit étude dit effort. Notre système les atténuerait beaucoup ; surtout il n'aurait
pas l'inconvénient d'en ajouter d'autres ; et plus les
difficultés inhérentes à l'enseignement du Droit
sont grandes, plus on doit tenir à ne pas les compliquer de difficultés étrangères.

Telle est la réforme que nous voudrions voir
essayer dans l'enseignement du Droit. Très-radicale
au fond, elle est en réalité très-simple et facile. La
tentera-t-on ? Le courant actuel n'y conduit guère.
Pendant cinquante ans l'enseignement du Droit
romain a fait l'objet de deux cours qu'on avait le
tort, pensons-nous, de professer dans l'ordre inverse
de celui que nous indiquons pour l'enseignement
du Droit civil. Depuis le décret du 10 décembre 1852,
le Droit romain, réduit à un cours d'*Institutes*, est
enseigné à Paris comme le Droit civil, et l'application exégétique dure deux ans. Quelque défectueux
que fût jusque-là l'ordre des cours de Droit romain, il est douteux qu'on ait à s'applaudir de l'innovation du décret du 10 décembre 1852. Personnellement étranger aux choses de l'enseignement,

mais non pas indifférent, nous faisons des vœux pour qu'un retour sur ce point à l'ancien usage soit le prélude d'une réforme comme celle que nous indiquons, et dont profiterait certainement l'étude de notre Droit national.

CHAPITRE II

DE L'UTILITÉ DE L'ÉTUDE DU DROIT ROMAIN (1)

. . . .

Quelle peut être la destinée d'un livre de Droit romain, aujourd'hui ? C'est un beau sujet d'étude que ce Droit sans rival, qui offre le phénomène unique dans l'antiquité d'une science développée dans toutes ses parties, avec une perfection telle qu'aucun Droit moderne ne peut lui être comparé. Aristote a créé la logique ; Platon, Cicéron et Sénèque ont épuisé la morale : mais l'ensemble de tous les travaux philosophiques que l'antiquité nous a légués n'est rien, pour l'étendue de la matière, pour l'enchaînement, l'abondance, la précision et la netteté des décisions, à côté de cet immense édifice du Droit romain qui comprend tout, où tout est prévu et réglé, et où tous les rapports que pouvait faire naître l'état social le plus compliqué qui fût jamais, sont saisis et déterminés avec une telle sûreté de jugement et une logique à la fois si rigoureuse et si déliée, que l'esprit émerveillé s'arrête

____

(1) A propos du *Traité* de M. Maynz, professeur de Droit à Bruxelles.

3.

pour partager son admiration entre tant de parties qui la réclament chacune tout entière.

Certes un tel monument commandera toujours le respect ; et cependant, il faut bien le reconnaître, à l'exception de quelques rares adeptes pour la plupart renfermés dans nos Facultés de Droit, et qui se sont faits les vestales de la science pour en entretenir le feu sacré, les légistes délaissent le Droit romain, et c'est en dehors de son influence que se développe la jurisprudence des arrêts, qui paraît appelée à remplacer chez nous la science indépendante des Dumoulin et des Domat.

Si l'on recherche les causes de cet abandon d'une science jadis si cultivée, on en trouve de générales et de particulières, au premier rang desquelles il faut placer ces tendances exclusivement pratiques qui bannissent les méditations solitaires, qui entraînent les esprits vers les solutions immédiatement applicables, et qui doivent, dans un temps peu éloigné, réduire la science du Droit à ses formules les plus sèches, c'est-à-dire la faire périr faute d'aliment. Nous ne sommes plus au temps des grandes controverses, des grands travaux scientifiques. A une époque agitée comme est la nôtre, les heures passent vite, la vie est courte, tout en dehors, et le bruit de la rue ne permet guère le recueillement et l'étude, quelque goût que puissent y trouver certains esprits attardés. Est-ce un bien ? Nous ne le croyons pas. Le sentiment de l'intérêt, la soif des jouissances matérielles, l'activité sans frein, l'agitation continue, n'ont jamais trempé vigoureusement les âmes. On use ainsi le capital scientifique amassé par les ancêtres, et l'on prépare la disette et la ruine à ses descendants. La pauvre jurisprudence, en tant que science, (puissions-nous être mauvais prophète !) y périra peut-être ; et ce qui semble confirmer cette pensée, c'est que les esprits bien intentionnés d'ailleurs qui veulent en raviver le culte, cherchent leurs moyens d'action dans certaines alliances adultérines avec la politique et l'histoire, où la science du Droit perd en profondeur ce que l'on croit à tort qu'elle gagnera en étendue. Quand une science se meurt, ses derniers fidèles stimulent la tiédeur de leurs coreligionnaires indécis par l'attrait trompeur du paradoxe ou de la nouveauté. C'est le dernier effort possible en faveur d'une science qui périt d'atonie ; sentant instinctivement qu'on ne peut la faire revivre, on la galvanise. La science du Droit en est là.

Nous voulons toutefois oublier ces présages, et rechercher si l'étude du Droit romain a réellement l'utilité qu'on lui a toujours attribuée pour arriver à la connaissance parfaite du Droit français. Or, nous disons que l'étude du Droit romain est nonseulement utile, mais indispensable, nécessaire pour la complète intelligence du Droit national, et nous déduisons immédiatement les motifs de notre proposition.

C'est une vérité de sentiment que toutes les

sciences et même les arts s'éclairent par là comparaison ; mais il ne serait pas inutile que cela devînt une vérité démontrée. Toutes les sciences sont aidées dans leurs investigations par les découvertes déjà faites dans les sciences de même sorte ayant pour objet des choses ou des individus différents. Qui peut dire, par exemple, ce que l'étude de l'anatomie comparée ajoute à la connaissance de l'anatomie de l'homme ? De même, et à plus forte raison, pour la physiologie, quelles lumières la science de l'homme physique n'a-t-elle pas puisées dans l'étude des fonctions des organes et de leurs rapports chez les animaux ? Dans l'étude des langues, l'homme qui ne connaît qu'une langue pourrait-il se flatter d'en savoir tous les secrets ? Il n'y a pas jusqu'à l'art, où l'étude comparée n'ouvre des horizons inattendus ; et l'un des plus grands peintres dont s'honore notre siècle, Géricault, cherchait dans l'étude du cheval l'explication de certaines parties de la forme humaine. Or, si les sciences, pour l'explication de leurs découvertes, et les arts, pour l'application de leurs procédés, s'aident ainsi par la comparaison, on peut bien penser que le Droit, qui n'est pas une science isolée, a tout à gagner si, à l'étude de tel Droit à telle époque, on joint l'étude du Droit comparé.

Mais le sentiment vague de l'utilité de l'étude des législations comparées ne suffit pas, et naturellement on doit se demander en quoi la comparaison éclaire, explique, et quelle est la satisfaction que l'esprit peut y chercher. Connaître pour connaître, c'est une vaine curiosité qu'il n'y a nulle raison d'encourager. La vraie science est la science qui mène à une conclusion, qui la facilite et la hâte. En quoi donc l'étude des législations comparées est-elle utile ?

Pour se rendre compte de l'utilité de l'étude des législations comparées, il faut d'abord remonter à une des lois de notre intelligence, signaler un phénomène psychologique qu'on n'a pas assez remarqué, si même il le fut jamais, et qui cependant expliquerait bien d'autres choses. Or, cette loi de notre intelligence, la voici : c'est que l'homme ne possède une science véritablement que quand, après en avoir recueilli d'abord les notions les plus accessibles à l'esprit, il est arrivé au sentiment de l'idée mère de la science, dans lequel il s'est assuré ensuite par la connaissance et l'examen des détails. Celui qui ne voit rien ni ne sent rien au delà des idées particulières, des faits isolés, est et demeurera toujours un ignorant, et ses vaines connaissances ne fructifieront pas.

Traduisons notre pensée en un langage moins abstrait, et, s'il le faut, éclaircissons-la par des exemples.

Il n'est pas d'avocat consultant intimement avec d'autres jurisconsultes, il n'est pas de professeur, juge d'une thèse ou d'un concours, qui n'ait marqué des degrés entre les légistes, selon l'aptitude plus ou moins grande qu'a tel ou tel légiste d'appliquer à l'art du raisonnement en matière de Droit la méthode qui convient, et de reconnaître avec certitude le principe qui domine telle matière ou qui doit servir à résoudre telle difficulté. Cette sûreté de jugement, cette perspicacité de l'esprit qui fait le jurisconsulte est quelque chose de plus que l'intelligence générale qui distingue vaguement le vrai du faux, ou, si c'est l'intelligence, c'est l'intelligence perfectionnée par l'étude, c'est un don naturel développé par des travaux heureusement dirigés.

On dit du jurisconsulte dont l'intelligence unie à la science acquise s'applique ainsi avec succès à son art, qu'il a le *sens* du Droit, comme on dit de tel penseur qu'il a l'esprit philosophique, ou de tel savant, qu'il a la méthode scientifique. Mais le sens du Droit, qu'est-ce sinon la connaissance, moins que cela peut-être, le sentiment de cette idée mère, comme nous venons de l'appeler, d'où découlent d'abord les principes saisissables de la science et plus tard les vérités de détail? Selon que le jurisconsulte aura un sentiment plus ou moins exact de l'idée du Droit, il sera plus ou moins un jurisconsulte; c'est ce sentiment de l'idée du Droit, difficile à définir et à préciser, qui le guidera comme un instinct dans ses recherches et dans ses solutions.

Nous touchons ici à une question philosophique des plus ardues et de la plus haute importance; c'est celle qui fait le fond de la philosophie de

Platon et de son système des idées. Or, nous disons que toute science a son idée mère, son principe vraiment fondamental, qui comprend à la fois la vérité proprement dite et la méthode selon laquelle on doit la mettre en action. Que le jurisconsulte, celui-là même qui a le sentiment de l'idée du Droit, le vrai sens du Droit, ne puisse pas toujours s'en rendre compte d'une manière complétement satisfaisante, peu importe, cela tient à l'infirmité de l'esprit humain ; toujours est-il que la chose existe, et que, parmi les hommes voués à l'étude du Droit, les uns parcourent la science d'un pas sûr, tandis que les autres vacillent, chancellent, raisonnant presque bien en apparence, mais fort mal en réalité, sans qu'on puisse combattre leurs mauvais raisonnements autrement que par ces mots vagues : Ce n'est pas cela.

Le Droit a donc son idée mère, comme toutes les sciences, et ceux qui en ont le sentiment ont le sens du Droit. L'idée du Droit, ce n'est pas une vérité plus ou moins générale, une généralité plus ou moins insignifiante ; le sens du Droit, ce n'est pas une rectitude de jugement plus ou moins grande ; l'idée du Droit, le sens du Droit, est tout cela à la fois, avec quelque chose de plus encore qu'aucune plume de philosophe n'écrivit jamais. C'est parce qu'ils n'ont pas compris ce que nous voudrions faire comprendre ici, et que nous ne renonçons pas à essayer de traiter un jour d'une façon plus complète et partant plus claire, que certains sceptiques ont déclaré qu'en toutes choses il n'y a pas de principes, ce qui est une profonde erreur.

Si nous avons été suffisamment intelligible, on comprendra que le sens du Droit s'acquiert par ceux qui sont arrivés à l'étude avec une certaine aptitude naturelle, et que, bien loin de dispenser de l'étude, il suppose, au contraire, un riche fonds de connaissances acquises. C'est ce que nous voulions dire tout à l'heure quand nous avancions qu'on ne possède l'idée mère d'une science qu'après s'être fortifié par la connaissance et l'examen des détails.

Mais cette étude des détails sera-t-elle même suffisante ? Non, et c'est ici que nous rentrons dans l'objet de notre travail, où nous avons entrepris de démontrer l'utilité de l'étude des législations comparées.

Il y a deux manières de définir les choses : par ce qu'elles sont et par ce qu'elles ne sont pas ; ou plutôt les deux manières complètent la définition, car la définition n'est parfaite et ne fait bien connaître la chose définie que lorsque, après avoir fait connaître ce qu'elle est, elle fait connaître ce qui la distingue des autres choses de même espèce. Or, de même, il y a deux manières, toutes deux nécessaires, d'arriver à la pleine compréhension d'un principe, d'une vérité générale, d'une idée mère : c'est d'abord de suivre ce principe dans ses applications les plus ordinaires, et ensuite de le chercher dans un ordre de faits tout opposé.

Une vérité très-générale, en effet, ne peut être bien comprise ou plutôt bien sentie (car la vérité, à une très-grande hauteur, relève plus du sentiment que de la raison pure), que lorsqu'elle s'est spécifiée le plus diversement. Plus une vérité est générale, étendue, plus il est nécessaire qu'une étude sérieuse fasse connaître toutes les conséquences qu'elle recèle. Sans une étude sérieuse des apparences sous lesquelles se montre une idée très-générale, l'esprit n'arriverait jamais à ce sentiment profond des grandes vérités scientifiques, sans lequel pourtant il n'y a pas véritablement de savant ; ou plutôt ces vérités n'existeraient pas et ne seraient plus que d'insignifiantes généralités dont il ne comprendrait pas la portée. Mais, pour arriver à saisir ainsi ce qu'il y a d'identique au fond dans des choses d'apparence très-diverse, il faut beaucoup comparer.

> ..... Car la comparaison
> Nous fait distinctement comprendre une raison,

comme dit Gros-René, ajoutant :

> Et nous aimons bien mieux, nous autres gens d'étude,
> Une comparaison qu'une similitude.

C'est que, en comparant, on apprend à connaître, par l'expérience des autres, toute la portée d'un principe senti confusément, tandis qu'on n'a que sa propre expérience quand on se meut toujours dans le cercle des mêmes faits.

Gros-René a donc raison. L'étude des sciences

comparées grossit certains détails, multiplie les points de vue, fait apparaître les mêmes idées, les mêmes principes cachés sous des formes diverses ; l'étude des législations comparées donne ainsi la philosophie du Droit ; elle fait acquérir le sens du Droit, tandis que la pratique, dont cependant il ne faut pas dire de mal, si étendue qu'elle soit, ne fait que des praticiens. Maintenant comment se fait-il que, entre toutes les législations, l'étude de la législation romaine soit la plus profitable ? C'est ce qu'il nous reste à examiner après avoir réfuté quelques erreurs trop accréditées.

Le Droit romain, loué unanimement, dans tous les temps, a été diversement apprécié. On a dit du Droit romain que c'est la raison écrite ; Bossuet a écrit « que le bon sens, qui est le maître de la vie humaine, y règne partout, et qu'on ne voit nulle part une plus belle application de la loi naturelle (1) ; » et quelques-uns sont partis de cette appréciation pour convier à l'étude du Droit romain comme à l'étude d'un droit modèle. Cela ne peut pas être vrai sans explication. La raison, le bon sens procèdent avec plus de simplicité qu'ils ne le font dans le Droit romain. Est-ce la raison, est-ce le bon sens qui ont établi l'esclavage civil, l'inégalité et le despotisme dans la famille, et ces formes de procéder si rigides, si nécessairement savantes et si compliquées? C'est cependant quand ces institutions subsis-

____

(1) *Discours sur l'Histoire universelle*, 3ᶜ partie, ch. vi.

tent encore dans toute leur rigueur, que le Droit romain mérite le plus d'être admiré ; et quand, à partir de Dioclétien, vers la fin du troisième siècle, le Droit romain se simplifie et s'humanise, on continue de l'étudier pour l'intérêt historique qu'il présente, et pour suivre la filiation des idées et des institutions ; mais l'intérêt scientifique s'affaiblit considérablement, et, de l'aveu de tous, le beau temps de la jurisprudence romaine est passé.

Ce qu'il y a d'admirable dans le Droit romain, ce n'est pas la partie législative, c'est la partie scientifique ; ce n'est ni la loi des Douze-Tables, quoique Tacite l'appelle le dernier mot du Droit juste, *finis æqui juris*, ni les sénatus-consultes, ni même l'œuvre des Empereurs, quoique le Droit impérial permette d'étudier d'une façon curieuse dans les lois la transformation du vieux monde ; ce qui commande surtout l'admiration, c'est l'œuvre des grands jurisconsultes du temps d'Alexandre Sévère et de Caracalla, et des préteurs ; ce sera, si l'on veut, la raison, le bon sens qui inspirent leurs écrits, mais la raison et le bon sens luttant contre une législation rude et grossière, se dégageant des entraves de la loi sans la heurter de front, et finalement préparant l'avénement d'une législation plus parfaite, mais dont le développement sera loin de présenter un intérêt égal à celui de son laborieux enfantement.

Ceux qui ont dit que le Droit romain mérite d'être étudié comme Droit modèle, ne semblent donc pas s'être bien rendu compte du genre d'intérêt qu'il faut y chercher. Ils n'ont pas distingué dans le Droit romain la partie législative, très-défectueuse d'abord, puis ne présentant plus qu'un intérêt purement historique, de la partie scientifique, admirable de tous points ; ils n'ont pas remarqué que la législation romaine proprement dite ne saurait être pour nous, peuples civilisés, ou au moins nous disant tels, une législation modèle, et que, d'ailleurs, une législation modèle, nécessaire à étudier par les législateurs, ne peut avoir, en tout temps, pour les jurisconsultes, qu'un intérêt secondaire.

D'autres ont vu dans l'étude des travaux des grands jurisconsultes de Rome une sorte de gymnastique intellectuelle, utile comme préparation à l'étude du Droit national. Il y a quelque chose de vrai dans cette opinion, mais elle n'est pas la vérité tout entière ; car toute étude prolongée développe la force de l'intelligence, et cependant l'étude de certaines sciences, comme la logique, dont l'habitude donne à l'esprit plus de souplesse et d'acuïté, ne peut pas remplacer l'étude du Droit romain, et nulle autre étude n'y suppléera jamais.

D'autres ont pensé que l'étude du Droit romain avait, avant tout, un intérêt historique, et que par elle on arrivait à connaître la filiation des principes et des institutions qui nous régissent, et, par suite, à mieux connaître les institutions et les principes eux-mêmes.

Cette opinion a aussi, comme les autres, quelque

chose de fondé. Mais si l'étude du Droit romain ne présentait qu'un intérêt historique, cet intérêt serait bien diminué par la grande lacune qu'ont apportée dans le développement du Droit douze siècles de barbarie. Le Droit ne commence en France qu'avec Cujas et Dumoulin. D'ailleurs, ce n'est pas seulement, quant au temps, que la tradition historique a été rompue, c'est encore quant aux lieux. Quelles profondes modifications le caractère national n'a-t-il pas apportées aux principes de la législation romaine, quand elle est venue s'implanter sur le sol gaulois ! Pour que l'étude historique du Droit romain présentât un intérêt dominant, il faudrait au moins que la chaîne ne se fût pas brisée à tant d'endroits. On peut donc le dire sans crainte, si l'étude du Droit romain ne présentait qu'un intérêt historique, le travail qu'elle nécessite serait loin, bien loin d'égaler le profit qu'on en tirerait.

Enfin on a cru que le Droit romain devait être étudié par la raison qu'il est passé en partie dans nos Codes, et que de cette manière il nous gouverne encore. Le Gouvernement qui a rétabli l'étude du Droit en France le pensait ainsi, car la loi organique du 22 ventôse an XII prescrit que le Droit romain soit enseigné, dans les Facultés, dans ses rapports avec le Droit français. Mais il est clair que le Gouvernement impérial cédait à la tradition en conservant l'enseignement du Droit romain, et qu'il ne se rendait pas compte de l'utilité qu'on doit en attendre. Certaines parties du Droit romain ont passé dans notre Droit français; qu'importe? cela seul ne pourrait pas faire qu'il fût nécessaire de lire en latin ce que le législateur a dit d'une façon intelligible pour tous, au moins par le langage, en français. D'ailleurs se borner à étudier le Droit romain dans ses rapports avec le Droit français, ce serait une mutilation de la science, qui devrait en amener infailliblement la mort et en attendant ne produirait rien. On avance plus ou moins dans l'étude d'une science, mais on ne la divise pas; toutes ses parties forment un tout, comme dans les corps organisés.

Ce qui rend l'étude du Droit romain nécessaire, c'est, au contraire, son caractère profondément accusé, ce sont ses différences profondes d'avec le Droit français. Dans le Droit romain, l'idée de justice, a, à chaque pas, des manifestations tout à fait inattendues. Pascal qui a deviné la géométrie n'eût jamais deviné le Droit romain. Les jurisconsultes romains enfermés dans un texte dont ils devaient conserver la lettre, mais dont ils ne pouvaient avoir aucun scrupule d'éluder l'esprit, ont déployé une fertilité de ressources qui sera en tous lieux l'objet d'un éternel étonnement. Pour la finesse d'esprit, les théologiens espagnols eux-mêmes ne les ont pas égalés. Dans leurs écrits, la rude loi des Douze-Tables est respectée, la logique est rigoureuse, et cependant la justice y triomphe. Quoi de plus étonnant, par exemple, que leur théorie de la *bonorum possessio* en matière de succession et leur système des exceptions ? Simplifiez, au contraire, ce Droit si savant, substituez à ces théories si ingénieuses, si subtiles, si déliées, la raison pure et le simple bon sens, et à l'instant même tout intérêt s'évanouit.

L'étude des législations comparées (nous aimerions mieux dire des Droits comparés) n'est utile que parce qu'elle fait saillir des points que la seule étude du Droit national laisserait toujours inaperçus. Partant, l'étude de deux Droits semblables au fond, serait un double travail parfaitement inutile. Pour que l'esprit comprenne bien, sente bien, et surtout comprenne tout, il faut que la même vérité se manifeste sous des formes très-opposées ; c'est ainsi que l'étude des langues anciennes fait les véritables linguistes, tandis que, sous ce rapport, l'étude des langues modernes est à peu près sans fruit.

L'étude du Droit romain est donc utile à cause des dissemblances du Droit romain avec le Droit français beaucoup plus que pour ses ressemblances très-lointaines. Ce qu'il y a d'identique entre les deux Droits, ce sont les résultats, c'est l'idée de justice : dans l'un, la justice simple, pure ; dans l'autre, la justice en lutte avec une loi rude, tout empreinte du caractère théocratique, et arrivant à se dégager des entraves de la lettre de la loi par un ensemble d'artifices inouïs. Or, c'est cette lutte, ce sont ces artifices dont l'étude ouvre tant d'aperçus nouveaux. Suivez l'idée de justice apparaissant sous tant de formes ; étudiez toutes ces fictions, ces exceptions derrière lesquelles elle se dissimule pour arriver à rendre la loi acceptable et juste en dépit d'elle-même ; voyez comment les jurisconsultes romains apprécient la valeur d'un principe et devinent toutes les conséquences logiques qu'il recèle, ne le limitant jamais arbitrairement et restant toujours logiciens implacables, malgré la gêne du texte et les embarras de la route détournée où ils ont été contraints de s'engager ; admirez comme l'idée de justice les accompagne et comme ils demeurent toujours fermes dans leur voie pleine d'écueils ; et si, après les avoir suivis dans leur périlleuse et merveilleuse marche, vous n'acquérez pas le sens du Droit, le sentiment de l'idée-mère de cette science, il ne vous reste plus qu'à fermer les livres, car alors le Ciel ne vous a pas départi la faculté qui fait le jurisconsulte.

Nous revenons ainsi à ce que nous disions plus haut quand nous exprimions cette pensée, que l'étude des détails d'une science est nécessaire pour en acquérir le sens, mais que, pour avoir le sens complet de la science, il faut l'étudier aussi par comparaison. Pour connaître les choses, il faut savoir ce qu'elles sont d'abord, puis savoir ce qu'elles ne sont pas. Or, on arrive à savoir ce qu'elles ne sont pas par la comparaison. Mais on ne compare pas deux choses semblables ; on compare deux choses dont la nature, le principe est identique, mais dont la manifestation, la forme est différente ; et c'est parce que le principe est identique entre le Droit romain et le Droit français, tandis que la manifestation est aussi différente qu'il se peut, qu'il faut connaître le Droit romain pour bien connaître le Droit français.

Maintenant, il est un autre hommage à rendre aux jurisconsultes romains; il s'adresse à la rectitude de leur jugement. En toutes matières, pour reconnaître le principe vrai, dans toutes les difficultés, pour saisir la raison de décider, ils se montrent doués d'un tact si merveilleux, qu'un catholique trop enthousiaste les suppose animés de l'Esprit divin. Nous aurions, sous ce rapport, à apprendre beaucoup à leur école. Conservons donc le culte de cette science trop délaissée, non pour satisfaire une vaine curiosité d'antiquaire, mais pour y trouver cette force d'esprit et cette puissance de méditation sans lesquelles la science du Droit ne tarderait pas à rétrograder en France.

. . . .

DEUXIÈME PARTIE

DOCTRINE

CHAPITRE PREMIER

DU DROIT ET DU FAIT

La publication de nos Codes, celle du Code civil en particulier, a été accueillie avec un enthousiasme que l'on peut dire universel, sans exagération. Les terribles moyens employés par la Convention pour constituer l'unité nationale n'avaient pas réussi à dépopulariser le sentiment de l'unité ; il était toujours vivace dans le pays. D'un autre côté, la France sentait que les véritables conquêtes de la révolution, si chèrement achetées, ne seraient consolidées que quand les principes en auraient pénétré pour toujours la législation civile. Aussi lorsque l'homme extraordinaire qui releva la France par la force de ses armes, lui rendit ce service, bien autrement fécond, de fixer la législation civile et de la rendre définitivement uniforme, l'acclamation ne fut-elle pas moindre pour le légistateur qui réalisait enfin l'œuvre tant de fois entreprise et délaissée d'un *Code*, qu'elle ne l'avait été pour le grand capitaine, à qui elle allait renouveler, et cette fois trop aveuglément, le dépôt de ses destinées.

L'admiration, si vive qu'elle fût, ne pouvait cependant pas durer sans mélange. Napoléon prévit lui-même le mouvement de réaction qui allait s'opérer. Avec la candeur que la possession du pouvoir absolu seule peut donner, quand elle n'est pas le fait d'une profonde ignorance des choses de ce monde, il avait cru ne laisser rien à faire après lui ; mais la chronique rapporte qu'à l'apparition du premier commentaire, du livre si modeste pourtant de Malleville, il déclara son *Code perdu*. Qu'eût-il pensé s'il eût entendu parler de la révision du Code civil comme d'un fait imminent et nécessaire ; s'il eût vu l'illustre Toullier signaler des taches qui devaient disparaître, disait-on, dans un remaniement prochain, si prochain que l'utilité ne paraissait pas avoir besoin d'en être démontrée ; surtout s'il eût entendu l'écho de cette polémique célèbre sur la codification, et les docteurs allemands réclamer pour le libre développement du droit national par les coutumes, par la doctrine, par les précédents judiciaires, contre l'immobilité imposée au droit par la forme législative ?

Toutefois cette réaction, comme toutes les réactions, devait aussi avoir son temps. A mesure que la jurisprudence se fixe, le langage des partisans de la révision du Code devient plus timide ; les assises du monument apparaissent toujours plus solides ; l'excellence des matériaux employés est chaque

jour mieux appréciée ; l'attaque alors se circonscrit.
On sait combien de critiques ont été dirigées contre
le principe de la mort civile et contre le titre des
hypothèques. Mais ce qui est surtout remarquable,
c'est que sur le champ rétréci de la lutte, les plus
sages, tout en réclamant quelques améliorations reconnues par tous nécessaires, sont encore les plus
circonspects ; et c'est ainsi que, lorsque, en 1844,
le garde des sceaux d'alors, M. Martin, consulta les
Cours et les Facultés de droit sur les améliorations
à apporter au régime hypothécaire, la Cour de cassation, au milieu des bruits discordants de tant
de projets contradictoires, déclara résolûment que
tout projet de réforme radicale devait être pé-
remptoirement écarté, et que la seule amélioration
prudente, désirable, consistait à rendre obligatoire
la transcription des contrats de vente et des actes
translatifs de droits réels, susceptibles d'hypothèque, que l'on voudrait opposer à des tiers (1).

Les deux améliorations réclamées ont été heureusement réalisées par deux lois récentes (2). Que
reste-t-il des critiques dirigées à diverses époques
contre le Code civil ? des critiques d'art. Un professeur célèbre, Rossi, a montré que certaines parties du Code étaient en désaccord avec des théories
aujourd'hui mieux connues de l'économie politique ;
que d'autres parties avaient été faites en considé-

_____

(1) *Documents relatifs au régime hypothécaire.* Imp. royale,
1844.

(2) Lois des 31 mai-3 juin 1854 et 23 mars 1855.

ration d'un état économique différent de ce qu'est devenu l'état de la France par le développement continu de la richesse individuelle mobilière (1). Mais les critiques de Rossi ne s'attaquent qu'à des présomptions de la loi, dont les conventions des particuliers peuvent conjurer les effets. Et quand le Code, par exemple, suppose avec l'ancienne jurisprudence que la vraie propriété est la propriété immobilière, conformément à cet adage : *Possessio mobilium vilis* ; quand il compose, en conséquence, la communauté légale entre époux de toutes les valeurs mobilières sans exception, l'homme et la femme qui contractent le mariage peuvent facilement repousser les présomptions de la loi par la stipulation d'une communauté conventionnelle établie sur des bases toutes différentes, et de fait ils font toujours ainsi.

En traçant ainsi à grands traits le tableau des controverses et des critiques qu'a suscitées jusqu'ici la publication du Code civil, notre pensée n'est pas de raviver des discussions qui vont s'apaisant chaque jour ; nous voudrions cependant présenter quelques doutes sur la circonscription trop large que le législateur français a donnée à son domaine. Il nous a toujours paru que de nombreuses dispositions considérées généralement comme des dispositions législatives et qui n'en sont pas, n'auraient jamais dû avoir de place dans le Code. Ainsi, si l'on prend presque au

(1) *Revue de législation et de jurisprudence*, de **M.** Wolowski, année 1837.

hasard un titre du Code civil, quatre sortes de dispositions apparaissent. Le Code pose des principes généraux de législation et de droit public, comme dans les
six premiers articles ; ou bien il donne des définitions,
comme pour les contrats, l'hypothèque et la prescription ; ou bien, empiétant sur la partie libre du Droit,
qui se règle uniquement par l'arbitre des particuliers,
il règle des présomptions de volonté ; ou bien enfin,
le législateur, figurant dans son rôle véritable, ordonne ou défend, détermine la forme légale des actes
de droit et donne pour sanction aux dispositions de
la loi, selon les cas, la responsabilité des contreve-
nants envers les personnes légalement lésées, ou la
nullité des actes faits contrairement à ses prescriptions.

Or il est clair que, dans ces dispositions, celles de
la dernière classe peuvent seules trouver place dans
un Code civil, ou plutôt, pour parler plus exactement,
doivent le composer exclusivement. Comment pourrait-on considérer comme des textes de lois les définitions souvent fautives que le Code donne de tel contrat, comme la vente, ou de tel fait juridique, comme
la prescription? Il définit, et quelquefois définit mal,
la propriété, l'usufruit, la servitude, la donation, le
testament, la vente, le louage, la société, le prêt, le
mandat, l'hypothèque, la prescription, toutes choses
dont le nom éveille une idée connue de tous ; mais il
ne définit pas le Droit d'abord, le domicile, l'absence,
le mariage, la tutelle, l'hérédité, l'obligation, etc.,
qu'il eût fallu expliquer si des définitions étaient bonnes dans un Code.

D'un autre côté, quelle force législative peuvent avoir les nombreuses dispositions qui, dans la matière des contrats, ne font que formuler des distinctions d'école ou énoncer le sens ordinaire de tel pacte, sans enchaîner aucunement cependant l'arbitre du juge ? La loi l'oblige-t-elle quand, après avoir présumé pour l'exécution d'une convention la volonté des parties, elle termine en lui réservant, selon une formule très-fréquente, la liberté d'une interprétation différente ? Il est trop évident qu'en écrivant de telles dispositions, les rédacteurs du Code ne se rendaient pas compte de la différence qu'il y a entre une œuvre de doctrine et un travail de législation.

Tel est, en effet, le principe de ce que, dans le Code, nous appelons, dès à présent, sauf de plus amples justifications, une erreur. Ses auteurs, entraînés par le mouvement des idées de leur époque, ont écrit dans un Code spécial des dispositions qui avaient leur place marquée dans un Code constitutionnel ; puis, à la suite de Pothier, dans la matière des contrats surtout, ils ont défini, divisé, distingué et donné des règles générales et particulières pour l'interprétation des conventions. Et cependant un Code n'est pas un livre de droit. *In legibus*, dit Bacon, *non tam stylus et descriptio quam auctoritas et hujus patronus antiquitas spectanda est. Alias videri possit hujusmodi opus scholasticum potius quiddam et methodus quam corpus legum imperantium* (1). La loi commande, en effet ; le livre enseigne ; la mission du législateur

____

(1) *De justitia universali*, aph. 62.

et celle du professeur diffèrent essentiellement.

Ce serait un long et fastidieux travail que d'examiner une à une toutes les dispositions du Code qui motivent la critique bien ou mal fondée que nous élevons ici. De fréquentes répétitions seraient inévitables. Nous ne ferons de citations que pour justifier l'idée principale que nous venons d'énoncer.

Les articles 1044 et 1045 formulent ce qu'en Droit on appelle la théorie du droit d'accroissement entre colégataires. Ils sont ainsi conçus :

« *Art. 1044. Il y aura lieu à accroissement au profit des légataires dans le cas où le legs sera fait à plusieurs conjointement.*

« *Ce legs sera réputé fait conjointement lorsqu'il le sera par une seule et même disposition, et que le testateur n'aura pas assigné la part de chacun des colégataires dans la chose léguée.*

« *Art. 1045. Il sera encore réputé fait conjointement quand une chose qui n'est pas susceptible d'être divisée sans détérioration aura été donnée par le même acte à plusieurs personnes, même séparément.* »

A lire ces articles du Code, il semblerait que le droit d'accroissement a lieu nécessairement dans les deux cas qu'ils prévoient, et que l'accroissement n'est possible dans aucun autre. Si ce sont des articles de loi, en effet, toutes les fois que deux personnes seront instituées légataires d'une même chose par une même disposition du testament, sans que le testateur ait fait la part à chacune d'elles ; ou que, étant instituées par deux dispositions différentes, l'objet du legs ne pourra être divisé sans détérioration, la mort d'un légataire, ou son incapacité de recueillir avant l'ouverture du legs, aura pour effet de faire profiter l'autre en totalité de l'objet légué ; et en sens inverse, la portion caduque fera retour à l'hérédité dans tous les autres cas. Telle est, en apparence, la pensée de la loi.

Rien cependant ne serait plus faux qu'une telle idée ainsi généralisée. Il est un principe qui domine toute la casuistique du Code, et que le Code même rappelle en maint endroit: c'est que toute personne mourante peut librement disposer de ses biens, à la charge d'exprimer légalement sa volonté. Voilà le principe qui ne doit jamais être perdu de vue, même pour la saine intelligence des articles relatifs au droit d'accroissement. Proudhon, qui a écrit un demi-volume (1) pour les commenter, s'est épuisé dans de vains efforts ; car il est bien certain que ce principe souverain que nous rappelons commande au juge de chercher avant tout quelle a été la volonté du testateur en elle-même, et que ce serait le violer ouvertement que de faire accroître au profit d'un légataire la portion caduque d'un legs fait conjointement en la forme, dans le sens de la loi, s'il apparaissait d'ailleurs du contexte du testament que la volonté du testateur a été tout autre.

La pensée réelle de la loi dans les articles 1044 et 1045 est sage, nous ne le contestons pas ; ce que

______

(1) *Traité des droits d'usufruit, d'usage et d'hab.* (t. II, n°s 554 et suivants).

nous soutenons, c'est que, bien exprimée, elle eût paru, ce qu'elle est de fait, inutile à dire, et que, mal exprimée, elle est dangereuse. Le législateur a songé qu'il est des legs où la volonté du testateur appelle deux ou plusieurs personnes à recueillir chacune la totalité d'un même objet. En pareil cas, le concours des légataires fait naturellement que l'objet légué se partage, *concursu partes fiunt ;* mais si l'un d'eux ne veut ou ne peut se présenter pour recueillir sa part, cette part, au lieu de faire retour à la masse héréditaire, profite tout naturellement encore aux autres légataires par portions égales, *jure non decrescendi.* Il n'y a là rien que d'ordinaire.

La pensée de la loi énonçant ainsi une nécessité qui résulte de la nature des choses, proclamant une vérité si incontestable, qu'il eût semblé puéril de la formuler si elle eût apparu distinctement, ne peut être querellée, nous le répétons. Mais ce qui est répréhensible, c'est que la loi, s'arrêtant à l'apparence, ait cru devoir indiquer limitativement la forme dans laquelle un testateur peut exprimer sa volonté de laisser à chacun des légataires la totalité de l'objet légué ; c'est qu'elle ait ainsi paru vouloir en écarter l'effet toutes les fois que cette volonté serait exprimée différemment, et que, tout en voulant ordonner l'exécution du legs selon la pensée pure du testateur, elle ait précisément parlé de la manière la moins propre à en assurer le respect.

Au reste il n'en pouvait être autrement. La scolastique (et nous appelons de ce nom cet appareil de distinctions et de sous-distinctions appliquées à des choses dont le dénombrement complet est impossible), la scolastique donc, appliquée à la recherche des intentions, c'est-à-dire à tout ce qu'il y a de plus individuel, ne peut être qu'un art conjectural, toujours et nécessairement incomplet, par la propriété que l'expression de la volonté de l'homme a de se diversifier à l'infini. En vain le législateur qui se fait casuiste se flatterait-il, par une prétention, au moins fort orgueilleuse, d'embrasser dans ses prévisions toutes les manifestations connues de la pensée humaine ; le progrès du temps, les rapports nouveaux que créent la civilisation et l'industrie dans leur marche incessante, le mettront inévitablement en défaut pour l'avenir. Et sa doctrine ne sera pas seulement incomplète, elle sera fausse et dangereuse comme tous les principes donnés comme absolus et qui ne le sont pas. Il se trouvera alors avoir construit dans le vide ; il aura présenté l'apparence pour la réalité, substitué l'à peu près au certain, mis la vérité en désaccord avec elle-même et introduit dans la loi un élément contraire, un dissolvant, principe de toutes les infractions qu'elle peut subir.

Nous n'entendons certes pas contester la valeur de la méthode scolastique, ou du moins d'une utile préparation à la pratique, appliquée à l'art du Droit, pour l'enseignement. Nous savons tout ce que la gymnastique intellectuelle à laquelle elle astreint donne à l'esprit de souplesse et d'acuïté. C'est une école de pratique. Nous voudrions seulement qu'elle fût enseignée ailleurs que dans la loi, où elle est insuffisante et dangereuse. Nous voudrions aussi que la doctrine ne présentât ses distinctions que sous la forme dubitative et sans s'exagérer les services qu'elle peut rendre à la pratique judiciaire. Car on ne donne pas *à priori* le sens d'un mot, d'une clause, qui n'ont de valeur que par les circonstances qui les accompagnent. Vouloir poser des règles générales pour l'interprétation de volontés particulières, variant sans cesse, revêtant des formes toujours nouvelles, c'est s'engager pour l'avenir dans une œuvre impossible, c'est vouloir embrasser l'infini, c'est s'imposer le travail des Danaïdes.

On voit ainsi comment la pratique tire un si faible secours de toute une partie des travaux des commentateurs. On s'épuise à créer des hypothèses ; mais naturellement on ne fera jamais sortir des simples probabilités de la loi une certitude absolue. Les comptes faits des commentateurs sont hors d'usage, leur casuistique est délaissée, parce que, en effet, ils ne peuvent enseigner que le probable, non le certain. Or, ce qu'il faut au juge sur son siége, c'est une certitude.

Quand le corps humain s'est développé, à l'aide de salutaires entraves, le premier usage qu'il fait des forces qu'il leur doit est de s'en débarrasser. De même pour les adeptes de l'art du Droit, le profit qu'ils tirent des formules scolastiques, c'est de pouvoir s'en passer.

Ce que nous disons à propos de deux articles du Code pourrait être répété à l'occasion de près de la moitié de ceux qui le composent. Combien de dispositions ne pourraient être observées littéralement le plus souvent qu'à la condition de violer le principe même qui les a dictées ! Il faudrait passer en revue toutes les dispositions de détail de la matière des contrats. Partout on verrait le législateur préjuger la volonté des contractants par la forme qu'elle revêt. On dirait que, comme dans le Droit romain primitif, la loi ne permet de percevoir la vérité que par les signes qui l'expriment. La forme absorberait la volonté, l'idée ! Cependant rien ne serait plus contraire à la pensée vraie de la loi que le servilisme qu'elle semble commander. Un second exemple, emprunté au titre de la *Vente*, achèvera notre démonstration.

L'article 1601 dispose que « si, au moment de la vente, la chose vendue était périe en totalité, la vente serait nulle. » Puis il ajoute : « Si une partie seulement de la chose est périe, il est au choix de l'acquéreur d'abandonner la vente ou de demander la partie conservée en faisant déterminer le prix par la ventilation. »

Si l'on devait s'en tenir aux termes de cet article, qui ne croirait que la perte de la chose laisse toujours, en tous cas, à l'acheteur, l'option entre les deux partis qu'il lui ouvre ? On l'a soutenu, en effet, même dans des cas où la perte d'une partie de la chose vendue n'était qu'un prétexte pour l'acheteur de rompre le marché. Mais ce qui est remarquable, c'est que les jurisconsultes mêmes, qui, avec un sentiment véritable du droit, émettent une opinion contraire et ne voient en réalité dans l'article 1601 qu'une interprétation *à priori* d'une volonté, qui ne peut être appréciée qu'en elle-même d'après les circonstances, se croient obligés de s'appuyer sur un texte (1), tant est générale l'erreur qui ne fait voir dans le Code que des textes de loi.

On ne fera pas difficulté, sans doute, de reconnaître que cette critique, qui s'applique à une portion du Code, considérable quant au nombre des articles, a quelque fondement. Mais maintenant, devra-t-elle être limitée aux dispositions qui préjugent, d'après la forme, une volonté inconnue? Non, et il est telle disposition qui, déclarant résoluble telle convention arrêtée dans de telles conditions, n'oblige aucunement le juge bien pénétré de sa mission. Nous nous expliquons.

Les articles 1617, 1618 et 1619 sont ainsi conçus :

« *Art. 1617. Si la vente d'un immeuble a été faite avec l'indication de la contenance à raison de tant la mesure, le vendeur est obligé de délivrer à l'acquéreur, s'il l'exige, la quantité indiquée au contrat.*

« *Et si la chose n'est pas possible, ou si l'acquéreur ne l'exige pas, le vendeur est obligé de souffrir une diminution proportionnelle du prix.*

« *Art. 1618. Si, au contraire, dans le cas de l'ar-*

____

(1) MM. Duranton (XVI, n° 184) et Duvergier (1, n° 297) argumentent de l'article 1636. Pourquoi? penseraient-ils donc autrement si le texte de l'article 1636 avait été laissé, comme tant d'autres, là où on l'a pris, dans Pothier?

ticle précédent, il se trouve une contenance plus grande que celle exprimée au contrat, l'acquéreur a le choix de fournir un supplément de prix, ou de se désister du contrat, si l'excédant est d'un vingtième au-dessus de la contenance déclarée.

« *Art. 1619. Dans tous les autres cas, soit que la vente soit faite d'un corps certain et limité, soit qu'elle ait pour objet des fonds distincts et séparés, soit qu'elle commence par la mesure, l'expression de cette mesure ne donne lieu à aucun supplément de prix en faveur du vendeur, pour l'excédant de mesure, ni en faveur de l'acquéreur à aucune diminution de prix pour moindre mesure, qu'autant que la diffé- rence de la mesure réelle à celle exprimée au contrat est d'un vingtième en plus ou en moins, eu égard à la valeur de la totalité des objets vendus, s'il n'y a sti- pulation contraire.* »

L'article 1618 d'abord présente un cas où il sem- ble que la loi a entendu commander à l'arbitre du juge. Tout y est positif, impératif, déterminé. Dans tous les cas où un immeuble vendu a une con- tenance supérieure d'un vingtième (rien de moins !) à celle déclarée dans le contrat, l'acheteur pourra se désister. Cet excès de contenance qui autorise la résolution du contrat, est déterminé avec la précision mathématique d'un délai préfix ou d'une prescrip- tion. Et cependant quel juge prendrait sur lui de prononcer la résolution d'un contrat de vente où l'excès de contenance serait tel, s'il apparaissait bien des circonstances que la contenance n'a été pour rien dans la détermination de l'acheteur ? Sommes-nous en présence d'une prescription légale n'admettant pas la preuve contraire ? L'honnêteté publique est-elle intéressée dans la question, ou faut-il revenir aux formules du Droit romain ? Des jurisconsultes ont soutenu cependant que l'expression douteuse de la volonté des parties ne saurait anéantir le droit d'option que l'article 1618 réserve à l'acheteur (1).

D'autres auteurs déclarent que le mot *environ* ajouté à l'indication de la contenance écarte l'application de l'article 1618 (2) ; de telle sorte qu'il suffirait, pour prévenir la résolution de la vente, qu'un mot dans le contrat pût faire supposer que la pensée de l'acheteur ne s'est point arrêtée sur la contenance, tandis que cette pensée devrait demeurer impénétrable faute d'un mot. A quelles conséquences n'arrive-t-on pas en partant d'un point erroné ? Nous serions, quant à nous, beaucoup plus radical ; car notre Droit n'est pas aussi formaliste qu'on serait tenté de le croire en lisant les commentateurs, et nous ne sommes plus au temps où le signe et le symbole absorbaient la volonté.

Ces observations pourraient se répéter pour l'article 1619 ; nous les abrégeons ; mais nous dirons toujours, à l'encontre des commandements apparents de la loi, que, dans toute convention, la règle

____

(1) M. Duranton, t, XVI, n° 229 ; M. Duvergier. t. I, *de la Vente*, n° 299.

(2) M. Troplong, *Vente*, 1,340, et M. Marcadé, art. 1618, n° 14.

suprême du juge est la volonté réelle des parties.

Nous parlons ici avec la plus haute autorité judiciaire qui ait jamais existé dans aucun pays. Des milliers d'arrêts de la Cour de cassation, monuments inédits d'une haute sagesse, consacrent cette séparation fondamentale du fait et du droit que les auteurs du Code semblent n'avoir pas comprise. Chaque jour, quelque nouvelle requête, appuyée sur la violation de quelque prétendu principe de Droit, comme ceux dont nous venons d'établir la fausseté, est impitoyablement rejetée par des considérations de fait. La Chambre des requêtes de la Cour de cassation sur ce point a atteint le but de son institution, pour le moins. Nous ne récriminons pas cependant : nous proclamerons même que ce n'est pas la partie la moins intéressante de ses arrêts, que celle où la séparation du fait et du droit est établie avec la même rigueur qui rend si instructive l'étude des formules des préteurs romains.

Que l'on ne dise pas maintenant que la loi ne saurait jamais être trop explicite ; que tout ce qu'elle dit est autant d'enlevé à l'arbitraire du juge, et que, à tout prendre, il y a un avantage à ce que le citoyen trouve dans la loi le sens fixé à l'avance des signes qui expriment sa volonté.

Nous répondrions que cet avantage n'existe pas, puisque toutes les prévisions minutieuses de la loi ont précisément pour résultat de créer une perpétuelle antinomie. Que la loi soit explicite et complète, rien de mieux ; mais encore faut-il que ce soit sur le terrain où elle est bien réellement la loi.

D'ailleurs, par l'expérience des nouveaux rapports civils et commerciaux qui se sont développés depuis la promulgation des Codes, on peut juger de la valeur et de l'objection et de la réponse. Lors de la publication du Code de commerce, l'association était une puissance inconnue de fait en France. Depuis le Code de commerce, le développement de la richesse individuelle et l'essor extraordinaire de l'industrie ont donné naissance à toutes ces associations commerciales qui, réagissant à leur tour sur l'industrie et la richesse, ont produit de merveilleux résultats, dont nous recueillons les bienfaits. En aucune matière, on n'imaginera rien de plus divers que les formes innombrables sous lesquelles apparaissent les sociétés anonymes ou en commandite, rien de plus varié que les combinaisons par lesquelles le travail et le capital, se prêtant un mutuel appui, réalisent des projets que l'activité individuelle isolée n'eût jamais osé concevoir. Et cependant le Code de commerce ne parle guère des sociétés commerciales que pour les mentionner ; et cependant aussi le besoin de dispositions spéciales, explicites, ne s'est jamais fait sentir. C'est que les principes généraux des contrats suffisent amplement pour régler tous les droits et les obligations qui peuvent naître des combinaisons même les plus compliquées, et que les détails législatifs sont sans objet dans le domaine où la volonté de l'homme doit se manifester sans entraves.

Il en est de la matière des assurances comme

de celle des sociétés de commerce. Si l'on parcourt les statuts des compagnies d'assurance et leurs polices, on est frappé de la variété des rapports qu'ils supposent et qu'ils créent. Les auteurs du Code légiférant aujourd'hui écriraient trois cents articles sans épuiser la matière. Cependant le contrat d'assurance n'est pas même nommé dans nos lois, car les prétendus principes de l'assurance maritime ne sont d'aucun secours pour l'assurance terrestre, et cependant encore nul vide n'est à remplir.

Nous n'entendons assurément pas faire le procès aux hommes éminents à qui la France doit le bienfait d'une législation uniforme ; leur gloire survivra même à leur œuvre. Mais, il faut bien le dire, avec un sentiment très-vif de la réalité et des besoins de leur temps, ils manquaient de philosophie. Le dix-huitième siècle, qui a consommé l'afffranchissement de la pensée, les avait inspirés de son esprit ; ils étaient, en ce sens, philosophes, comme le siècle qui les avait produits. Mais la philosophie particulière du Droit, qui a la sienne comme toutes les sciences, n'était pas encore née. Nous ne devons pas nous plaindre cependant ; nous avons bénéficié de ce qui leur manquait : plus savants, ils eussent moins bien fait ; plus parfaite scientifiquement, leur œuvre eût été pratiquement moins utile ; car le sens pratique manque toujours aux esprits systématiques, en raison même de leur puissance, tant est profonde l'opposition que Dieu a mise entre la science et le sentiment.

Maintenant n'aurons-nous dirigé contre toute une partie du Code qu'une pure critique de mots, et nul enseignement applicable ne pourra-t-il être tiré de ces lignes? Nous espérons mieux : la pratique en toutes choses profite toujours du développement de la science, quelque distance qui les sépare.

D'abord nous aurons séparé dans le Droit ce qu'il y a de positif et ce qu'il y a de variable ; nous aurons distingué le résultat et le procédé, le but et le moyen, la science et l'art. On s'est demandé souvent si le Droit était un art ou une science ; posée dans des termes aussi généraux, la question est insoluble. Une science est un système de connaissances, un ensemble de vérités sur une partie spéciale du savoir humain : en ce sens le Droit est une science, et la partie scientifique du Droit comprendra toutes les dispositions par lesquelles le législateur ordonne ou défend, c'est-à-dire que l'œuvre du législateur sera toute la partie scientifique du Droit, et ne sera rien au delà. Mais, dans le Droit, à côté de la science il y a l'art, c'est-à-dire là comme ailleurs, une collection de procédés à mettre en œuvre pour un résultat déterminé. L'art du Droit sera donc cette scolastique juridique dont nous parlons, et à l'aide de laquelle le jurisconsulte et le magistrat appliquent les principes de la loi à tous les faits particuliers.

Or, l'utilité pratique de ces distinctions est frappante. La science dit ce qui est; l'art conduit à ce que l'on veut qui soit. Il n'est pas indifférent pour le magistrat, pour le jurisconsulte, d'être fixé sur ce qu'il doit savoir et sur ce qu'il peut oser; de connaître précisément quand il doit cesser d'être savant, pour commencer à être, nous sommes obligé de dire, artiste.

En second lieu, les distinctions que nous avons faites mettent fin à ces célèbres controverses sur la codification dont nous avons parlé. Toute l'argumentation des anticodificateurs consiste à dire qu'un Code écrit rend la jurisprudence stationnaire; que c'est un fatalisme où tout est prévu, où tout est fixé et propre seulement à tout immobiliser; que la jurisprudence, au contraire, suit mieux la marche de la civilisation; qu'elle se prête sans efforts aux besoins nouveaux; qu'elle se proportionne d'elle-même au mouvement moral des peuples.

Mais il est bien clair que cette objection tombe d'elle-même, si l'on sépare le fait du Droit, l'art de la science et la partie coactive du Droit de celle qui doit demeurer abandonnée à l'arbitre des particuliers. Que peuvent dire maintenant les anticodificateurs? Que la loi écrite est un obstacle au développement du Droit? Mais si la législation n'est pas immuable, ce qu'il faudrait supposer sans raison, cette critique est sans fondement, car c'est seulement le principe théocratique introduit dans la loi qui arrête le Droit, et non le système de la codification. Serait-ce que la loi doit suivre graduellement les mœurs du pays? Mais elle fait mieux quand elle ne sort pas de son domaine; elle laisse les mœurs abandonnées à elles-mêmes, sous son contrôle.

La jurisprudence, objecte-t-on, atteint mieux à ce résultat nécessaire. C'est une erreur. Avec un droit coutumier, rien n'est fixé, rien n'est certain ; et comme la jurisprudence, à la différence de la loi, qui ne statue que pour l'avenir, ne peut réaliser un progrès quel qu'il soit, qu'à propos d'un fait accompli, il résulte que tout mouvement est un déchirement ; que tout pas en avant est marqué par une ruine. Elle marche, c'est possible, mais laissant derrière elle une longue traînée de sang.

On dira que cette question de la codification est une controverse usée. Peut-être dans les livres, mais elle ne l'est pas dans les faits. Ni l'Allemagne ni l'Angleterre n'ont de Code, et les idées que nous combattons ici y sont aussi vivaces que jamais. Or, nous répétons que pour la partie obligatoire du Droit il faut la loi, et que pour la partie libre il ne faut rien, pas même une jurisprudence.

Enfin il est des inconvénients immédiatement pratiques que notre doctrine bien comprise aurait pour résultat de faire disparaître. Dans ce perpétuel mélange de lois véritables et de théories d'art, l'esprit de l'interprète demeure en supens. Il suffit d'ouvrir presque au hasard un livre de jurisprudence pour voir combien de tiraillements résultent de ces deux principes si différents. D'un autre côté, il ne faut pas une longue pratique judiciaire pour apprendre combien le système de rédaction de nos lois a répandu de notions erronées sur le caractère obligatoire de la loi. Nous n'irions pas toutefois jusqu'à demander qu'on rayât du Code toutes les dispositions dont nous avons critiqué le principe ; nous nous contenterions qu'on ne les lût pas. C'est la conclusion que nous voulions donner à ces observations. A cette condition, bien des doutes disparaîtraient, et la science du Droit, qui sera encore assez vaste, gagnerait en profondeur ce que, en apparence, elle perdrait en superficie.

Au résumé, et pour justifier le titre de cette dissertation, nous dirons : Tout débat contentieux soulève une question de droit et une question de fait ; en les confondant perpétuellement dans ses prévisions, la loi civile ne réussit qu'à compliquer et à obscurcir le fait et le droit.

CHAPITRE II

DES MAXIMES DE DROIT

Nous avons signalé, dans un précédent travail, plusieurs classes de dispositions de nos Codes, qui, considérées mal à propos comme des lois, ont eu souvent pour effet d'établir dans les esprits une confusion fâcheuse entre la question de fait et la question de droit que soulève toute difficulté judiciaire. Ce travail appelle une contre-partie. Nous voudrions parler maintenant de certaines maximes qui, pour n'être pas revêtues de la forme législative, n'expriment pas moins de véritables principes de Droit, et, à ce titre, méritent au moins l'honneur d'être appréciées à côté de prétendues règles qui ne doivent qu'à la sanction apparente du législateur leur autorité usurpée.

Entreprendre la réhabilitation des maximes générales de Droit, c'est, il faut bien en convenir, essayer de reprendre une cause perdue aux yeux de bien des gens. Que n'a-t-on pas dit de l'inexactitude et de l'inutilité de ces adages courants, dénigrés sous le nom de *brocards* (1), malgré les se-cours mnémoniques qu'on en reçoit et l'usage habituel qu'on continue d'en faire ! Leur origine est suspecte, répète-t-on, tout en les invoquant à l'occasion ; les notions qu'elles laissent dans l'esprit sont fausses le plus souvent, et les moins dange-reuses de ces maximes, celles dont les jurisconsul-tes véritables n'ont nulle raison de gêner la circu-lation, ne font, en dernière analyse, que proclamer des naïvetés.

Il est bien certain que vouloir justifier toutes les maximes que la tradition nous a léguées, en en alté-rant quelquefois les termes ou en les détournant de leur signification originaire, serait une tâche aussi puérile qu'impossible. Mais aussi, à côté de maxi-mes contestables ou n'exprimant que des vérités trop triviales, il en est une foule d'autres qui sont comme le résumé de la sagesse pratique mûrie par le temps, et dont on ne peut pas récuser l'autorité, à la condi-tion de ne les appliquer qu'aux seuls cas pour les-quels elles sont faites.

Les maximes ou brocards, pour les appeler par leur nom, ne sont pas quelque chose de particulier à la science du Droit. La géométrie a ses axiomes, la mo-rale a ses adages, le bon sens vulgaire a ses prover-

---

(1) Les amateurs d'étymologies pourront faire dériver le mot *brocard*, à leur choix, ou du mot *broche*, aiguille, exprimant ainsi une forme piquante de parler, ou du nom de l'évêque *Burkard*, qui, au moyen-âge, a fait un recueil de sentences extraites de la collection des canons, et qu'il publia sous le titre de *Brocardica*.

bes. Toute branche du savoir humain tendant vers un but pratique a ses règles de sens commun, fruit du temps et de l'expérience, œuvre anonyme des générations qui se sont succédé en la cultivant, mais qui, pour être anonymes, ne méritent pas moins d'occuper une place dans le dépôt de la science véritable, dont elles ont servi quelquefois à réprimer les écarts. C'est qu'il est dans la nature de toutes les sciences d'application d'avancer plus par le concours incessant, continu, de tout le monde que par les découvertes du talent et même du génie. Or, la science du Droit particulièrement est un exemple frappant. Les théories les plus ingénieuses seraient devenues souvent de dangereuses rêveries, si la jurisprudence, en les ramenant à l'application, ne les avait incessamment corrigées dans ce qu'elles avaient d'excessif par elles-mêmes ou par leurs tendances. De même ces maximes générales, ces brocards trop dédaignés ont quelque chose de la raison universelle qui a fait la jurisprudence et par suite le Droit : ils sont inhérents à la justice même, comme le dit Bacon, *in forma justitiæ hærent ;* ils sont le lest du droit humain, *saburra juris ;* ils indiquent la loi sans la faire, comme la boussole indique le pôle, *ut acus indicat nautica polos* (1) ; et s'ils ne sont pas le Droit proprement dit, au moins servent-ils au Droit, car ils sont l'expression vraie des principes de la loi, la raison commune d'un ensemble de vérités particulières recon-

(1) *De justitia universali,* aph. 82, 83 et 85.

nues dans les livres ou consacrées par des décisions judiciaires.

S'il fallait citer des exemples, nous n'aurions guère que l'embarras du choix. Ainsi, notre Code civil consacre plusieurs articles à déterminer les cas où la prescription est suspendue. Elle ne court, à raison des actes annulables faits par les interdits, que du jour où l'interdiction est levée, et à raison des actes faits par les mineurs, que du jour de la majorité (art. 1304). Elle est suspendue pendant le mariage dans les cas où l'action de la femme ne pourrait être exercée qu'après une option à faire sur l'acceptation ou la renonciation à la communauté (art. 2256). Elle ne court point à l'égard d'une créance qui dépend d'une condition jusqu'à ce que la condition arrive; à l'égard d'une action en garantie, jusqu'à ce que l'éviction ait lieu; à l'égard d'une créance à jour fixe, jusqu'à ce que ce jour soit arrivé (art. 2257). Les articles 966, 2252 et 2258 contiennent des dispositions analogues. Quel est le principe de toutes ces dispositions, qu'une pensée commune a dictées, quoique la loi ne la fasse pas connaître ? Sont-elles sans lien entre elles ? Une maxime, un brocard a généralisé la raison par laquelle l'empereur Justinien justifie la suspension de la prescription contre les fils de famille (1), et a dit en quelques mots ce que la loi ne dit pas, que la prescription ne saurait courir contre celui à qui la loi ne permet pas d'agir, *contra non valentem agere, non currit præscriptio.*

(1) *C. de annali except.,* liv. VII, tit. 40, l. 1, § 2.

Autre exemple. S'il est en droit une maxime fondamentale et d'une application usuelle, c'est celle-ci : *L'intérêt est la mesure des actions.* Cette maxime se comprend d'elle-même : point d'intérêt, point d'action, par la raison que la loi, qui donne pour sanction au droit qu'elle reconnaît la faculté de contraindre, ne peut se prêter à de pures vexations ; d'où il suit qu'un intérêt quelconque même ne suffit pas, et que l'intérêt doit être particulier, avouable, légitime toujours, pour justifier l'exercice de toute action judiciaire.

Ce principe ne souffre pas d'exception, car il est manifeste que là où l'intérêt manque, c'est le droit même qui fait défaut. Et cependant on ne le trouve écrit nulle part dans la loi. On ne pourrait que difficilement l'induire de l'article 191, qui permet que les mariages annulables soient attaqués par tous ceux qui y ont *un intérêt né et actuel*, ou de l'article 339, qui permet que les reconnaissances d'enfant et la réclamation d'état soient contestées par tous ceux qui y ont *intérêt* ; car il faudrait d'abord généraliser des dispositions exceptionnelles, et ensuite y chercher un de ces arguments *à contrario sensu*, à bon droit si décriés. L'article 1131, à la vérité, dit bien que l'obligation sans cause ou sur une cause fausse ou illicite ne peut produire aucun effet, et la cause ici est l'intérêt ; mais, outre que cette manière de parler n'apprend rien, tellement que nul auteur, à notre connaissance, n'a déduit de la théorie de la cause des obligations le principe

dont nous parlons, ce principe reste sans justification dans la loi pour le cas où une partie prétend
exercer une action privée à raison d'un délit ou
vendiquer un droit réel. Pour le trouver, il faut donc
le chercher ailleurs que dans la loi, et l'on en trouve
la formule, où? dans un brocard.

Quelquefois ces maximes générales, s'abandon-
nant à des prévisions auxquelles la loi ne pouvait se
laisser entraîner, préviennent des objections; elles
résument alors fort heureusement ce que j'appelle-
rais volontiers des théories négatives. Ainsi Ulpien
avait dit, des expressions surabondantes qui, déjà
de son temps, encombraient sans utilité les actes
écrits, *non solent quæ abundant vitiari scripturas* (1).
Le droit canonique, dans le titre *De regulis juris*,
qui termine le Sexte de Boniface, avait dit, d'une
manière plus laconique et plus absolue : *Utile per
inutile non vitiari debet* (art. 37), ce que la pratique a quelquefois traduit par ces mots : *Superflua
non nocent.* Cela s'explique de soi. Mais ces maximes,
toutes simples qu'elles paraissent, ne sont pas sans
rien apprendre à l'esprit. Il faudrait, pour penser
autrement, être étranger à toute pratique et ignorer
les scrupules quelquefois excessifs qui s'emparent
des esprits même les mieux faits. Sans parler de
cette rédondance de forme dont les anciens praticiens ont légué la tradition à nos notaires qui ne
paraissent pas vouloir encore la laisser tomber en

____

(1) *Dig.*, VI. L, *De reg. juris*, 94.

désuétude, il y a de véritables difficultés de Droit pour la solution desquelles il est besoin de se rappeler que ce qui abonde ne vicie pas. Assurément, la maxime *Utile per inutile non vitiatur* devrait encore être acceptée, alors même qu'elle n'aurait pour objet que de rassurer sur le sort de ces conventions écrites, où une richesse excessive d'expressions produit cet effet tout opposé à son but, d'obscurcir la pensée des contractants ; mais, de plus, il est de vraies questions de Droit dont on ne peut chercher le mot dans aucun texte de loi, et pour lesquelles il n'y a rien à invoquer que le principe de sagesse formulé d'abord par Ulpien.

Ainsi, une personne dispose de tout ou partie de son patrimoine par un testament fait en la forme olographe ou authentique, et un légataire intervient pour accepter le legs fait à son profit : le testament sera-t-il valable ? L'opinion des auteurs est favorable au testament ; mais pourquoi ? parce que l'intervention du légataire, tout insolite qu'elle est, n'altère pas, en définitive, la forme dont la loi a voulu que les testaments fussent revêtus, et que cette forme se retrouve encore sous les inutilités qui la surchargent. *Utile per inutile non vitiatur.*

La liste d'exemples pareils pourrait s'allonger presque indéfiniment, sans parler des anciens adages du Droit coutumier que notre Droit nouveau a rendus désormais sans objet. Que ne dirait-on pas de cette maxime : *Nul ne plaide par procureur en France, si ce n'est le roi,* où toute une face de notre

Droit public apparaît, et qui jette, par la comparaison, une lueur si vive sur la théorie du mandat en Droit français? et de cette autre : *Actor sequitur forum rei*, qui exprime en termes si précis le principe fondamental de la compétence judiciaire? de cette autre encore : *Le mort saisit le vif*, dont les termes d'une si énergique concision font si bien comprendre la transmission de la possession qui s'opère du défunt à l'héritier? de cette autre enfin : *Facta per testes non pacta probantur*, qui résume en quatre mots toute la théorie que notre Code civil a adoptée sur la preuve testimoniale?

Toutes ces maximes, qui aident à l'intelligence de la loi, qui en donnent le véritable esprit, et quelquefois la suppléent, constituent la vraie tradition du Droit national. Ce ne serait pas sans danger que la chaîne en serait rompue. Les maximes en conservent l'unité; elles sont nécessaires aux époques de transition, et en tout temps elles sont un frein aux libertés excessives de la théorie, et prémunissent contre le danger des écarts de la spéculation pure.

Il est vrai que quelques-unes, dans la foule, n'ont pas le même fécondité et ne font qu'exprimer en un langage plus frappant, plus pittoresque, des vérités écrites en toutes lettres dans la loi. Mais alors elles offrent une ressource mnémonique souvent précieuse. Par leur forme ou métaphorique ou antithétique, elles gravent la vérité qu'elles présentent plus profondément dans la mémoire; et quand on songe

que tout est artifice pour cette faculté si nécessaire ;
que les plus grands esprits, depuis Pythagore et Si-
monide jusqu'à Raymond Lulle, jusqu'à nos jours,
n'ont pas dédaigné de s'occuper de son perfectionnement, et que les divisions mêmes des matières,
sans lesquelles l'étude de nulle science ne serait
possible, ne sont, en définitive, que de la mnémo-
technie, il faut bien reconnaître qu'il y a au moins
injustice à parler trop légèrement des maximes.

Au reste, le dédain de certains hommes pour les
maximes de Droit n'a jamais été partagé par les jurisconsultes les plus éminents. Le premier des jurisconsultes français, Cujas, fait un mérite au plus
grand des jurisconsultes de l'ancienne Rome, à Papinien, d'avoir, plus que tout autre, trouvé des règles et des définitions, ce qui est la marque, dit-il,
d'une science profonde : *Nullus est jurisconsultus
qui tot juris regulas nobis confecerit ; id est argu-
mentum summæ peritiæ Papiniani. Periti est habere
in promptu regulas et definitiones tum rerum, tum
etiam nominum* (1). Bacon désirait un traité bien
fait des règles de Droit, œuvre digne à son sens des
hommes les plus savants et les plus sages, *is dignus
est qui maximis ingeniis et prudentissimis juriscon-
sultorum committatur* (2). Loisel acquérait la célébrité en colligeant les règles du Droit coutumier, et
de Laurière en les commentant. D. Godefroy, Do-

(1) Comment. J. Cujacii in lib. II. quæst. Papin. *Ad leg.* 38,
De pactis.
(2) *De justitia universali,* Aph. 82.

mat, Dantoine, en faisaient autant, et Merlin cite ces maximes, les invoque, les discute à chaque page de ses immortels ouvrages.

On objecte que les maximes courantes sont inexactes au fond et propres seulement à donner à l'esprit de fausses idées. Le reproche serait grave, s'il était fondé ; mais l'est-il ? Il y a bien lieu de craindre que la critique ne porte à faux, et qu'on ne trouve telle maxime en défaut que parce qu'on y cherche ce qu'elle ne veut pas dire.

Exemple. Une des maximes les plus attaquées (nous pourrions dire *la* maxime attaquée, car elle concentre toujours les efforts de la critique), est celle-ci : *Res perit domino*, maxime puisée dans le Droit de Justinien (1), et dont le sens est que toutes les fois qu'une chose, se trouvant entre des mains étrangères, vient à périr par cas fortuit, c'est au propriétaire à supporter la perte. Cette maxime est fausse, dit-on ; car le détenteur de l'objet, d'abord, peut s'être engagé à répondre des cas fortuits ; ensuite, même sans engagement, il en répond s'il est en demeure de le délivrer et que la chose n'eû pas péri chez son propriétaire ; et enfin le voleur, sans engagement et sans demeure, répond de tout, même des purs acccidents, en quelque lieu qu'ils eussent pu survenir.

Il est facile de répondre, à la première objection,

(1) Le rescrit de l'empereur Dioclétien, d'où elle est textuellement extraite, ne l'indique pas comme une règle générale, mais il l'applique à un cas particulier.

que la règle a été adoptée pour les cas qui paraissent douteux, et que, pour tout homme doué du sens le plus commun , il ne peut y avoir doute dès que les parties s'en sont expliquées; à la seconde, que la règle, faite pour les cas généraux , naturellement n'est plus applicable dès qu'un événement dépendant de la volonté de l'une des parties a modifié leur position respective; à la troisième, enfin, que le délit du détenteur-voleur le met hors du droit commun, et que, après tout, ce n'est que par une dérogation assez notable aux principes que notre Droit français l'a rendu responsable de tous les accidents sans distinction (1), ce qui, d'après une autre maxime également décriée et également vraie, ne peut fournir un argument, *quod contra rationem juris receptum est, non est producendum ad consequentias.*

Toutes ces exceptions, si ce sont des exceptions, se suppléent donc d'elles-mêmes; et telle est cependant toujours la critique d'enfant que l'on dirige contre les règles de Droit. On les applique à des cas qui, par des raisons empruntées à un ordre d'idées tout étranger, ne sont plus ceux qu'elles ont pu prévoir, et l'on feint de s'indigner de trouver la maxime en défaut; on la déclare fausse alors qu'elle est seu-

____

(1) L'article 1302 du Code civil n'est, dans tout son contenu, qu'une anomalie, par la raison que la propriété se transférant par le seul consentement dans notre Droit moderne, un corps certain et déterminé ne peut jamais être dû. Quant au dernier alinéa, relatif aux choses volées, il a importé chez nous une pure fiction du très-ancien Droit romain. (V. *Dig.*, lib. XIII, tit. I, *De cond. ind.*, 1. 20).

lement pour tel cas non applicable. Autant vaudrait déclarer faux ce commandement du Décalogue : *Tu ne tueras pas*, par la raison que le médecin peut occasionner innocemment la mort de son malade, ou parce que la défense contre une attaque injuste peut amener sans crime la mort de l'agresseur, ou seulement parce que celui-ci a perdu justement la vie dans les embûches mêmes qu'il aurait dressées.

On eût compris la critique de la règle : *Res perit domino* dans notre ancien Droit français, où elle se partageait l'empire avec cette autre maxime : *Debitor rei certæ interitu rei liberatur*. Alors, lorsque le vendeur d'un corps certain n'en effectuait pas immédiatement la tradition, la chose cessait d'être à ses risques, quoique jusqu'à la tradition il continuât d'être propriétaire. On ne disait plus : *Res perit domino*, parce que le contrat de vente n'imposait que l'obligation de livrer l'objet s'il existait, et la perte de l'objet dégageait le débiteur-propriétaire. Mais aujourd'hui que l'application de la règle : *Debitor rei certæ interitu rei liberatur*, ne saurait aucunement se concevoir, ne pouvant plus y avoir de débiteur d'un corps certain demeuré propriétaire, on ne peut expliquer que par la force de l'habitude les attaques que la malencontreuse maxime : *Res perit domino*, continue d'essuyer depuis qu'elle est toujours vraie.

Une autre querelle que l'on fait aux maximes, c'est de n'apprendre rien, de n'être que des cercles vicieux, des pétitions de principe. Ainsi cette maxime :

Donner et retenir ne vaut, reçue universellement en France dès avant l'ordonnance de 1731 qui l'a consacrée, et d'où elle est passée dans notre Code civil, aux articles 944, 945, 946 et 948, qui en donnent la traduction, ne serait qu'un cercle vicieux, parce qu'elle ne dit pas pourquoi donner et retenir ne vaut, pourquoi une donation ne peut pas être faite sous une condition qui permette au donateur d'en changer les effets.

Nous répondons que c'est se méprendre sur la nature d'un principe que de vouloir qu'il porte en lui-même son exposé des motifs. Un principe en droit résume un ensemble de vérités particulières ; il se suppose vrai, il n'a point à se démontrer ; il n'a d'autre raison d'être que l'évidence, la raison, la justice. Donc, s'il arrive qu'il ne soit pas d'une vérité évidente telle qu'il se justifie par lui-même, c'est ailleurs qu'il faut chercher sa justification. La maxime : *Donner et retenir ne vaut* ne dit pas pourquoi l'effet d'une donation ne peut pas être laissé à la volonté du donateur ; mais aussi n'a-t-elle point à le dire. Elle dit en trois mots qu'il ne peut y avoir de donation qu'à la condition pour le donateur de faire un acte irrévocable de tous points ; elle résume fort heureusement dix articles du Code, autant de l'ordonnance de 1731, quatre-vingts pages d'un commentaire quelconque, et il n'est pas possible qu'elle soit ainsi sans aucune utilité.

On dit encore que nos maximes sont des naïvetés. Il est bon de faire remarquer d'abord que cette objection et la précédente que l'on fait toujours marcher conjointement, se détruisent l'une l'autre, attendu qu'une naïveté n'a point à s'enquérir d'être démontrée, et que ce qui a besoin d'être démontré n'est pas naïf. Prenons-la cependant isolément : ce sont des naïvetés! Mais comprendrait-on qu'une démonstration pût aboutir raisonnablement à autre chose qu'à une naïveté? Serait-elle achevée, complète, si elle n'était arrivée à ce point où la vérité éclate, tellement manifeste qu'elle force l'adhésion de tous et rend toute contradiction totalement impossible?

Toute démonstration, particulièrement en Droit, a pour objet de faire saillir une vérité cachée, un lieu commun enfoui sous un amas de faits ou déguisé sous la forme de propositions confuses. Maintenant nous demanderons si celles de ces maximes qui paraissent si naïves sont complétement inutiles, alors que toute démonstration avortée n'est qu'une démonstration qui n'a pu aboutir à une naïveté. Nous serions même tenté de demander si réellement il existe des naïvetés en Droit. En attendant, nous ne croyons pas qu'il faille écarter ces vérités générales ou techniques qui sont le fond de toutes les propositions exactes, mais mal saisies. Autant vaudrait conseiller au géomètre de cacher ses axiomes. Il sera toujours utile que l'esprit ait présentes ces vérités de tous les temps; car, nous l'affirmons, une proposition obscure, dite savante, n'est jamais qu'une vérité naïve déguisée.

Toutes ces critiques sont donc sans fondement. Le préjugé le plus grave qui s'élève contre les brocards de droit, c'est, il faut bien le dire, l'obscurité de leurs commencements. Pour la plupart, ils n'ont pas d'état civil ; ils se sont faits tout seuls, ils sont l'œuvre de tout le monde ; les praticiens les ont vulgarisés, et les jurisconsultes ont fini par s'en servir. Nous ne voyons pas que ce soit là une raison pour en répudier l'usage. Les langues aussi se font toutes seules ; et cependant Vico a cherché et retrouvé dans les origines de la langue latine l'antique sagesse de l'Italie.

Nous n'entendons pas assurément donner toutes les maximes reçues comme autant de vérités devant lesquelles il n'y ait qu'à s'incliner. Quelques-unes, principalement celles empruntées au Droit canonique ou à ses glossateurs, sont fausses. Toutes doivent être employées avec discernement ; elles ne dispensent pas de l'étude ; et la science qu'on puiserait en elles seules serait bien suspecte et bien dangereuse. Mais aussi un grand nombre de ces maximes, trois cents environ que l'on pourrait collectionner, sont d'un emploi utile. On peut les étudier comme on étudie les formules, les *styles*, car c'est là que la sagesse pratique apparaît, deux mots que, de nos jours, hélas ! il est si difficile de concevoir ensemble.

CHAPITRE II

DES FORMULES

Quand nous disions dans notre plus récent travail que la sagesse pratique apparaît dans les formules qui réalisent des actes de droit, il allait de soi que c'était en maintenant notre distinction précédemment établie entre la partie coactive du Droit et la partie libre ; car nous n'entendions pas parler de cette autre sagesse pratique qui n'est plus du ressort ni de la science ni de l'art du jurisconsulte, mais plutôt se confond avec la prudence vulgaire, nom de convention pour désigner le sentiment trop ordinaire de la convoitise et de l'intérêt.

La sphère où le Droit même appliqué se maintient n'est donc pas tout à fait celle où s'agitent les intérêts particuliers. L'homme privé est habile ou prudent, mais la sagesse du légiste est tout autre ; ce n'est pas faire du Droit, mais tout au plus préparer la matière d'où il sortira par occasion, que de spéculer dans un contrat ou de se prémunir par la pensée contre les embûches de la mauvaise foi. Le Droit paraît au contraire quand quelque acte ré-

vèle la prévision d'une désobéissance à la justice
proclamée par la loi; et c'est pourquoi les formules
de toutes sortes, notariales, judiciaires, extrajudi-
ciaires, ces cadres tout faits où le légiste jette la
volonté de l'homme, quelque diverse qu'elle apparaisse, pour en perpétuer les effets ou la soumettre
à l'appréciation d'un juge, sont le Droit même, si
l'on peut parler ainsi; car ils mettent la loi en action, donnant la vie à des textes sans animation par
eux-mêmes, à des théories dont le caractère ingénieux ne corrigerait qu'imparfaitement la séche-
resse, les complétant, les éprouvant, les épurant,
et faisant voir ainsi, en regard de la loi morte,
le Droit vivifié, dramatisé et riche de toute la séve
et de la force véritable que la spéculation peut
contenir et donner.

Mais si les formules révèlent le Droit, il ne faudrait
pas cependant en exagérer l'importance pour l'intelligence de notre Droit moderne. A Rome, le Droit
naissait des formules; chez nous les formules naissent du Droit. Qui ne sait le respect des Romains
pour leur loi des Douze-Tables, dont l'autorité sub-
sistait encore, au moins nominalement, si longtemps
après que les savants eux-mêmes avaient cessé de la
comprendre (1)? Cette superstition des textes devait

(1) Pour ne citer qu'un exemple, la loi des Douze-Tables défé-
rait l'hérédité des pères de famille décédés *intestat* aux héritiers
siens d'abord, aux agnats ensuite, et, à défaut d'agnats, aux gen-
tils. Or, la loi des Douze-Tables ne demeura pas moins *la loi*,
malgré les fictions du Droit prétorien et les Constitutions impériales qui l'avaient de fait anéantie, jusqu'à ce que les No-

enfanter ce prodigieux édifice du Droit romain, admirable ensemble de sagesse et surtout de subtilité, moins surprenant encore par la sûreté des décisions que par l'art infini avec lequel la loi est tournée au profit de la raison, tout en demeurant littéralement respectée. Mais la même idolâtrie de la lettre devait produire aussi la puissance des formules. Aussi, à Rome, à l'époque où la jurisprudence brillait de son plus vif éclat, tout gisait-il dans la forme ; le Droit changeait avec les formules, mais il ne les devançait pas. Bien plus, la modification des formules était le moyen de réaliser les changements que les mœurs rendaient nécessaires. Telle prétention fondée en raison ne pouvait se faire valoir uniquement parce que le préteur n'avait pas écrit sur son *Album* l'action ou l'exception par laquelle elle pouvait triompher ; il fallait les édicter. Tel contrat n'était pas réprouvé en lui-même, mais le moule manquait ; il fallait le forger (1). Notre Droit, au

velles 118 (an 540 après J. C.) et 127 (an 548 après J. C.), de Justinien, eussent rompu avec le vieux Droit et établi un ordre de succession assez semblable à celui qui nous régit. Ainsi, mille ans s'étaient écoulés ; rien n'était resté de l'ancien Droit, le texte même de la loi avait péri, et son autorité nominale durait encore !

(1) On connaît l'histoire du système formulaire chez les Romains, et comment le préteur créa le Droit romain avec le temps, en édictant successivement ses actions et ses exceptions. Pour les obligations, à part celles qui naissaient du fait d'une prestation réelle, comme le commodat ou le dépôt, ou du simple consentement, comme la vente, le louage, la société et le mandat, il fallait une formule verbale ou écrite ; et cette formule ne se prêtait pas à toutes les combinaisons : celle de la *sponsio* et de la *fidepromissio*, par exemple, ne pouvait accéder qu'aux obligations dites

contraire, a procédé d'une façon plus rationnelle ;
la supersition des formules en est bannie, et loin que
que le Droit naisse des formules, c'est la formule,
au contraire, œuvre purement scientifique, non législative, qui se modèle sur le Droit, qui suit la loi
dans toutes ses modifications, se prêtant à tous ses
développements et même à ses écarts.

En précisant ainsi le caractère des formules, nous
avons presque signalé l'inexactitude et l'insuffisance
que l'on peut quelquefois reprocher dans la pratique
au style notarial. Nous n'entendons pas parler de la
forme extérieure des actes, qui se trouve déterminée
par la loi du 25 ventôse an XI, et par le Code civil
dans les cas où quelque formalité spéciale est re-
quise, mais seulement de la manière dont est rendue
la volonté des contractants dans les cas où elle peut
se manifester avec une entière liberté. Il semble, à
cet égard, que les paroles manquent à la pratique
pour exprimer ou restreindre certaines conventions
parfaitement licites en droit.

Ainsi dans les cessions-transports de créances que
garantit une hypothèque ou une caution, le cédant
ne manque jamais de dire, par l'organe de l'officier
instrumentaire, « qu'il *subroge* le cessionnaire dans
tous ses droits, noms et actions. » Que signifie le mot
subroge dans un contrat, qui n'est, en définitive,
qu'un transport de créance, lequel comprend de

verbis, et l'engagement ne passait pas à l'héritier du *sponsor* ou
du *fidepromissor* parce que la formule ne le permettait pas.
(*Gaii instit.,* III, 116 et 120.)

droit la cession de tous les accessoires, cautions, priviléges, hypothèques (art. 1692)? *Subroger* est un
mot technique qui ne peut être détourné de son acception.

La subrogation, ou conventionnelle ou légale
(art. 1249), fait passer, par une fiction de la loi,
toutes les prérogatives d'une créance qui s'éteint par
le paiement à la créance nouvelle du mandataire ou
du gérant d'affaires qui a désintéressé le créancier
originaire ; la dette a été novée, les droits contre le
débiteur sont restés les mêmes (art. 1250 et 1251).
Mais la cession-transport laisse subsister la créance,
qui se trouve seulement déplacée, d'où cette différence entre le paiement avec subrogation et le simple transport de créance, que le mandataire ou gérant d'affaires subrogé ne peut réclamer au débiteur
d'autres sommes que celles qu'il a payées, tandis que
le cessionnaire peut exiger la créance en totalité. Or,
s'il fallait prendre à la lettre le mot de *subrogation*,
employé ici mal à propos, la créance du cessionnaire n'existerait et ne serait garantie par les accessoires que jusqu'à concurrence du prix payé au cédant, quand la cession a eu lieu pour un prix moindre, ce qui n'entrerait pas le plus ordinairement
dans la pensée des contractants.

Tel est l'inconvénient des formules employées sans
discernement, qu'elles violentent la pensée commune
des parties contractantes ou obligent à la chercher
ailleurs que dans l'acte qui avait précisément pour
objet de l'exprimer. L'acte instrumentaire se contre-

dit lui-même; la forme et la pensée sont dans un désaccord flagrant, et il faut oublier ce qui est dit pour savoir ce qui a été voulu dans les formules de contrats employées de cette façon.

D'autres fois, la formule impose à telle partie qui s'engage des obligations plus rigoureuses qu'il ne pourrait lui convenir d'en accepter; c'est le cas inverse qui se présente alors. Ainsi la garantie réelle hypothécaire, à laquelle une caution pourrait très-souvent vouloir restreindre ses engagements, n'est pas généralement conçue indépendamment de l'engagement personnel de la caution. Il semblerait que tout contractant, disposé à affecter hypothécairement un immeuble au paiement de la dette d'un tiers, dût être en même temps engagé personnellement. Et cependant sur quelle raison peut s'appuyer la pratique, pour proscrire une convention qui rentrerait si fréquemment dans la convenance des parties contractantes? Le droit réel hypothécaire, démembrement du droit de propriété au même titre que l'usufruit et la servitude, ne pourrait-il exister qu'à la condition que le créancier eût en même temps un droit personnel contre le propriétaire de l'immeuble affecté? S'il en était ainsi, l'obligation se transmettrait de plein droit avec le fonds, ce qui n'est pas. Mais il y a une lacune dans les formules courantes; et cela seul explique comment l'hypothèque, élément du *jus abutendi* qu'elle restreint, accessoire obligé d'une créance, mais dont l'existence n'a rien de commun avec l'obligation personnelle que peut contrac-

8.

ter celui qui la consent, ne prend jamais naissance, de fait, sans que le propriétaire assume sur lui, *velit, nolit,* tous les engagements d'une caution.

Il y aurait trop à dire s'il fallait signaler tous les abus qu'une absence trop complète d'esprit critique a laissé s'invétérer dans la pratique notariale, malgré l'habileté notoire de la plupart des hommes qui s'y livrent, et les incontestables progrès qu'ils ont réalisés. D'ailleurs cela ne rentrerait qu'imparfaitement dans l'objet de cette dissertation, et nous avons hâte d'arriver aux véritables formules, à celles que l'on peut appeler encore, avec une légère différence dans le sens des mots, des formules d'actions.

Ici les observations critiques que nous pourrons avoir à présenter seront d'une tout autre nature, par la raison que les formules d'actions devant se prêter à des contestations que mille circonstances étrangères et diverses ont fait naître, ont nécessairement une flexibilité dont manquent souvent les formules courantes des contrats. Il ne s'agit plus de forcer des volontés pour les faire tenir dans des formes préparées à l'avance ; il faut accepter des actes de droit accomplis, pour les faire valoir tels qu'ils sont, ce qui oblige à plus de souplesse d'esprit. La critique devra donc consister à juger la loi par les formules, et non les formules par la loi, comme pour les contrats. Mais l'étude de ces formules, considérées comme de simples cadres à remplir, n'est pas moins féconde ; elle jette un jour souvent nouveau sur les lois de la procédure, car les formules peuvent quelquefois servir à les rectifier utilement, et elles en sont en tout cas le véritable commentaire.

Prenons un exemple entre mille où la formule explique la loi. Quand on lit l'article 61 du Code de procédure, on peut croire qu'un exploit est une missive : quand on lit l'exploit, le *parlant à* apprend que c'est un procès-verbal de ce que l'huissier a dû dire. La même formule explique encore comment le décret du 14 juin 1813 (art. 45) oblige les huissiers à signifier leurs exploits en personne ; c'est qu'autrement ils attesteraient authentiquement un fait faux.

Cependant ce qui frappe souvent dans l'étude des formules de procédure, c'est le désaccord qu'elles révèlent entre la pensée du législateur et le texte de la loi. Si l'on prend l'acte fondamental de toute instance judiciaire, l'exploit d'ajournement, on y trouve naturellement toutes les énonciations de l'article 61 du Code de procédure, exprimées dans le style que tout le monde connaît : « 1° la date des jour, mois et an, les noms, profession et domicile du demandeur, la constitution de l'avoué qui occupera pour lui... ; 2° les noms, demeure et immatricule de l'huissier, les noms et demeure du défendeur, et mention de la personne à laquelle copie de l'exploit sera laissée ; 3° l'objet de la demande, l'exposé sommaire des moyens ; 4° l'indication du Tribunal qui doit connaître de la demande, et du délai pour comparaître, le tout à peine de nullité. »

L'exploit ainsi rédigé semble donner toutes les garanties désirables, au moins à la partie ajournée.

Mais qui n'a dû souvent trembler à la pensée des périls que font courir les erreurs qui peuvent se commettre dans un acte, dont la responsabilité ne remonte pas à son véritable auteur! Sans parler des inexactitudes qui peuvent se glisser dans les énonciations qui ont trait à l'exercice de l'officier instrumentaire, et dont celui-ci répond, une demande judiciaire peut être formée tardivement, après le temps de la prescription; son objet peut être mal exprimé, ses moyens mal choisis, le Tribunal compétent mal indiqué, car la nécessité de ces énonciations fait surgir des difficultés qui ne réclament souvent rien moins que l'assistance d'un jurisconsulte expérimenté; et cependant qui est garant?

Si l'on décidait que les erreurs de cette nature sont imputables à l'huissier et à l'huissier seulement, alors même que l'acte d'ajournement, ce qui arrive toujours et inévitablement, aurait pour auteur l'officier ministériel que la loi commet pour accompagner le plaideur dans les circuits du Palais, on autoriserait une grande injustice. Si la responsabilité de l'huissier n'est en jeu, au contraire, que pour les irrégularités qu'il aura commises dans la forme extérieure de l'acte, et pour l'inaccomplissement du mandat dont il est investi dans la rédaction des autres parties de l'exploit (1), la responsabilité n'est

(1) V. Cass., 8 mars 1848 (S. I, p. 330), et 7 nov. 1849 (S. I, p. 204). Ces arrêts ne parlent pas de la responsabilité de l'huissier pour les indications sur les points de fait ou de droit mal exprimées, mais cela va de soi.

qu'illusoire au moins sur ce dernier point, l'existence d'un mandat purement verbal faisant que toute garantie sérieuse manque au plaideur. Et si enfin la responsabilité devait remonter à l'avoué, une autre difficulté se présenterait, car, y eût-il mandat reconnu et faute lourde, on rendrait l'avoué garant des conséquences d'un conseil, alors qu'il n'est pas encore le guide officiel du plaideur, et qu'il n'a pas, de par la loi, l'obligation de mettre ses lumières au service de celui-ci. Dans toutes les hypothèses, il y a absence de garantie ou injustice.

Ainsi la forme d'un exploit d'ajournement révèle cette singularité, que la loi qui impose un mandataire légal au plaideur, pour présenter sa réclamation au juge, ne lui en reconnaît pas, pour la formuler vis-à-vis de la partie adverse! Il semble que la loi ait plus de souci des aises du magistrat que de l'intérêt du particulier. La procédure commencée doit se suivre sans encombre, mais l'instance s'engage comme elle peut!

L'histoire donne l'explication d'une telle anomalie. L'écriture n'a pas toujours été d'un usage universel; il fut un temps où les ajournements se donnaient par paroles (1). Quand les huissiers ou sergents durent dresser le procès-verbal des commissions de leur ministère, c'est-à-dire le témoignage écrit de ce qu'ils avaient dit, fait, entendu dire ou vu faire, comme

(1) Cet usage a persisté longtemps dans certaines provinces. Il n'a été abrogé, dans l'Alsace et dans le Roussillon, qu'en 1690, par un édit du mois de février.

les notaires dont les actes ne sont en définitive que des procès-verbaux, on ne songea pas à leur donner la même garantie qu'on exigeait contre eux; d'où il arriva que, pour l'exécution du mandat que l'huissier a dû accomplir par paroles, avec l'obligation d'en dresser ensuite un procès-verbal, la loi, qui semble oublier que les exploits ne sont après tout que des procès-verbaux de faits accomplis, n'a pas exigé que l'huissier reçût un mandat authentique, ce qui eût procuré aux particuliers une entière sécurité. Pour remédier à cet inconvénient réel, qui a motivé très-souvent de sourdes réclamations, que faudrait-il? distinguer la commission dont l'huissier est chargé, de la manière dont il doit la remplir, ainsi que l'a fait la Cour de cassation dans deux arrêts cités plus haut, puis exiger un acte authentique de ce mandat que l'avoué seul donnerait, de même que la loi exige présentement un acte authentique de l'accomplissement du mandat verbal de l'huissier.

Continuons. L'instance s'est engagée, la procédure a marché par une suite d'actes à propos desquels nous aurions à répéter les mêmes observations, et une décision est intervenue. Ici, nouvelle contradiction. L'article 141 du Code de procédure détermine la forme des jugements, mais l'article 142 confie aux avoués la rédaction des *qualités*, de telle sorte que cet acte unique est à la fois l'œuvre des parties et du juge. Or, comme il s'est trouvé quelquefois que l'œuvre du juge démentait celle des parties, c'est-à-dire des aveux, il s'est trouvé par cela même que le jugement, qui est dans son essence une œuvre indivisible, présentait tel fait convenu tout à la fois comme faux et vrai et se contredisait lui-même.

Il paraît bien certain que l'œuvre du juge ne peut prévaloir sur celle des parties et détruire les faits qu'elles ont confessés par leurs mandataires non désavoués (1); mais la contradiction n'est pas moins frappante. On n'admettra jamais, en effet, que dans un acte indivisible l'exposé des faits soit détruit ou au moins corrigé dans la partie même qui n'a pour objet que d'en présenter la conséquence. Cela est choquant, *inelegans*, dirait un jurisconsulte romain, et n'a pas passé dans les Codes des pays voisins qui nous ont le plus emprunté. Nous ajouterons que de telles contradictions sont bien de nature à mettre en suspicion la sincérité du juge, à une époque où les intérêts sont trop éveillés pour qu'il soit possible de mettre des aveux compromettants au compte des erreurs.

Toutes ces singularités s'expliquent par la manière dont la procédure française s'est formée. Elle doit peu au Droit romain; ses origines sont dans le Corps du droit canonique et dans les usages du vieux Droit féodal. Les formules sont venues d'abord, puis la loi a corrigé les formules, puis l'expérience des formules a servi à rectifier la loi. Il ne pouvait sortir d'un tel travail un produit parfaitement homogène, et ainsi est-il arrivé. Le Droit se forme lentement et il s'épure

(1) V. Boncenne, *Théorie de la proc. civ.*, t. I, p. 437 et suiv.; arrêt de Nancy, 9 avril 1836 (*Journ. des av.*, t. XLVIII, p. 40.)

avec le temps ; mais les formes du Droit, soumises aux mêmes lois de génération, s'élaborant plus péniblement encore, gardent la marque indélébile des divers mouvements qui ont concouru à les produire.

Cela est si vrai que les contradictions dont nous parlons ne sont pas particulières aux formes de procédure proprement dites. On en trouve un exemple notable dans la formule qui termine les actes authentiques exécutoires et les décisions judiciaires.

Aux termes de l'art. 146 du Code de procédure et de l'art. 25 de la loi du 25 ventôse an XI, les décisions judiciaires et les actes exécutoires portent le même intitulé que les lois et se terminent par un mandement du chef de l'État, de mettre l'acte ou la décision judiciaire à exécution. Or, cette formule du mandement n'est suivie, dans les jugements et les arrêts, que de la signature du président, et dans les actes, que de celle du notaire, dont le caractère est celui d'un délégué du pouvoir judiciaire. Il est évident que le mandement émanant du chef du pouvoir exécutif devrait recevoir son authenticité d'un fonctionnaire du même ordre, et qu'autrement il y a un mandement sans qu'il apparaisse de mandant.

Nous n'irons pas plus loin dans l'examen critique des formules ; il nous suffira d'avoir donné des exemples. La formule souvent explique la loi : elle la justifie ou elle en fait mieux apparaître les vices ; mais plus d'une formule a besoin d'être corrigée. Bacon, auquel il faut toujours revenir pour les idées générales du Droit, a montré l'importance des formules dans des termes qu'on ne peut mieux faire que de rappeler : « Colligez, dit-il, les formules d'actions en tout genre, cela importe à la pratique, elles dévoilent les mystères des lois où bien des choses demeurent cachées; dans les formules on les voit mieux et plus distinctement (1). » Nous ne disons pas autre chose; nous ajouterons seulement, pour résumer plus complétement les lignes qui précèdent, qu'il faut étudier les formules sans s'y asservir. C'est cette étude qui contribuera le mieux peut-être à faire cesser le divorce si profond, trop réel de la théorie et de la pratique. A moins d'une force d'abstraction qui n'est pas dans la mesure ordinaire de l'esprit humain, sans l'étude simultanée de la pratique et de la théorie, les deux excès qu'Horace signale sont à redouter pour le jurisconsulte comme pour le poëte. Le légiste ne peut suivre sans péril l'une ou l'autre voie exclusivement. *Migret in obscuras tabernas... nubes et inania captet* (2), c'est le double écueil où il ira donner : il s'abîmera dans la routine ou se perdra dans la rêverie.

Certes, il y aurait de l'injustice à méconnaître l'importance des travaux de la spéculation pure, à contester l'utilité des progrès qu'elle a réalisés. Nous n'entendons pas les nier. Si les machinations de la

______

(1) *Formulas agendi diversas, in uno quoque genere colligite. Nam et practicæ hoc interest, et certe pandunt illæ oracula et occulta legunt. Sunt enim non pauca quæ latent in legibus et in formulis agendi, melius et fusius erspiciuntur.* (De justitiâ univers., 88.)

(2) *De arte. poet.*, v. 229 et 232.

9

fraude s'accommodent mal très-souvent des formes où se coule la volonté humaine dans les contrats ; si le drame judiciaire marche plus librement, sans encombre, à son dénoûment ; si le bon droit trouve à peu près toutes les garanties, bien insuffisantes encore, auxquelles il peut prétendre ici-bas, ce sont des bienfaits où le jurisconsulte-philosophe peut réclamer sa part. Mais à côté, au-dessus des causeurs ingénieux, qui au delà de l'art ne voient rien que l'art encore, il faudra toujours placer le légiste complet, l'homme des textes et des formules bien comprises. Car le Droit est essentiellement pratique ; pas plus que l'anatomie, il ne s'apprend exclusivement dans les livres ; et ce ne serait pás sans raison que l'on comparerait les rêveurs inexpérimentés dont nous parlons à ces stratégistes, savants ou non, qui peuvent discourir agréablement de leur art, mais qui ne sauraient gagner de batailles ailleurs que sur le papier.

CHAPITRE IV

DES SYMBOLES DU DROIT

Des formules aux symboles la transition est facile ; elle se fait d'elle-même. Partout, en effet, où la volonté de l'homme, se manifestant dans des actes de Droit, a dû recourir à l'emploi de formules législatives, une autorité semblable a été accordée à des signes extérieurs que l'imagination populaire a créés pour les suppléer. Aussi la symbolique et le formalisme dans le droit (nous demandons pardon pour ces expressions germaniques) ont-ils toujours suivi, par l'effet d'une mystérieuse affinité, les mêmes lois de progrès et de décadence ; si bien que, par habitude d'abord, par raison ensuite, l'esprit n'a jamais pu les concevoir isolément.

La législation dont nous connaissons le mieux l'histoire, celle de Rome, fut, comme chacun sait, éminemment formaliste et symbolique ; mais ce qu'il faut remarquer, c'est qu'elle le fut toujours à un degré égal. Quand les formules perdent de leur rigueur ou de leur complication, les symboles décroissent dans leur solennité. Que l'on compare la procédure de la *sacramenti actio*, appliquée soit aux obligations, soit aux droits réels, dans le système des actions de la loi, avec celle de l'*actio in rem* ou de la *condictio* dans le système formulaire, et l'on remarquera que dans l'une et dans l'autre la proportion des symboles aux formules est à peu près absolument conservée. Dans la première, les involutions de la procédure sont multipliées à l'infini, tout y est rigoureux ; les actes symboliques, les paroles sacramentelles, les simulacres, les fictions se succèdent, s'entassent, s'enchevêtrent au point de compromettre le droit à chaque instant ; c'est *une ample comédie à cent actes divers*. Au dire de Gaïus, l'excès et le nombre de ces subtilités soulevèrent l'opinion et forcèrent le législateur à édicter une forme de procédure à la fois plus simple et plus sûre (1). Le système formulaire, qui fut substitué à celui des actions de la loi par les lois *Æbutia* et *Julia*, assurément ne fit pas disparaître complétement cet appareil de fictions ; mais ce ne fut pas moins un pas marqué vers un Droit nouveau. En même temps que la formule se simplifie, le symbole s'atténue, jusqu'à ce que, sous Dioclétien, tous les *judicia* étant devenus *extraordinaria*, les formules législatives et les symboles, tombés dans le même discrédit, se trouvèrent également bannis de la pro-

---

(1) *Istæ omnes legis actiones paulatim in odium venerunt, namque ex nimia subtilitate veterum qui tunc jura condiderunt, eo res perducta est ut vel qui minimum errasset, litem perderet.* Gaii Inst., comment. IV, 30.

cédure romaine, qui arriva ainsi au plus extrême degré de simplicité.

On pourrait prendre de pareils exemples dans les actes qui modifiaient l'état des personnes, comme l'affranchissement, l'adoption, l'émancipation ; dans la matière des testaments, dans celle des contrats, et le parallélisme dont nous parlons se rencontrerait toujours. On le retrouverait dans notre ancien Droit coutumier, dans le vieux Droit féodal surtout, où tout est symbolique, et dans le droit anglais, qui, à dix siècles de distance, a recommencé, par la seule force de l'instinct populaire partout le même, l'histoire à peu près complète du Droit romain (1). Mais nous avons hâte d'arriver à des considérations plus actuelles et de parler du Droit qui nous régit.

S'il est une idée reçue en France, c'est que rien n'est sacramentel dans notre Droit français, et que la raison seule doit être toujours consultée. Cette maxime est vraie, nous n'entendons pas la contester. Cependant, en cherchant dans les Codes, on y trouve des vestiges de symboles plus nombreux encore qu'on ne serait tenté de l'imaginer.

Ainsi la délivrance des effets mobiliers, après la

(1) Le Droit anglais moderne est purement statutaire et coutumier ; c'est le commentaire de l'ancienne loi commune, comme le Droit prétorien était l'explication, à Rome, de l'ancienne loi des Douze-Tables. On retrouve dans le Droit anglais les fictions, les suppositions de noms, etc. du Droit primitif. Les légistes anglais fêtent encore annuellement ce qu'ils appellent la glorieuse obscurité de la coutume anglaise, et Bentham s'en est indigné, dans la mesure de l'indignation permise à un utilitaire.

vente, peut se faire par la remise des clefs des bâtiments qui les contiennent (art. 1606), et « la tradition des droits incorporels » (des droits incorporels ! qui sont l'objet d'une tradition ! ici c'est le style qui est symbolique) peut avoir lieu par la remise des titres qui les constituent (art. 1607). Ce mode de délivrance est fictif, assurément ; car il est impossible de considérer la remise des clefs ou des titres autrement que comme le symbole, c'est-à-dire le signe sensible, extérieur, de la puissance que l'acheteur ou le cessionnaire acquiert sur la chose ou sur la personne qui a été l'objet du contrat.

Autant en dirons-nous du serment qui peut être déféré ou référé en matière civile (art. 1357 et suiv.) ; qui préside aux actes de la vie civile les plus importants, et qui est pour les jurés, les témoins, les experts, etc., le préliminaire de la plupart des actes de la procédure criminelle, comme chacun sait. Le serment en lui-même, c'est-à-dire l'attestation de la vérité en présence de la Divinité, n'a rien de symbolique sans doute, mais le symbole est dans le signe de la personne qui prête serment en levant la main.

Nous retrouvons encore le symbole dans plusieurs actes de la procédure civile. Les ventes publiques des biens immeubles se font à l'extinction des feux, c'est-à-dire que l'adjudication ne peut être faite qu'après l'extinction de trois bougies allumées successivement (Code de procédure civile, art. 705 et 706). Les ministres et les serviteurs de la justice, depuis le juge des plus hautes juridictions jusqu'à l'huissier, siégent, fonctionnent en un costume emblématique qui rappelle l'origine cléricale de leur dignité ou profession, et qui varie selon la nature des causes (décrets des 10 octobre 1802, 30 mars 1808, 2 juillet 1812, etc.). Le lever et le coucher du soleil déterminent le temps dans lequel le débiteur contraignable par corps peut être appréhendé (art. 781). Ce sont toujours des signes factices ou empruntés à la nature qui se substituent ou s'ajoutent aux froides appréciations de la raison.

Le Droit criminel nous offre aussi ses symboles. Outre celui du serment, ce sont les jurés qui entendent l'allocution de l'art. 312 du Code d'instruction criminelle *debout et découverts*. C'est leur chef qui lit le verdict *levé et la main placée sur son cœur* (art. 348). C'est le parricide « qui sera conduit sur le lieu de l'exécution, *en chemise, nu-pieds, et la tête couverte d'un voile noir* » (Code pénal, art. 13). Avant la révision du Code pénal en 1832, c'était la marque, peine accessoire dans certains crimes, qui était moins une peine qu'un symbole de dégradation.

Dans le Droit pénal militaire, la peine est souvent symbolique avec un caractère plus accusé, par cette raison, qui se sent d'elle-même, qu'une peine doit être autant imaginaire que réelle pour assurer la pratique d'une vertu spéciale comme l'honneur militaire. Telle est la peine dite du boulet, ainsi que celle de la dégradation, qui se subissent avec un solennel appareil.

Quelquefois, quand la chose a disparu, la dénomination symbolique est restée. Ainsi le Code de procédure appelle *saisie-brandon* (art. 626) la saisie des fruits pendants par racines, de l'usage où l'on était et où l'on est encore dans certaines provinces de marquer d'un faisceau de paille, d'un brandon attaché à un pieu fiché en terre, le champ dont la récolte est frappée de saisie. Le Code de commerce appelle *charte-partie* (art. 273) l'acte qui constate le louage d'un navire, parce qu'en Angleterre et dans l'ancienne Aquitaine, on rédigeait les conventions de louage des navires sur un papier ou *charte* que l'on divisait en deux parts, et dont le rapprochement établissait la preuve du contrat.

La jurisprudence française est donc encore plus poétique qu'on ne le dit communément. Elle dédaigne généralement les formules législatives et les symboles ; mais elle a conservé, pour quelques cas exceptionnels, des signes de nature à frapper plus vivement les imaginations.

Ces signes, du reste, ont toute leur importance au regard même de la loi. Comme ils n'ont pas été choisis arbitrairement, et qu'ils ont un langage éloquent et connu par tradition, il n'est pas permis de les négliger. C'est ainsi que la majorité des auteurs décident qu'un juif, appelé à rendre témoignage, doit prêter serment *more judaico*, la tête couverte, la main droite sur un Pentateuque hébraïque (1). A

____

(1) V. notamment Merlin, *Rép.*, t. XII, v° Serment ; Boncenne, t. II, p. 5'1, et Carré, n° 1028.

la vérité, la Cour de cassation ne contraint les tribunaux à recevoir le serment particulier des juifs ou des mahométans qu'autant que ceux-ci demandent à le prêter en la forme de leur religion (1). Mais le seul fait de cette controverse établit bien que le serment doit être accompagné du signe religieux dont nous avons parlé, quand celui qui le prête appartient à une communion chrétienne, sauf le cas où cela serait physiquement impossible (2).

De même pour les ventes publiques des immeubles, la mesure du temps des enchères ne peut être autre que la durée de trois bougies. L'art. 10 de la loi du 2 juin 1844 (on sait que le seul article 1er modifie 175 articles du Code de procédure) autorise l'administration supérieure à substituer à l'emploi des bougies un autre moyen ; mais jusqu'à ce qu'un décret, légal en la forme, soit intervenu, les tribunaux n'ont pas le choix des moyens. De même aussi l'obligation imposée aux magistrats, aux avocats, aux avoués, etc., de revêtir le costume que les anciens règlements appellent l'*habit décent*, n'est pas seulement une invitation ; ils n'ont de caractère public qu'en costume ; et ce costume n'est pas toujours le même. Les audiences solennelles des Cours, où se jugent les questions d'état, les prises à partie et les renvois après cassation d'un premier arrêt, doivent être tenues en *robes rouges*, et seraient irrégulièrement tenues autrement.

(1) Cass., 12 juillet 1810, jurisprudence constante depuis.
(2) Cass., 8 octobre 1810 (S. 1, 1000).

De même encore pour le phénomène quotidien qui marque l'espace du temps durant lequel la contrainte par corps peut être exercée, il est une règle rigoureuse. On décide généralement que l'art. 1037 du Code de procédure n'est pas le commentaire de l'art. 781, et que le fait physique de l'apparition du soleil au-dessus de l'horizon est bien le seul signe que le débiteur contraignable par corps doive prendre la peine de consulter.

La jurisprudence n'oblige pas, à la vérité, le chef du jury à lire le verdict en prononçant la formule : *Sur mon honneur et sur ma conscience*, à peine de nullité, et elle ne considère l'obligation pour le chef du jury de poser la main sur son cœur en lisant, que comme une formalité extrinsèque dont l'inobservation n'emporte pas la nullité du verdict de condamnation et de l'arrêt qui l'a suivi ; mais ce n'est point à dire que ces formalités pourraient être omises à volonté ; elles doivent être accomplies si le défenseur de l'accusé le demande, et alors une attitude du chef du jury contraire à la loi infecterait indubitablement le verdict d'une nullité de nature à en entraîner la cassation.

Tels sont les symboles du Droit français, dont l'énumération est ici à peu près complète. Ce qui frappe dans l'étude des législations symboliques, et elles le sont toutes dans leurs commencements, c'est cette loi de l'histoire selon laquelle le symbole va toujours s'amoindrissant avec le temps. Bientôt on cesse de le comprendre, on le dédaigne. Justinien parle du Droit qui a précédé ce qu'il appelle si complaisamment la splendeur impériale, comme d'un ramas de vieilles fables, *antiquas fabulas*, qu'il n'y a pas grand mal à ignorer (1). Assurément c'est parler beaucoup trop légèrement d'une forme du Droit qui se retrouve dans toute sa richesse, avec toutes ses singularités, au berceau de toutes les nations. Mais si l'on cherche à expliquer le fait historique, universel, du Droit symbolique, voici ce que l'on trouvera :

L'homme est doué de deux grandes facultés par lesquelles les choses extérieures, quelles qu'elles soient, font impression sur sa personne morale; il est doué d'intelligence et de sensibilité. Selon le langage vulgaire, il a un esprit et un cœur : répartis dans quelle mesure chez certains individus? Dieu le sait; mais ce n'est pas de cela qu'il s'agit. Toujours est-il que l'homme est accessible par deux voies, par la raison ou par le sentiment : on le convainc ou on le soulève; on le persuade ou on l'entraîne.

Or, si l'on étudie l'homme primitif, le Barbare, dont les époques les plus civilisées ont toujours offert des types très-nombreux, au point même de former des classes, on remarque deux choses : d'abord que la sensibilité, la faculté de sentir, d'être émotionné, est développée chez lui extraordinaire-

____

(1) *Ut liceat prima legum cunabula, non ab antiquis fabulis discere, sed ab imperiali splendore appetere... Nihil inutile, nihil perperam positum.* (*Inst. proœm.*, § 3.)

ment et aux dépens de la faculté de comprendre : témoin les superstitions populaires qui attestent la prédominance du sentiment sur la raison ; ensuite que des signes extérieurs, le plus souvent empruntés à la nature, au milieu où il vit, sont seuls capables de provoquer chez lui une émotion, à la suite de laquelle il prendra une détermination, soit pour agir, soit pour s'arrêter. Les masses populaires, en effet, sont tout instinctives ou plutôt passionnées, et une formule obscure, un signe cabalistique, y ont plus de prise que la raison la plus éclatante. Les agitateurs de tous les temps ne s'y sont jamais trompés ; ils se sont bien gardés d'être clairs, excepté quand ils s'adressaient aux appétits ; ils savent bien que l'on n'émeut pas la foule avec le langage de la pure raison. Il n'appartient qu'à l'homme perfectionné de soumettre la passion à la raison, sans étouffer en soi la faculté de l'enthousiasme, et de prendre des déterminations que la raison seule a dictées. Là est l'explication des symboles. Dans les temps dont nous parlons, le Droit, qui se fait avec la coopération de tout le monde, a dû avoir sur tous les hommes les moyens d'action les plus efficaces : chacun a cru les trouver dans les formules et les symboles qui, de plus, répondaient aux penchants superstitieux, naturels chez le barbare comme chez l'enfant. L'effroi mystérieux des paroles solennelles, des adjurations, des signes, des emblèmes, faisait mieux pénétrer la foi dans les esprits ; ils préparaient la voie. Naturellement les emblèmes et les paroles solennel-

les ont dû disparaître à mesure que la raison prenait
de l'empire sur la passion, sur l'instinct.

Les religions n'existent que par les actes symboliques, et cela se comprend. Les dogmes s'expliquent,
mais ne se discutent pas ; la raison ici n'a rien à faire
qu'à s'humilier. Parler à la raison le langage de la
raison en matière religieuse, ce serait vouloir n'être
point entendu ; les symboles sont la langue naturelle
des mystères. Or, les législations primitives étaient
symboliques au même titre que le sont les religions,
c'est-à-dire parce qu'elles parlaient de choses qui
se sentaient plus qu'elles ne se comprenaient alors,
et que le sentiment était la seule puissance morale
à laquelle la loi pût s'adresser.

Maintenant les législations modernes garderont-
elles toujours la marque des moyens d'action dont
usaient les législations antiques pour agir sur les
masses? Ce qui reste des symboles et des formules
ne laisse à une telle question qu'une importance secondaire. Mais s'il fallait y répondre, on pourrait
dire qu'il n'arrivera jamais un temps où le Droit
aura par lui-même une puissance assez grande pour
se dispenser de rien emprunter à l'appareil solennel
de la religion. La loi ne sera jamais athée au point
de bannir le serment dans la forme où l'imagination
le conçoit. Il ne faut point en murmurer : les symboles religieux transportés dans les actes les plus graves de la vie civile ne sont pas nécessairement une
spéculation sur la faiblesse ; la dignité de l'homme
est dans l'obéissance libre aux lois de sa nature et

non dans leur subversion ; par conséquent elle est sauve toutes les fois que le symbole est la manifestation; d'une idée accessible à l'esprit par le raisonnement, en d'autres termes, toutes les fois que l'on accomplit symboliquement une chose juste en soi.

Quant aux symboles purement poétiques que nous rencontrons encore dans nos lois, il n'y a nulle raison de les effacer. Ce sont des souvenirs qui nous reportent avec charme, quelquefois avec utilité, vers un temps qui n'est plus. D'ailleurs ces vénérables vestiges n'obstruent pas la route ; ils la laissent libre pour le progrès, toujours si lent par sa nature, du Droit civil.

Lorsque le voyageur visite quelque antique cité que l'activité moderne a transformée, il s'arrête avec complaisance devant des restes de monuments jadis fameux et maintenant sans signification pour le vulgaire. C'est un fût de colonne, un chapiteau, une moitié de portique, une ogive engluée dans quelque construction nouvelle : curieuses ruines auxquelles il ne songe pas à demander un abri, mais qui ne sont pas moins un enseignement ! Ainsi nous apparaît ce que nos lois ont conservé de vieilles formules et de vieux symboles. Ils ne sont plus la sauvegarde du Droit, mais ils sont l'attache qui joint le Droit ancien au Droit nouveau.

CHAPITRE V

DES FICTIONS DE LA LOI

I

Le mot de *fictions* s'est présenté souvent dans le discours quand nous avons parlé des formules législatives et des symboles. Les formules, les fictions, les symboles ont, en effet, comme nous l'avons dit, une telle affinité, qu'il est impossible de parler d'une de ces formes du Droit sans faire songer aux autres : elles se rattachent à une raison commune ; elles se lient dans l'esprit naturellement, sans effort, par la seule force de l'association des idées, comme elles se complètent d'elles-mêmes dans la pratique, c'est-à-dire aujourd'hui, pour nous, dans l'histoire.

Mais les actes fictifs, les simulacres auxquels la dénomination de fictions convient peut-être plus particulièrement, ne sont pas les seules fictions que l'on connaisse en Droit. Il est des fictions de plusieurs sortes. Le Droit romain, et surtout le Droit romain primitif, avait d'abord ses fictions proprement dites, ses actes emblématiques, qui faisaient qu'un indi-

vidu, partie dans un acte de Droit, était presque littéralement un acteur, une personne, comme on ne
tarda pas à l'appeler, par souvenir du masque (*per-
sona*) dont l'acteur de théâtre se couvrait le visage.
La personne juridique jouait un rôle, l'acte de Droit
était un drame. C'est ainsi que dans l'*in jure cessio*,
qui n'était autre chose que la vendication du système des actions de la loi, appliquée à la transmission volontaire de la propriété, la partie demanderesse (*qui aiebat*) était supposée, s'il s'agissait d'un
fonds de terre, appréhender le terrain même, en se
présentant devant le magistrat avec une motte de
terre dans la main (1). C'est ainsi que dans l'affranchissement *vindicta,* dont la forme était encore
empruntée aux actions de la loi, l'*assertor libertatis*
imposait une baguette (*vindictam*) sur la personne
de l'esclave, et que dans les testaments, au temps
de Gaïus, la mancipation de l'hérédité avait persisté,
quoique ce ne fût plus qu'une forme vide, à ce point
que l'*emptor familiæ* n'était pas l'héritier (2).

A côté de ces actes feints, que l'on ne retrouve
guère dans le Droit français, qui a rejeté presque toutes
les pratiques purement mythologiques du Droit primitif, il existait à Rome d'autres fictions consistant à
supposer au particulier qui voulait accomplir tel
acte de Droit une intention qu'il n'avait pas. Ainsi,
quand la transmission d'une chose susceptible du
dominium romain avait lieu par l'*in jure cessio* dont

(1) Gaïus, II, xxv et iv, 17.
(2) Gaïus, II, 104 ; Ulpien, fr. xx, 2 et 6.

nous venons de parler, les parties feignaient une contestation juridique, bien qu'il ne s'agît que de réaliser un fait convenu. Nous trouvons une fiction de cette sorte dans le partage judiciaire de notre Droit français, où les héritiers qui veulent sortir de l'indivision sont obligés de simuler un procès et de procéder comme s'il y avait désaccord entre eux sur le but final, quoiqu'ils aient la volonté d'y atteindre en commun.

Enfin, une troisième classe de fictions se composait de fictions législatives ; elles consistaient dans la supposition que le Préteur faisait à telle ou telle personne d'une qualité qui lui manquait, pour lui accorder une action ou pour la lui refuser. Pour produire des exemples , nous n'aurions qu'à puiser presque au hasard dans le Droit prétorien tout entier, c'est-à-dire que nous pourrions citer la plus notable portion du Droit romain.

Telles sont donc les différentes sortes de fictions du Droit : ou bien l'acte feint est purement symbolique ; ou bien, sans avoir rien de symbolique, il oblige la partie qui l'accomplit à feindre, pour ainsi parler ; ou bien c'est le législateur lui-même qui feint, qui suppose, pour déduire de sa supposition telle conséquence juridique dont il a prémédité de faire l'application.

C'est des fictions de cette troisième classe, qui ne sont pas rares dans le Droit français, que nous voulons parler cette fois. Ainsi, quand nos lois, avant la loi des 31 mai-3 juin 1854, privaient le condamné à la peine de mort, aux travaux forcés ou à la déportation (Code civil, art. 23 et 25 ; Code pénal, art. 18), de tous les droits autres que ceux sans lesquels la vie physique n'est plus possible ; quand elles le privaient de ses biens ; quand elles dissolvaient son mariage ; quand elles lui interdisaient de recueillir et de transmettre par succession, donation et testament, d'ester en jugement autrement que sous le nom d'un curateur spécial, d'être tuteur ou témoin, etc., le législateur feignait que la condamnation avait fait civilement au coupable une position analogue à celle que la mort naturelle encourue lui eût faite physiquement. Toutes ces conséquences, quelquefois monstrueuses ou ridicules, de la condamnation pénale, avaient leur principe dans la fiction de la loi appelée mort civile ; et c'est parce que l'idée de mort emporte naturellement avec elle l'idée de privation de tous droits, que le législateur s'était trouvé entraîné à édicter des dispositions dont quelques-unes allaient bien au de à des rigueurs que la raison calme autorise (1).

La fiction de la mort civile n'était point heureuse, on peut féliciter le législateur français d'y avoir enfin renoncé ; mais il y en a d'autres dans nos Codes. Toutes les dispositions du titre de l'adoption (Code civil, art. 343 et suivants) reposent sur la fiction des

---

(1) Il était juste, sans doute, que le condamné à une peine afflictive perpétuelle fût privé des droits qui supposent une certaine confiance dans celui qui les exerce. L'article 2 de la loi du 31 mai-3 juin 1854 a pourvu à cette nécessité. Ce qui a disparu de nos Codes, c'est la fiction de la mort civile avec ses conséquences outrées.

rapports de paternité et de filiation entre l'adoptant et l'adopté. On ne peut avoir plus d'une famille adoptive (art. 344); l'adoption crée les mêmes empêchements de mariage que la parenté naturelle (art. 348); elle établit entre les contractants la dette alimentaire réciproque de parents à enfants (art. 349); elle confère à l'adopté les droits de succession d'un fils (art. 350), et à l'adoptant, le retour légal par droit de succession (art. 351 et 747) sur les objets par lui donnés, si l'adopté meurt sans postérité légitime : ce sont là autant de dispositions qui s'expliqueraient mal sans la fiction légale que le Droit français a empruntée, en l'atténuant, au Droit romain.

Au titre des successions, le législateur ne s'en cache pas; il définit la représentation « une fiction de la loi, dont l'effet est de faire entrer les représentants dans la place, dans le degré et dans les droits du représenté » (art. 739). La loi feint, dans les cas où elle admet la représentation (art. 740 et 742), que les représentants sont l'héritier représenté lui-même, et elle détermine, d'après ces fictions, les droits qu'elle entend leur accorder en les faisant concourir avec d'autres héritiers d'un degré plus proche dans la même ligne.

C'est également une fiction que l'idée d'après laquelle notre Code civil considère une hérédité vacante comme ayant des droits que son curateur nommé exerce comme les eût exercés le défunt lui-même. Car, autrement, à quel titre le curateur à la succession vacante exercerait-il des droits dont le titulaire est incertain, qui n'existent peut-être plus, confondus qu'ils sont peut-être avec ceux des héritiers inconnus, comme dans le cas où une créance héréditaire se trouverait compensée avec celle de l'héritier qui apparaîtra plus tard? La fiction consiste ici en ce que l'hérédité soutient la personne du défunt, *hæreditas sustinet personam defuncti*.

Au titre des obligations, les effets du paiement avec subrogation reposent encore sur une fiction de la loi. L'intérêt commun des créanciers et des débiteurs a fait admettre que, lorsqu'un créancier reçoit d'un tiers le paiement de sa créance, soit par ses propres soins, soit par ceux du débiteur qui emprunte pour se libérer (Code civ., art. 1250), il est possible de rattacher à la créance qui naît pour le prêteur toutes les prérogatives, priviléges ou hypothèques de la créance qui s'éteint. Bien plus, la loi fait résulter les effets de la subrogation, dans certains cas, virtuellement du seul fait du paiement par un tiers (art. 1251). Or, ces effets ont pour principe une fiction de la loi, car logiquement, en droit strict, d'après les principes purs du Droit, une créance qui s'éteint, s'éteint avec tous ses accessoires; et c'est par une dérogation aux principes du Droit, pour laquelle il faut absolument une raison logique quelconque, fût-ce une fiction, que le nouveau créancier se trouve investi de tous les droits de l'ancien.

On trouve une fiction analogue dans la subrogation que les jurisconsultes appellent réelle, notamment pour les immeubles dotaux. Quand la loi déclare que l'immeuble reçu par la femme en échange d'un immeuble dotal devient dotal lui-même (article 1559), et même que, dans le cas de vente par la femme, l'excédant du prix acquiert le caractère de dotalité et doit être employé comme somme dotale (art. 1558), c'est fictivement ; car ce n'est pas à cet immeuble échangé, à ces sommes dont il doit être fait emploi, que s'applique la stipulation de dotalité écrite dans le contrat de mariage, puisque, dans l'hypothèse, l'échange ou la vente de l'immeuble dotal n'ont point été prévus.

Nous pourrions encore prendre des exemples de fictions de la loi dans la clause de réalisation de meubles, qui consiste à exclure de la communauté entre époux les objets mobiliers, de manière à les faire considérer comme des immeubles, quant aux rapports des époux entre eux (art. 1500 et suiv.), ou dans la clause inverse d'ameublissement, qui consiste à faire entrer les immeubles dans la communauté, comme s'ils étaient des objets mobiliers (art. 1505 et suiv.). Mais nous maintenons la doctrine que nous avons développée plus haut sur la distinction nécessaire entre les dispositions du Code, qui sont vraiment des lois, et celles qui ne font qu'autoriser des conventions, des arrangements licites en vertu d'un principe plus général, ou déduire *à priori* de ces conventions des conséquences, qui souvent ne sont pas dans la pensée des contractants (1). Les dispositions de cette dernière sorte,

____

(1) *Supra,* chap. I.

nous le répétons, ne sont pas des lois ; car la loi oblige toujours, et là elle oblige si peu qu'on ne saurait imaginer qu'elle pût être violée. Les clauses de réalisation et d'ameublissement ne reposent donc pas, en réalité, sur des fictions de la loi, quoiqu'on l'ait dit, mais à tort ; la fiction, s'il y en avait une, serait plutôt le fait des époux contractants.

Maintenant, quelle utilité y a-t-il à constater que telles et telles dispositions qui permettent, commandent ou défendent, reposent sur une fiction ? Les fictions s'expliquent d'elles-mêmes dans le Droit romain, où le Préteur était censé interpréter la loi, non la faire, alors même qu'il s'en écartait le plus. Le Droit prétorien était moins un Droit qu'une jurisprudence préétablie. Mais dans le Droit français, qui a toujours eu des allures plus franches, où le magistrat n'a point à corriger la loi sous le prétexte de l'interpréter, où le législateur, toujours présent, déclare le Droit selon que la raison le commande, sans avoir à ruser avec l'autorité mystérieuse d'un Droit supérieur, quelle nécessité y a-t-il de recourir à la subtilité des fictions, et surtout de chercher des fictions dans la loi, alors que le législateur ne l'a pas dit ?

La question a été posée sous la forme d'une objection par quelques commentateurs du Code civil, qui ont critiqué la définition de la représentation de l'article 739, en disant que la loi commande et n'est pas obligée de feindre (1). Mais il est à remarquer que la critique s'en prend à une définition, à des

(1) Toullier, t. IV, n° 19.

mots, et qu'il importe peu que la loi ait ou n'ait pas dit qu'il y a fiction, si de fait la fiction existe. La loi ne devait pas dire que la représentation est une fiction législative! Pourquoi, si le législateur l'a pensé? Nous avons écrit ailleurs que la loi ne doit pas définir, t nous croyons la définition de la représentation aussi périlleuse que toute autre; mais ici on ne s'en prend pas aux définitions en général, on ne s'attaque qu'à un mot. Or, le législateur a certainement pensé que la représentation est une fiction, car tous les exposés des motifs le disent expressément (1). La loi ne dit pas qu'il y a fiction, cela est vrai; mais dans la matière de l'adoption et de la subrogation, à d'autres endroits la fiction n'est pas moins incontestable, très-réelle, malgré le silence de la loi, si réelle qu'il serait impossible d'interpréter la loi d'une manière satisfaisante autrement, ainsi que nous le verrons plus loin.

La véritable critique, celle qui s'attaque aux choses, doit donc être celle-ci : le législateur ne doit feindre jamais! conséquemment l'interprète de la loi ne doit jamais chercher de fictions dans la loi quand il s'agit d'en déduire les conséquences.

, L'objection ainsi posée soulève, disons-le de suite, une haute question de méthode. Bentham l'a faite, à peu près dans les termes que nous venons d'employer, dans le chapitre où il traite des faus-

____

(1) Voy. Fenet, t. XII, exposé de M. Treilhard; rapport de M. Chabot et de M. Siméon. Voy. aussi les opinions de Portalis et de Tronchet dans la discussion au Conseil d'État.

ses manières de raisonner, en matière de législation (1). Cela allait à l'apôtre de la doctrine de l'utilité, qui devait s'inquiéter assez peu que la loi fût
illogique et inconséquente, comme nous verrons
qu'elle l'est souvent sans le secours des fictions,
pourvu qu'elle fût utile. Mais tout le monde ne peut
pas être aussi disposé à s'affranchir ainsi des lois
du raisonnement. Nous pensons fermement que la
loi doit raisonner avec elle-même pour pouvoir être
interprétée selon les règles de la raison. Il ne suffit
pas qu'elle soit utile et même juste à la première vue.
Les lois ont leurs lois, comme l'a dit Bacon (2). Cependant, pour repousser l'objection et avant d'aborder
la question de méthode que nous venons d'annoncer,
nous sommes obligé de faire une nouvelle incursion
dans le Droit romain, et nous avons à nous excuser
d'être encore une fois contraint de parler latin.

II

Il est une locution qui se rencontre assez fréquemment dans les écrits des jurisconsultes romains, ces
maîtres souverains dans l'art du raisonnement en
matière de Droit, c'est celle de *ratio juris*. Le jurisconsulte Paul a écrit cette maxime : *Quod contra rationem juris receptum est non producendum ad consequentias* (3) ; et le jurisconsulte Julien a dit la même

(1) *Traités de législation civile et pénale*, chap. XIII.
(2) *De justitia univ.*, aph. 6.
(3) Dig., lib. I, tit. III, *De legibus*, lib. XIV et lib. L, *De regulis
juris*, 1. 91.

chose en termes un peu différents : *In hisquæ contra rationem juris constituta sunt non possumus sequi regulam juris* (1).

Qu'est-ce que cette *ratio juris* qui semble obligatoire pour le législateur lui-même, si bien que, quand il y déroge, l'interprète ne peut plus suivre les voies ordinaires du raisonnement, et doit s'arrêter pour laisser en quelque sorte le législateur s'aventurer seul en un pays inconnu ? Selon le prince des jurisconsultes français, Doneau, trop peu connu, la *ratio juris*, c'est le Droit même, *jus ipsum*, le Droit ordinaire, *jus commune* (2). Cette explication n'est point inexacte assurément, mais elle ne dit pas tout, elle n'apprend point assez ; car les mots *ratio juris* éveillent une idée métaphysique, et veulent dire plus que le Droit commun, que l'on peut fort bien imaginer contraire à la raison. La *ratio juris*, c'est la raison supérieure à laquelle se rapportent toutes les dispositions qui, par leur ensemble, forment le Droit d'une nation, coutumier ou promulgué, *quod receptum est vel quod constitutum est;* c'est le Droit qui s'explique, dont toutes les parties s'enchaînent, et où l'interprète ne doit pas craindre de déduire des conséquences pour appliquer à des cas semblables les principes des cas prévus. D'après cette explication, il faut dire que toutes les disposi-

(1) Dig., lib. I, tit. III, *De legibus.*

(2) H. Donellus, *Comment. de jure civili*, lib. I, cap. XIV, § 9. — Voy. aussi Cujas, au titre *De reg. juris ant.*, t. VIII de l'édition de Paris.

tions d'une législation qui se coordonnent avec l'ensemble sont conformes à la *ratio juris*, et que toutes celles qui dérangent la symétrie (1), ne découlant pas de la raison commune des autres dispositions, sont au contraire des anomalies.

Les maximes de Paul et de Julien doivent paraître maintenant, si nous ne nous trompons, parfaitement claires. Quand une disposition de Droit se lie à l'ensemble, on peut faire des déductions, on peut raisonner, par ce motif tout naturel qu'elle est elle-même le fruit du raisonnement. Quand telle disposition, au contraire, est une pure anomalie, le raisonnement, les déductions ne sont plus possibles : la loi a dévié ; pour ne pas s'égarer davantage, l'interprète ne doit pas suivre la loi dans la voie qui semble ouverte.

Nous arrivons ainsi à notre thèse sur les fictions de la loi. Nous disons d'abord que toutes les dispositions d'une matière de Droit doivent s'accorder de manière à être entre elles en une harmonie parfaite ; ensuite, que celles qui paraissent s'écarter des principes rigoureux du Droit doivent pouvoir se rattacher au moins fictivement à la raison supérieure du Droit (*ratio juris*), au Droit qui s'explique, sous peine d'être des anomalies, des contradictions, c'est-à-dire quelque chose d'irrégulier, d'essentiellement temporaire par conséquent, et que l'inter-

(1) Les Romains avaient un mot qui nous manque pour exprimer le défaut de symétrie dans le Droit, — le mot *inelegans* avec ses radicaux et ses dérivés, *eleganter, ineleganter, inelegantia* ; — une *inelegantia juris* équivalait pour eux à une erreur.

prète doit renoncer à comprendre et à expliquer.

L'application de ces idées aux exemples que nous avons cités semble prouver qu'elles sont exactes. Si la représentation n'était pas une fiction de la loi, comment expliquerait-on que des héritiers à un degré plus éloigné vinssent concourir, comptant tous ensemble pour une tête (art. 743), avec des héritiers d'un degré plus proche? Comment, entre autres conséquences, se ferait-il que le fils qui vient de son chef à une succession n'est pas tenu de rapporter les choses données à son père (art. 848), tandis qu'il doit le rapport s'il vient par représentation? Les articles 739 et suivants du Code civil, et tous ceux qui en découlent, ne seraient plus qu'une fantaisie injustifiable du législateur. De même si la subrogation n'impliquait pas une fiction de la loi, à quel titre le paiement avec subrogation produirait-il les effets que le législateur en a fait découler ? En droit strict, toutes les prérogatives d'une créance, tous ses accessoires disparaissent quand la créance s'éteint. Mais, avec la théorie des fictions de la loi, ces contradictions apparentes s'évanouissent ; l'ensemble des dispositions de la matière des successions et des obligations n'est plus dérangé ; l'esprit de l'interprète ne demeure pas incertain, troublé pour les conséquences qu'il doit tirer des dispositions de la loi ; il trouve un principe logique, certain, dans le caractère même des fictions ; car, ainsi que l'a dit l'auteur inconnu d'un traité des fictions, Alteserra, posant une règle qui est devenue une maxime courante de Droit : *Tantum operatur fictio in casu ficto quantum veritas in casu vero* (1).

On voit ainsi dans quels cas il est vrai de dire que la loi feint, et comment il faut rechercher les fictions de la loi pour faire accorder les parties avec le tout. Veut-on qu'il n'y ait pas de fictions, qu'il soit interdit de les chercher ? On ne trouvera alors trop souvent que des anomalies.

On opposera peut-être à cette doctrine qu'au lieu d'être la pierre de touche des dispositions qui sont dans la loi des anomalies, elle permet de faire disparaître toutes celles-ci, en les rattachant à l'ensemble du Droit par des fictions. Le reproche cependant ne serait pas fondé. Les fictions ont leurs règles : elles transportent la vérité, comme l'ont dit les glossateurs, avec un bonheur d'expression trop rare chez eux, *fictio importat veritatem;* mais la fiction doit être raisonnable, doit être possible. Un fait faux reste toujours faux ; la fiction, bien que contraire à la vérité, ne peut contredire la nature, le sens commun; pour que la fiction soit possible, il faut que le fait vrai pût l'être aussi, *ubi non potest cadere veritas, ibi fictio non cadit.* Voilà la règle. C'est ainsi que les jurisconsultes romains refusent toujours de reconnaître tel droit à telle personne, s'il fallait pour cela feindre l'existence d'une personne morte (2). Ulpien déclare que la location d'un fonds de terre à

<hr>

(1) *De fictionibus, tract.* I, cap. II.
(2) Dig., lib. XIX, tit. II, l. 14. *Ibid.*, l. 19, § 10. *Ibid.*, lib. XXXIII, tit. V, l. 8, § 2.

temps fixe continue si, à l'expiration du temps, le colon est demeuré sur le terrain ; mais il veut qu'il en soit autrement si durant la location le propriétaire a été atteint de démence ou de mort, par ce motif que le consentement tacite ne peut être supposé chez celui qui ne peut aucunement consentir. C'est ainsi encore que, dans notre Droit français, le dernier alinéa de l'art. 1302 qui veut que le prix de la chose volée qui a péri reste dû, alors même qu'elle eût péri également chez le propriétaire, demeurera toujours une anomalie, parce qu'aucune fiction ne peut faire qu'il soit possible de s'enrichir aux dépens d'autrui, fût-ce un voleur (1).

Mais pourquoi les anomalies, qui se détachent de l'ensemble des dispositions d'une matière, doivent-elles être ainsi resserrées, tandis que les dispositions de loi qui reposent sur une fiction sont admises à côté de celles qui dérivent des principes purs du Droit ? Pourquoi la liberté d'interprétation doit-elle être stricte pour les uns, complète pour les autres ? En d'autres termes, pourquoi peut-on présumer ici la vérité, et présume-t-on là l'erreur ?

Nous répondrons : parce que la vérité est une, toujours la même dans son principe et dans ses conséquences, et que les anomalies, qui sont toujours

_____

(1) D'autres exemples de dispositions contraires aux principes du droit, et où aucune fiction ne peut rien, ne seraient pas difficiles à trouver. Dans le seul titre des obligations de notre Code civil, les articles 1294, § 3, et 1299, en présentent de bien remarquables.

des contradictions, sont nécessairement un démenti donné à la vérité. Le juste, le bien, le vrai sont trois termes d'une même proposition ; Platon, Cicéron et saint Thomas l'ont proclamé il y a longtemps (1). Ce qui est juste, c'est ce qui est vrai en Droit. Or le vrai ne varie pas, et il suit de là que toute proposition qui ne peut se rattacher à un principe supérieur est nécessairement erronée, étant contradictoire ; de même que tout principe est erroné aussi, dont les conséquences rigoureuses ne peuvent être admises, quelque éloignées qu'elles soient.

C'est ce qu'exprime l'ancien adage de l'École, qui dit qu'une chose ne peut pas à la fois être et n'être pas, *impossibile est idem esse et non esse.* C'est le point de départ de Leibnitz, qui a fait du principe de contradiction le *criterium* de la certitude. C'est ce qui fait la force de ce qu'on appelle la preuve par l'absurde, c'est-à-dire la démonstration mathématique de l'erreur d'une proposition générale par les conséquences inacceptables qu'elle entraîne inévitablement. La preuve par l'absurde est complète quand elle a établi que la proposition contestée est contradictoire avec elle-même, et alors elle est si puissante qu'il n'est personne qui ne s'y rende. C'est encore ce qui donne une autorité si grande aux esprits systématiques qui savent présenter leurs idées dans leur ensemble. Sans doute, on peut être pendant un temps conséquent dans l'erreur ; mais poussée à ses

______

(1) Voy. Dial. du *Criton.* Cic., *De legibus*, II, 6 ; *Summa*, quæst. 82, art. 3, pars 7, etc.

dernières conséquences, l'erreur finit toujours par apparaître, et, en sens inverse, toute proposition qui ne découle pas d'un principe avoué par la raison est au moins douteuse, sinon fausse.

Que l'on ne donne pas à ces paroles une portée plus grande que nous ne voudrions. Nous ne disons pas que la vérité, en général, doit se juger d'après le principe de contradiction : le *criterium* de la vérité, c'est la clarté des idées, c'est l'évidence. Mais l'évidence a quelquefois des lueurs trompeuses ; elle n'est pas toujours là où elle nous apparaît ; pour lever le doute, il n'est qu'un moyen de vérification, infaillible pour tout esprit bien fait, et c'est le principe de contradiction qui le fournit.

Le principe de contradiction résume ainsi en réalité tout ce que nous avons dit jusqu'ici. Telle proposition peut-elle se rattacher au moins fictivement à un principe certain? elle a pour elle au moins la vraisemblance. Telle disposition de loi demeure-t-elle isolée, ne se rattachant à aucun principe ni réellement, ni fictivement? elle est contraire au Droit, quelle que soit son apparente justice, et la défiance est commandée à l'interprète.

Mais telle disposition de loi isolée, et isolée si complétement qu'aucune fiction raisonnable ne peut la rattacher au principe général de la matière, peut être cependant d'une justice telle qu'aucune objection ne soit possible. Ainsi l'art. 1295 du Code civil, qui veut que le débiteur qui a accepté la cession que le créancier a faite de ses droits à un tiers ne puisse opposer la compensation à celui-ci, est con—tradictoire avec l'art. 1290, qui veut que la compensation s'opère de plein droit quand deux personnes sont réciproquement créancières et débitrices. Ici nulle fiction n'est possible, et l'équité des deux dispositions est évidente cependant: comment la contradiction disparaîtra-t-elle? Au moyen d'une idée intermédiaire bien facile à trouver ; nous dirons que le débiteur qui a accepté le transport est devenu débiteur *quasi ex contractu*, du tiers cessionnaire; mais que la compensation n'a pas moins eu lieu bien réellement. Partant de là, nous conclurons que les prérogatives de la dette transportée ne passent pas à la nouvelle ; et, s'il en devait être autrement, l'anomalie n'aurait pas son siége dans l'article 1295, mais dans l'article 1290, où le législateur se serait fait de la compensation une idée trop évidemment erronée.

En possession de ce que nous croyons être une vérité désormais démontrée, à savoir, que les fictions de Droit ont leurs règles ; qu'elles peuvent être légitimes et utiles, et qu'elles sont pour l'interprète un instrument logique, nous devons faire un retour sur l'objection élevée contre le principe même des fictions.

La loi ne doit pas feindre, dit-on ; elle commande librement! Oui, mais elle n'est pas dispensée de se mettre d'accord avec elle-même, et c'est déjà une insurmontable présomption d'erreur dans la loi qu'un défaut d'harmonie qui ne peut se rectifier même par des fictions. Et quant à l'objection qui porterait sur le principe des fictions, elle reposerait sur une fausse idée qu'on se ferait du caractère qui la constitue.

Or quel est le caractère des fictions de la loi? Que fait le législateur, lorsqu'il feint que tel fait, contraire à la vérité, bien entendu, mais possible, mais non contraire à la nature des choses, s'est réalisé, et lorsqu'il déclare, en conséquence, que tel droit existe, ou que telle obligation pèse sur telle personne? Tout simplement, il égale un fait à un autre, un cas à un cas analogue. Feindre, c'est assimiler, c'est tirer la conséquence d'une analogie reconnue. Quand le législateur fait passer par l'effet d'une fiction tous les accessoires d'une créance qui s'éteint à une créance qui naît, il égale cette dernière à l'autre. Dans la matière de l'adoption, dans celle des successions, partout enfin où il y a fiction, la fiction n'est rien autre chose qu'une déclaration d'analogie, et il suffit raisonnablement que l'analogie ne répugne pas au sens commun, qu'elle soit réelle, pour que la fiction soit légitime.

Que si l'on se demande maintenant à quel titre la vérité peut être ainsi prolongée, étendue, transportée, comme disent les vieux commentateurs du Droit romain, nous répondrons que c'est au même titre en vertu duquel le législateur déclare que tel ou tel fait est juste, licite, conforme au Droit, tandis que tel autre fait ne l'est pas. Nous n'examinons pas si l'adoption, la représentation, la subrogation, etc., sont justes en elles-mêmes, c'est une autre question; nous constatons seulement que si elles sont justes, comme le législateur de tous les temps l'a pensé, la fiction sur laquelle elles reposent, l'assimilation qui leur sert de base est parfaitement raisonnable et légitime.

Le principe des fictions de la loi en Droit français n'est donc pas tout à fait le même, ainsi qu'il résulte de tous ces détails, que celui des fictions du Droit prétorien à Rome. Ce n'est pas que les jurisconsultes romains fussent insensibles au défaut d'harmonie, de symétrie dans la loi : ils avaient un mot pour le désigner. Mais les fictions du Droit prétorien avaient pour cause l'antagonisme que le progrès des mœurs avait fait apparaître entre l'équité et le Droit primitif des Douze-Tables, et la nécessité de les accorder, tandis que les fictions de la loi française n'ont pour objet que de faire accorder ensemble les parties d'un Droit qui s'est développé librement. Dans l'un et l'autre Droit, les fictions opèrent une conciliation, mais elles concilient en Droit romain l'équité avec le Droit, et en Droit français, le Droit avec lui-même.

Telles paraissent être les fictions de la loi. S'il nous fallait maintenant résumer nos idées sur les fictions et sur les questions de méthode que les fictions soulèvent, nous extrairions de ce qui précède les propositions suivantes :

1° Toute proposition générale dont les conséquences logiques ne sont pas toutes acceptables est fausse en elle-même, et en sens inverse, toute proposition particulière qui ne peut se rattacher à un principe supérieur manque de raison : d'où il suit

que toute anomalie dans la loi est une erreur ou le
signe d'une erreur dans le principe de la matière
dont elle s'éloigne, tellement que si c'était l'anomalie
qui fût juste, la matière où elle est contenue serait
fausse tout entière.

2º Les fictions de la loi, c'est-à-dire les analogies
que le législateur reconnaît d'un cas à un autre, en
conciliant avec l'ensemble les dispositions qui paraissent s'en détacher, rétablissent l'harmonie dans
la loi et préviennent le reproche pour la loi d'être
contradictoire.

3º Toute liberté n'est pas laissée au législateur
pour proclamer des fictions, ni à l'interprète pour
les chercher dans la loi. Les fictions doivent être légitimes, et elles ne sont légitimes qu'autant d'abord
que le cas supposé est vraisemblable, non contraire
à la raison, à la nature, et ensuite que l'application
des principes de la loi au cas supposé est juste en soi.
En dehors de ces deux conditions, la fiction, la prétendue analogie, serait un pur mensonge.

4º Les dispositions de la loi qui ne peuvent se rattacher au moins fictivement à l'ensemble de la matière sont de pures anomalies, et comme l'erreur ne
doit pas être tirée à conséquence, l'interprète doit
être alors très-sévère dans son interprétation.

5º D'où résulte cette conséquence pratique, qu'il
y a deux manières d'interpréter la loi : l'une qui
déduit de la loi toutes les conséquences qu'elle recèle, par laquelle on y cherche la pensée du législateur tout entière, et qui convient aux matières où

toutes les parties se lient; l'autre restrictive, sévère, soupçonneuse, et qui est celle des propositions isolées, qui ne peuvent se relier à l'ensemble par aucune fiction raisonnable.

Voilà toute notre théorie sur les fictions de la loi, dont l'examen conduit, comme on le voit, aux plus importantes questions de logique et de méthode. Tout se tient dans le Droit philosophique comme dans le Droit pratique ; chaque partie est prépostère, comme dit encore Doneau, et suppose la connaissance des autres. C'est ce qui fait la difficulté de l'étude du Droit ; c'est ce qui rendra toujours vaines les classifications, quelles qu'elles soient, des matières du Droit pour l'enseignement ; c'est ce qui nécessite, pour son interprétation, l'emploi simultané de la méthode philosophique et de la méthode historique, avec les restrictions que nous aurons l'occasion de faire connaître ; et cette idée nous servira de transition pour l'examen de quelques questions de logique que nous nous proposons d'aborder plus franchement.

CHAPITRE VI

DE L'HISTOIRE ET DE LA PHILOSOPHIE DANS L'ÉTUDE DU DROIT

1

Le titre de cette dissertation aurait eu besoin
d'explication il y a quelques années ; il est en lui-
même quelque peu énigmatique, en effet. Mais, depuis la restauration de l'étude du Droit en France,
il a été si souvent question de la philosophie et de
l'histoire comme moyens de rendre à la science
du Droit l'importance et l'ampleur qu'elle semblait
avoir perdues, qu'aujourd'hui un pareil titre n'em-
barrassera personne. Cette métaphore, que « le
Droit doit s'éclairer au flambeau de l'histoire et de
la philosophie, » se retrouve partout ; elle est devenue un lieu commun ; elle est acceptée comme une
vérité désormais indiscutable. Et cependant, comme
toutes les vérités qui font leur chemin toutes seules,
pour avoir le hasard de se produire sous une forme
qui frappe l'imagination, celle-ci traîne avec elle un
cortége d'idées, sinon erronées, au moins vides, à ce
point qu'il peut n'être pas inutile de rechercher comment il faut comprendre la devise de l'école mo-

derne, même après l'application qu'elle en a faite dans les livres.

Quels secours le Droit peut-il donc emprunter à la philosophie et à l'histoire? Quels résultats peut-on attendre de cette double alliance que l'on semble préconiser comme nouvelle ? Dans quelle mesure est-elle possible ? Comment peuvent se concilier deux méthodes qui partent chacune d'un point de vue diamétralement opposé? Ce sont toutes questions qui doivent être résolues pour connaître la valeur du nouvel instrument logique dont il est beaucoup question depuis quelque temps ; et, peut-être, en cherchant à y répondre, trouvera-t-on que cet *organum* n'est pas d'une invention aussi nouvelle qu'on pourrait le croire, et que ce qu'il y a de plus nouveau, après tout, c'est l'agencement de mots dont on se sert pour le désigner.

Quand on discute sur des questions de méthode et de rincipes, il est une dispute de mots où il faut éviter de tomber, avec d'autant plus de soin que la pente qui y conduit est pour ainsi dire insensible : c'est celle qui naît quand on élargit la circonscription d'une question spéciale outre mesure, au point que cette question s'absorbe dans une question très-générale qui en comprend d'autres. Ainsi, des écrivains soutiendront que le jurisconsulte qui joindrait à sa qualité celle d'historien et de philosophe, aurait sur le jurisconsulte confiné dans l'étude de la jurisprudence une supériorité marquée. Cela n'est pas douteux; il est bien certain que toute étude qui

tend à reculer l'horizon de l'esprit de l'homme
a pour effet de profiter à la science qu'il cultive
spécialement ; mais la question n'est pas là. Comme
les défenseurs de la philosophie et de l'histoire
dans l'étude du Droit préconisent cette alliance
pour les moyens nouveaux qu'elle doit fournir, il
faut voir non pas si l'esprit du jurisconsulte a à gagner dans l'étude de la philosophie et de l'histoire,
ce qui est incontestable, mais ce qui serait également vrai d'autres sciences voisines, comme l'économie politique, par exemple, ou la théologie ; il faut
voir quels secours on peut emprunter à la philosophie et à l'histoire directement, et comment la pratique de ces deux sciences peut ajouter d'une
manière immédiate quelque chose aux moyens
d'investigation que la logique commune met au
service du jurisconsulte pour l'interprétation de la
loi.

En commençant cet examen par l'histoire, nous ne
ferons nulle difficulté de reconnaître l'utilité qu'elle
présente, appliquée à la jurisprudence. Quand
elle serait inutile pour les autres sciences morales
et politiques, ce qui n'est pas, il y aurait toujours
une raison particulière qui rendrait l'histoire du
Droit nécessaire pour l'intelligence du Droit actuel ;
cette raison se trouve dans le caractère même de la
science du Droit. Le Droit, en effet, n'est pas la
science abstraite du juste ; il se développe au milieu
de circonstances qui créent entre les hommes des re-
lations différentes selon les temps et les lieux, et

dont il faut tenir compte ; c'est une science pratique.
Or, cela seul fait comprendre l'utilité de connaître
le courant que le jurisconsulte doit suivre, s'il ne
veut risquer de s'égarer dans les utopies. Ce qui est
juste, c'est-à-dire ce qui est vrai en Droit, est juste
partout, la justice ne varie pas. Mais les conditions
dans lesquelles elle se manifeste changent : les
mêmes principes de justice reçoivent des applications qui diffèrent par cela seul qu'il y a à faire dominer les mêmes principes ; chaque peuple a ainsi
son Droit, sa collection de règles de justice qui convient à ses mœurs, à ses usages, qui même quelquefois se plie à ses préjugés, toujours dans l'intérêt de
la justice ; et c'est parce que le Droit doit être national, sous peine d'être incompris et de froisser des
habitudes respectables et justes, que l'histoire, en
d'autres termes la tradition, devra toujours venir
en aide au jurisconsulte dans l'interprétation de la
loi (1).

Sur ce point, toutes les opinions concordent ; et,
quand le législateur lui-même ne procède que par
modifications successives, personne n'a jamais soutenu que l'interprète de la loi doive s'isoler dans
ses méditations, comme si la science était tou-

(1) Montesquieu a consacré tout un livre de son grand ouvrage
à établir cette vérité, que le même esprit peut dicter des lois
contraires. (*Esprit des lois*, liv. XXIX.) Nous croyons qu'on eût
pu faire quelque chose de mieux ; mais, tels qu'ils sont, les chapitres de Montesquieu ne sont pas moins une réfutation suffisante
des plaisanteries de Montaigne et de Pascal sur la justice, *qu'une
montagne et une rivière bornent*.

jours à refaire. Mais voici où les dissentiments commencent.

De la nécessité pour l'interprète de la loi de rechercher ce qui fut pour juger de ce qui doit être; de l'utilité de connaître (qu'on nous passe l'expression) le terrain de la manœuvre, des esprits plus curieux que sensés ont conclu qu'il n'est pas de limites où les investigations historiques dussent s'arrêter. De là ces explorations, dans un passé si éloigné de nous, que les liens de filiation doivent être évidemment confondus, et de là aussi l'autorité souveraine reconnue à des précédents qui ne se justifient quelquefois qu'assez difficilement : or, l'autorité des précédents constitue-t-elle la vraie méthode d'interprétation du Droit?

Pour juger l'École historique (car il est une école qui s'appelle littéralement de ce nom), il faut remonter jusqu'à son principe. Par l'importance extrême qu'elle accorde aux précédents, son principe, comme nous venons de l'indiquer, c'est le principe d'autorité; car il est manifeste que l'histoire ne peut fournir des règles absolues à ceux qui placent dans le sens individuel le principe du vrai. Le principe d'autorité est-il donc celui du Droit?

Généraliser ainsi la question, c'est en faciliter la solution. Or, nous disons que le principe d'autorité n'est pas et n'a jamais pu être le principe du Droit, qui en est l'antithèse ou qui n'est pas. Soit qu'on place l'autorité dans le nombre, comme l'École démocratique, qui considère l'assentiment commun comme le sceau de la vérité ; soit qu'on le place dans la tradition, comme l'École théocratique, qui n'admet pas que la vérité existe en dehors des enseignements de ceux qui ont qualité pour la dispenser, jamais on n'établira que le Droit appréciable, le Droit humain, le seul Droit qu'on puisse concevoir, doive emprunter à l'autorité sa règle. Autorité et Droit sont deux termes contraires. Le Droit, quelque idée qu'on s'en fasse, c'est le Droit individuel, c'est le cercle d'inviolabilité de la liberté personnelle de l'individu, agissant soit pour l'accomplissement d'un devoir, selon la doctrine stoïcienne, soit pour la satisfaction d'un besoin ou d'un plaisir, selon les épicuriens, dont Hobbes et Bentham ont renouvelé la doctrine (1). Donc, si le devoir et le besoin se règlent d'après le sentiment de l'individu, comme on ne saurait le contester, le Droit aussi, quelque principe qu'on lui donne, se règle par le sens individuel et non par la tradition.

L'ancêtre des sectateurs de l'école est, comme on sait, l'Italien Vico, qui a rattaché en esprit et avec beaucoup de raison son système des retours historiques au principe démocratique du sentiment commun qu'il a formulé le premier. Tout le monde connaît la marche circulaire (*corsi e ricorsi*) que Vico impose aux nations, sa distinction du vrai et

(1) Nous n'entendons pas dire que le besoin, le plaisir, l'intérêt, peuvent être indifféremment, avec le devoir, le fondement du Droit ; nous voulons dire seulement qu'on ne peut se faire une idée du Droit, même inexacte, sans le rapporter à l'individu et l'opposer à l'autorité.

du certain, et sa règle d'après laquelle l'universalité ou la généralité du genre humain prononce sur la justice (1). Selon Vico, donc, le nombre étant infaillible, sinon dans l'appréciation de la vérité, qui est au-dessus de l'homme, au moins dans l'appréciation du certain, ce qui a été sera toujours, et l'histoire étudiée permet ainsi de pronostiquer l'avenir et d'établir une certitude présente et future. Certes, on ne comparera pas aux enseignements de l'histoire pour le Droit les enseignements purement politiques qu'elle donne, les plus incertains de tous par les changements incessants des éléments qui concourent à produire un fait historique. Tout homme qui a un peu étudié et vécu sait, sur ce dernier point, combien l'histoire profite peu. L'extrême mobilité du terrain, l'infinie variété des circonstances, des événements, des idées courantes, et surtout la complication des intérêts et des passions, modifiant incessamment les données sur lesquelles les politiques établissent leurs calculs, font qu'il est peu de faits historiques qui ne soient la solution, le plus souvent inattendue, d'un problème nouveau. L'histoire a ainsi pour les sciences politiques, que nous distinguons soigneusement de la politique propre-

______

(1) « Faute de savoir le vrai, les hommes tâchent d'arriver au certain, afin que, si l'intelligence ne peut être satisfaite par la science, la volonté du moins se repose sur la conscience. »

« Ce que l'universalité ou la généralité du genre humain sent être juste, doit servir de règle dans la vie sociale. »

« Les nations parcourent de nouveau la carrière qu'elles ont fournie. » (Vico, *Science nouvelle*.)

ment dite, qui n'est que l'art de ruser avec les passions des hommes, un avantage marqué. Mais si le principe de la vérité ou de la certitude, comme l'on voudra, est dans l'individu, dans la raison actuelle, et non dans la volonté des autres ou dans la tradition, il faudra toujours reconnaître que l'histoire, pour le Droit comme pour toutes les sciences, peut fournir des enseignements, mais qu'elle ne donnera pas des règles qui soient obligatoires, autrement dit une méthode; et c'est de toutes les manières la conséquence à laquelle on arrivera inévitablement.

Maintenant, si de la hauteur de la question de méthode générale que soulève l'École historique, on descend à l'examen de son procédé, on peut s'étonner du crédit qu'obtient, sur certains esprits, cette fantasmagorie de souvenirs historiques que l'école dont nous parlons se croit obligée d'évoquer. Quelle utilité peut-il y avoir à ressusciter un droit éteint ou complétement transformé, pour l'élucidation d'une question d'hypothèque ou de succession, si difficile qu'on soit à satisfaire? Ces prétendues considérations historiques sont-elles jamais entrées, pour si peu que ce fût, dans un raisonnement? Pour nous, nous avouons n'avoir qu'une médiocre admiration pour cette science fastueuse, dont le moindre inconvénient est de ne rien prouver, et à laquelle n'ont jamais eu besoin de recourir Dumoulin, Domat ni Pothier.

Mais, dit-on, l'École historique ne cherche pas sa règle uniquement dans le passé. Bien loin d'être contraire au mouvement, au progrès, c'est au nom même du progrès qu'elle a réclamé contre le système de la codification, auquel elle adressait le reproche d'immobiliser le Droit (1); son principe, c'est que le Droit se fait tout seul.

Il se peut que son principe soit tel, mais alors elle ne se comprend pas elle-même, et surtout elle se nomme mal. Si le Droit se fait tout seul, en effet, quelle nécessité d'interroger sans cesse le passé, et même d'emprunter pour devise le nom de ce travail rétrospectif? Il faut opter. L'autorité d'hier, en admettant par hypothèse la légitimité du principe d'autorité, ne peut être invoquée pour l'autorité d'aujourd'hui. Donc, le Droit se faisant seul, il doit suffire de l'observer agir. Et s'il faut se tourner vers le passé pour connaître le Droit, on n'étudie pas un Droit qui se fait, on apprend un Droit tout formé; on constate un travail accompli, on n'assiste pas à cet enfantemennt continu d'un corps de doctrine qui doit recevoir du temps d'incessantes modifications.

Ce que nous avons dit en commençant sur la manière dont l'histoire doit être utilisée dans la jurisprudence nous met à l'aise pour toutes ces critiques que l'École historique soulève. Nous ne nous en prenons pas à l'histoire qui enseigne, nous nous en prenons à l'histoire qui commande. Tout ce que nous voulons prouver, c'est l'inanité d'une méthode qui se donne pour nouvelle et qui n'est même pas

(1) Voir pages 66 et suiv., où nous avons parlé de la controverse des jurisconsultes allemands à ce sujet.

une méthode ; qui, fidèle à son titre, serait absolument impraticable ; car l'École historique, pour être conséquente, doit renoncer à juger. Elle sacrifie la justice à l'opinion, aux préjugés, à tout ce qui rend un Droit trop étroitement national. Son principe, quoi qu'on fasse, est toujours l'autorité, celle d'hier ou celle d'aujourd'hui. Or, nous affirmons que l'École dite historique, avec ses soucis du présent et ses aspirations vers l'avenir, se contredit, se dément elle-même. La vraie méthode historique est fausse en Droit, et de plus impossible ; et pour ce qui est de la méthode commune, qui ne cherche dans l'histoire que ce qu'elle peut donner, cette méthode-là n'est pas nouvelle.

Mais, ajoute-t-on, pourquoi l'interprète du Droit ne demanderait-il pas des secours à toutes les sciences voisines, histoire, philosophie, philologie, politique, etc. ? Toutes les sciences ne se tiennent-elles pas par un lien commun, et ne se prêtent-elles pas une mutuelle assistance ?

Certes, on n'a jamais contesté à aucune science ses moyens d'investigation, et la jurisprudence particulièrement n'a jamais eu à se plaindre du défaut de liberté ; aussi n'est-ce pas de cela qu'il s'agit. Que l'interprète du Droit puise partout pour mettre à découvert la vérité et repousser l'erreur, personne ne se plaindra ; mais quand on parle de substituer à la méthode commune une méthode nouvelle, dont le nom seul signifie autorité ou ne signifie rien, il est permis de s'inquiéter d'abord, de réclamer ensuite, moins pour les erreurs qu'elle entraînerait avec elle (car elle ne renferme que vide et néant) que pour les tendances ambitieuses qu'elle développe sans pouvoir les satisfaire, et la fausse sécurité que la phraséologie pompeuse de ses adeptes peut inspirer aux esprits trop crédules.

D'ailleurs, on peut douter que la jurisprudence ait à gagner à chercher toujours ainsi des affluents nouveaux. Autre chose sont les secours qu'elle peut emprunter aux sciences voisines ; autre chose les enseignements que le jurisconsulte peut y puiser pour lui-même sans aucune pensée de les appliquer immédiatement. Une méthode, comme le mot l'indique, est une *voie*, qui à ce titre n'est jamais trop simple, jamais trop directe. La vraie méthode des sciences morales consiste moins peut-être à chercher des vérités qu'à éliminer des erreurs. Loin de chercher des méthodes qui se compliquent, sous le prétexte de s'enrichir, il faut donc bien plutôt les simplifier, et leur conserver ce caractère sévère sans lequel elles sont dénaturées.

Mais la science perdra de son élévation ! L'histoire a été étudiée avec succès par des maîtres illustres, Cujas, Grotius, Montesquieu, qui en ont fait à la jurisprudence les plus heureuses applications !

L'objection est toujours la même, il n'y a de différent que la forme. Mais nous répondrons à ces partisans si ardents des sciences élevées, que ce n'est pas élever le niveau d'une science que de la mélanger d'éléments étrangers. La confusion ne fait ni l'élévation ni la profondeur; une science s'élève quand on la réduit à ses principes les plus généraux ; or, si cela est, elle ne s'élève qu'en se concentrant, c'est-à-dire en se débarrassant de tout fatras propre à y introduire la confusion.

D'ailleurs une science pratique comme le Droit doit se mesurer aux forces ordinaires de l'intelligence de l'homme. Peut-on sagement recommander un procédé qui supposerait des connaissances si vastes qu'elles dépasseraient évidemment la portée commune, et pour les plus vaillants eux-mêmes ne pourrait être usuel? A ce prix, le Droit ne serait plus qu'un mot, et les pauvres sociétés humaines devraient se résigner à n'embrasser jamais que l'ombre de la justice. Une école musicale s'est fondée qui, donnant dans nos opéras un développement inusité à la partie qui est l'accessoire du chant, fait de ces œuvres d'immenses symphonies où la voix humaine n'est comptée que comme un instrument à côté des plus éclatants. La théorie peut être belle, mais je ne suis pas sans inquiétude sur le point de savoir si la nature fournira bien des voix capables de faire leur partie dans un tel concert.

Quant à Cujas, à Grotius, à Montesquieu et d'autres encore que l'École historique revendique pour ses patrons, ce sont des autorités auxquelles elle doit renoncer. Cujas d'abord n'est que l'historien du Droit romain. Pour mener à fin cette immense entreprise d'expliquer les indigestes compilations justiniennes, il lui fallut reconstituer chemin faisant la société romaine avec des débris. Mais Cujas, comme il le disait lui-même, s'en tint toujours à l'édit du Préteur; dans ses études très-désintéressées, il n'eut jamais la prétention d'inaugurer une méthode inconnue, et l'on ne voit pas comment l'œuvre, tout admirable qu'elle est, d'un historien qui ne se mêla jamais au mouvement de son temps, pourrait être un modèle dont l'esprit dût être suivi par ceux qui ont à interpréter un Droit vivant, et qui n'ont point à reconstituer l'histoire tout entière du passé, pour connaître l'état de la société où leurs décisions doivent maintenir la justice.

Quant à Grotius, c'était un philosophe à la recherche d'un Droit modèle. Ses abondantes citations historiques n'ont d'autre objet que de justifier ses principes, qui se rapportent tous à ce principe fondamental : que toute action est juste, sinon en morale, au moins en Droit, qui ne trouble pas l'état de société pour lequel l'homme est fait (1). Or, Grotius, invoquant l'histoire pour justifier sa doctrine préconçue, prend un procédé précisément contraire à celui de l'École historique, car celle-ci fait découler ses principes (si elle en a) de l'histoire, loin de se mettre à l'histoire avec des principes arrêtés.

Enfin Montesquieu ne saurait être non plus pour

(1) Grotius définit ainsi le Droit : *Jus naturale est dictatum rectæ rationis indicans actui alicui ex ejus convenientia aut disconvenientia, cum ipsa natura rationali ac sociali, inesse moralem turpitudinem, aut necessitatem moralem.* Tout ce qui convient à la nature morale et sociable de l'homme est, selon lui, juste, et tout ce qui y est contraire est injuste.

l'École historique un ancêtre. Cet homme d'esprit, que l'on a de nos jours tant surfait, n'a voulu que pénétrer au travers des formes extérieures des institutions pour en trouver le sens spirituel. Son titre de gloire est d'avoir presque créé une science nouvelle, la législation comparée; mais Montesquieu n'a rien fait pour la jurisprudence proprement dite, et le médiocre président à mortier du Parlement de Bordeaux n'avait rien de commun avec l'auteur de l'*Esprit des lois*.

Telle est l'École dite historique; le principe de sa méthode est erroné, mais impraticable très-heureusement; ses tendances sont dangereuses, car elles préparent des déceptions. Sans doute le jurisconsulte doit s'enquérir de ce qui fut. Son premier devoir est de s'orienter dans le Droit qu'il applique, toujours le même sous des formes si variées. Mais de ces sages et patientes études du courant de la jurisprudence et des origines connues du Droit actuel auxquelles se livre tout jurisconsulte consciencieux, à ces ambitieuses recherches qui ne produiront après tout rien que de conjectural, la distance est grande, et ce n'est pas au jurisconsulte à la franchir.

Voilà pour l'histoire appliquée à la jurisprudence; voyons maintenant ce qu'il faut penser de la philosophie.

II

La difficulté que l'on éprouve à marquer l'importance de l'histoire dans l'étude du Droit existe à un degré moindre quand il s'agit de la philosophie. L'histoire, en effet, est une ; les dissentiments sur le rôle de l'histoire dans le Droit n'ont pas un terrain fixe ; ils portent sur le plus ou le moins ; aucune ligne de démarcation précise ne peut être tracée. La philosophie, au contraire, se composant d'un ensemble de connaissances qui n'ont pas trouvé à se classer parmi les autres sciences humaines et ayant des objets divers, se décompose plus facilement ; et il est plus aisé d'indiquer dans quelle mesure chacune de ses parties fournit la matière d'une étude qui doit s'allier à celle du Droit.

Toutefois il ne faudrait pas s'attendre à trouver encore ici des règles d'une bien grande précision : les sciences morales, par leur nature, résisteront toujours à l'empire des principes absolus. A la différence de la science des nombres, elles sont inséparables de leurs objets ; elles se rapportent aux lieux, aux temps, aux circonstances ; elle sont éminemment concrètes, en un mot. C'est pourquoi, si les efforts de ceux qui s'y livrent doivent tendre incessamment vers ce résultat des vérités absolues, il ne faut pas oublier qu'il est impossible à obtenir tout entier ; que la science du mathématicien seule est susceptible d'une certitude complète, étant seule abstraite, vraiment simple dans son objet, et que les vérités morales étant complexes, au contraire, ne peuvent arriver toujours à ce degré d'évidence qui force l'assentiment de tous, comme il arrive des propositions mathématiques, où toute pensée de contradiction disparaît devant la vérité rayonnant d'un unique éclat.

Quels secours la jurisprudence peut-elle donc emprunter à la philosophie ? Posée en termes aussi généraux, la question demeurerait inévitablement sans réponse; c'est même parce qu'elle est demeurée ainsi posée que des esprits excellents d'ailleurs, sentant bien que le Droit ne peut se suffire à lui-même mais prenant leurs aspirations pour des découvertes, ont cru à la puissance de quelques idées générales exprimées en un langage nébuleux, pour donner à la jurisprudence les principes dont elle manquait. Nous pensons qu'on ne peut y répondre sans distinguer dans la science dite philosophique les sciences diverses qui la composent ; ces sciences n'ont pas toutes des points de contact avec le Droit, et, à moins d'absorber le Droit dans la science universelle, dont on imposerait la connaissance au jurisconsulte, il ne serait pas raisonnable d'exiger que le jurisconsulte fût de toute nécessité jurisconsulte et philosophe, sous peine de ne rien comprendre à la science qui fait l'objet de ses méditations.

A la première place des sciences philosophiques

qui n'ont avec le Droit qu'un rapport trop indirect, il faut placer la théodicée. Quels rapports directs la théodicée, c'est-à-dire la science des attributs de Dieu, peut-elle avoir avec la science des devoirs juridiques, du Droit? Sans doute il n'est pas indifférent pour le jurisconsulte de croire ou non en Dieu, même d'avoir des idées vraies sur la puissance divine et sur son intervention dans les destinées humaines; mais un système de droits et de devoirs juridiques se comprendra toujours indépendamment des idées erronées ou vraies que l'on pourra se faire sur ces hautes questions; et l'on a vu des jurisconsultes s'entendre, qui n'avaient pas puisé leur science théologique, quelquefois trop superficielle, dans les enseignements du même catéchisme.

Ce que nous disons de la théodicée, nous le dirions volontiers de la psychologie. La connaissance de l'âme humaine importe au jurisconsulte; cependant les subtilités et les détails de la science psychologique ne sont que d'une utilité peu appréciable pour l'homme qui s'est voué à l'étude des faits de la vie pratique.

Mais ce qui peut éclairer le jurisconsulte, à chaque pas, pour ainsi dire, dans ses investigations, c'est la morale, la science des devoirs, et c'est la logique, science et art tout à la fois, sans laquelle nul raisonnement ne peut aboutir qu'à des contradictions ou à des erreurs. Quelque idée que l'on se fasse du Droit, en effet, il est impossible de lui donner une base autre que celle que la morale enseigne. Spinosa, qui

mesurait le Droit sur la force, faisait très-logique-
ment découler son Droit d'une doctrine où la morale n'existe pas (1). Grotius le définissant « un précepte de la droite raison, » selon ses propres paroles
que nous avons citées plus haut, rattachait ainsi la
science du juste à la science du bien. Bentham, qui
établissait le Droit sur l'intérêt bien entendu, y établissait aussi la morale ; si bien, pour lui emprunter
une image, que la morale et le Droit ont le même
centre, mais n'ont pas la même circonférence (2).
Et ceux qui pensent comme nous que le Droit n'est
rien autre chose que la faculté pour l'individu de
faire librement ce que le devoir commande, consi-
déreront naturellement le Droit comme le complément de la morale, comme la garantie que l'individu
a en lui-même de sa liberté de faire le bien ; et ce
ne serait même pas sans raison que, plaçant le Droit
avec la morale parmi les sciences philosophiques,
ils en feraient une partie intégrante de la science
même qui a pour objet d'éclairer l'homme sur les
motifs et la portée de ses actions.

Voilà donc la source où il faut puiser le Droit.
Le Droit commence avec l'obligation morale. La
science des droits sous un aspect différent, c'est la
science des devoirs ; non pas que tout devoir chez
moi ait pour corrélatif un droit chez autrui, cela
n'est pas ; mais le Droit a son principe dans la mo-

(1) *Tractatus theologico-politicus*, chap. XVI.
(2) Voy. *Traités de législation civile et pénale*, publiés par
Dumont de Genève.

rale, en ce sens que je n'ai de droits que dans la mesure des devoirs que j'ai à accomplir. Telle morale, tel droit ; on ne peut errer sur celui-ci sans errer sur celle-là. Sans doute tout ce qui est permis n'est pas honnête, *non omne quod licet honestum est,* disaient les jurisconsultes romains (1) ; mais sans entrer ici dans des détails hors de propos, pour prouver, comme il serait facile de le faire, que tout homme qui use d'un droit même rigoureux accomplit un devoir, et que toute son erreur consiste à mal choisir dans la collision des devoirs celui qu'il devrait préférer, nous nous contenterons de maintenir ce principe que, pour tout homme qui veut y penser, sans la loi du devoir, l'idée du Droit ne se conçoit pas.

Si l'on veut bien admettre ce principe ou nous l'accorder à crédit, le jurisconsulte se trouvera tout orienté (qu'on nous passe l'expression) dans le pays de la philosophie. Comment y marchera-t-il ?

Soit que l'on déduise d'un principe les conséquences et les applications qu'il renferme, comme fait le jurisconsulte cherchant le sens entier de la loi dans un texte qui n'a posé qu'un principe général ; soit que l'on cherche la pensée d'une personne dans un acte ou une suite d'actes matériels qui doivent l'avoir manifestée, comme le magistrat qui, de son tribunal, sonde la volonté des parties contractantes, il est des règles auxquelles est attachée la découverte de la vérité, et qu'il n'est pas permis

______

(1) Dig., lib. L. *De reg. juris,* 1. 144.

d'ignorer sans marcher à l'aventure, et, par conséquent, sans s'exposer à s'égarer. Chaque science, en
effet, a des moyens d'investigation qui lui sont propres ; mais la loi de l'esprit humain est la même
pour toutes les sciences. Or, la méthode, la logique,
les principes de Descartes et ceux d'Aristote, doivent être familiers au jurisconsulte qui ne veut
pas marcher au hasard, et c'est en ce point surtout
que les pratiques du philosophe seraient restaurées
avec succès dans l'étude du Droit.

L'étude des lois du raisonnement est bien celle
qui jusqu'à ce jour, il faut le dire, a été la plus délaissée par les jurisconsultes, même par ceux qui
n'ont fait du Droit que l'objet d'une étude purement spéculative. Qui s'enquiert de la nature des
vérités de Droit, du degré de certitude dont elles
sont susceptibles, des moyens de les découvrir, des
conditions du raisonnement, de la valeur des différents termes qui le composent, de l'emploi de la
forme syllogistique, sans laquelle nul principe général ne produirait rien jamais, et de tant d'autres
questions de méthode et de logique que la discussion
de la plus simple question de Droit suppose connues ? On raisonne tellement quellement, sans règles fixes, sans principes, à l'aventure, sans conscience même du but qu'on poursuit et des moyens
à employer pour y parvenir. Même parmi les écrivains, et parmi les plus illustres, on ne trouve plus
cette méthode sévère, rigoureuse, une, propre à
l'auteur, qui rend si admirables, par exemple, les

magnifiques dissertations de Merlin et surtout de Dumoulin.

A une époque où les mots Droit et Philosophie se présentent toujours joints ensemble, il serait temps de rendre à la science d'Aristote, appliquée à la jurisprudence, quelque chose de l'importance qu'elle avait jadis. On s'en moquait, non sans raison, quand, opérant dans le vide et avec un appareil pédantesque et barbare, elle bannissait, selon l'expression de Molière, la raison du raisonnement. Mais aujourd'hui les tendances sont autres ; et quand, dans les sciences naturelles, il se fait tous les jours l'emploi le plus heureux du perfectionnement des méthodes qui leur sont propres, il serait regrettable que les sciences morales appliquées n'eussent qu'une devise sans signification, et que la science du Droit particulièrement se développât en sens divers, sans autre règle qu'un sentiment irréfléchi chez celui qui la cultive.

On voit ainsi comment il faut comprendre la philosophie du Droit, dont le domaine, jusqu'à nos jours, a été tracé d'une façon si peu précise. S'il était possible de rapporter à une idée commune les diverses sciences qui composent la philosophie, on pourrait dire que la philosophie est la connaissance des causes premières, des principes fondamentaux de toutes choses ; c'est la science abstraite par excellence, la moins accessible à la foule, quoique étant la plus claire en elle-même, précisément parce qu'elle est toute d'abstraction. Le philosophe s'observe, cherche les principes, puis fait un retour sur lui-même pour bien s'assurer des vérités qu'ils manifestent. Or, toutes les sciences, et les sciences de raisonnement surtout, ont leurs principes qui sont, dans la mesure du possible, l'expression de la vérité générale, immuable, absolue. Dans leur ensemble, avec les lois selon lesquelles on les découvre et on en déduit les conséquences, ils composent la philosophie de la science, sans laquelle le prétendu savant ne sera jamais qu'un empirique. La philosophie du Droit est ainsi l'ensemble des principes secondaires unissant les vérités pratiques, concrètes, à la vérité abstraite, éternelle; ils fondent celle-là sur celle-ci ; ils rattachent la vie, l'accident, à l'immuable, à l'absolu. Le jurisconsulte doit donc être philosophe, au moins pour la science objet de ses travaux, à moins que dans sa pensée la science du Droit ne se rattache à rien.

Nous aurions à insister sur ce point, si d'un côté ces dissertations n'avaient des limites qu'il ne faut pas franchir, et si d'un autre côté nous n'avions à craindre de lasser la patience du lecteur dans des raisonnements trop tendus. Nous répéterons seulement qu'introduire la philosophie dans le Droit, c'est d'une part saisir la vérité générale au moment où elle devient une vérité particulière, une vérité de Droit, et d'une autre part démêler dans les principes généraux de méthode et de logique, pour en faire l'application, ceux qui sont spécialement à l'usage du jurisconsulte. La philosophie du Droit est cela, et rien que cela ; il faut aller jusque-là et savoir s'y tenir. Pour ce qui est de donner des exemples, cela nous conduirait à faire un traité.

Au reste, quelques déclamations dont les idées générales aient été l'objet, il est de toute impossibilité d'en répudier complétement l'usage. C'est dans la nature abstraite du droit de propriété, de l'obligation, de l'hypothèque, etc., que le praticien lui-même puise à son insu la raison de ses décisions; s'il raisonne bien, c'est conformément aux règles vraies de la logique. Nul n'a véritablement le *sens* du Droit, sans en avoir au moins par intuition, sentiment ou habitude, la philosophie. Mais le jurisconsulte-philosophe se connaît lui-même ; il sait ce qu'il peut, ce qu'il veut, ce qu'il cherche ; et c'est ce qui le place à une immense distance au-dessus du philosophe sans le savoir, qui ne rencontre la vérité que par occasion.

Telle est donc, si nous ne nous trompons pas, l'idée qu'il faut se faire de la philosophie du Droit. Les anciens pensaient bien que le Droit devait se rattacher à quelque chose ; Cicéron le plaçait au-dessus de l'édit du Préteur et de la loi des Douze-Tables ; il le faisait découler de la science qui a pour objet la vérité éternelle. *Non ergo a Prætoris edicto, ut plerique nunc, neque a XII tabulis, ut superiores, sed penitus de intima philosophia hauriendam juris disciplinam putas? (De legibus, l. V.)* «Ne penses-tu donc pas que la règle du Droit doit être cherchée, non dans l'édit du Préteur, comme beaucoup le pensent à présent, ni dans la loi des Douze Tables, comme le voulaient les anciens, mais dans la profondeur de la philosophie?» fait-il dire à Atticus dans son dialogue des Lois. Mais ni les anciens, ni Cicéron lui-même n'avaient l'idée des rapports immédiats par lesquels le Droit et toutes les sciences sans exception se lient avec la science qui les domine toutes. Les idées intermédiaires manquaient; la chaîne du raisonnement était rompue juste au point de jonction; la pensée ne pouvait ainsi se dégager du vague et des généralités; et c'est ce qui explique comment nul des jurisconsultes romains, ces philosophes pratiques sans égaux, n'a pu donner une définition acceptable du Droit naturel.

Il y avait à Rome des jurisconsultes; il y avait des philosophes; mais il n'y avait pas à Rome de jurisconsultes-philosophes (le trait d'union ici a un sens), du moins ailleurs qu'au *Forum*.

Mais maintenant se présente la dernière des questions que nous avons annoncées en commençant. Si l'étude du Droit devait s'allier également avec l'histoire et avec la philosophie, à quelle condition cette alliance serait-elle possible? Car enfin, la méthode historique et la méthode philosophique reposent sur des principes complétement opposés : l'une a pour principe la véracité du sentiment commun, si bien que le philosophe qui a le premier proclamé ce *criterium* de la certitude, est en même temps le fondateur de l'École historique, Vico; l'autre est fondée sur la certitude des idées claires et repousse le principe de l'autorité sous quelque forme qu'il apparaisse.

Nous n'avons pas à entreprendre de concilier deux choses inconciliables ; les réserves que nous avons faites à propos de la méthode historique nous dispensent de ce soin. Le jurisconsulte ne doit chercher la vérité qu'en lui-même ; c'est à cette condition seulement que le Droit est une science. Sans doute il peut, il doit s'enquérir du sentiment d'autrui touchant les propositions qui se présentent à son appréciation, mais toujours pour le juger ; en un mot, la méthode historique n'est point à son usage.

Qu'on nous permette d'emprunter un exemple à saint Augustin. Ce Père de l'Église dit quelque part, à propos de l'autorité en matière de religion, que l'autorité elle-même n'est pas sans raison, et que quand la raison cède à l'autorité, c'est la raison elle-même qui juge qu'elle doit se soumettre. Nous nous emparons de cette pensée pour l'appliquer à la question actuelle. Quand le jurisconsulte fait céder sa raison devant la tradition historique, il fait encore usage de sa raison ; car il juge que son idée propre n'a qu'une clarté apparente.

Maintenant, que faut-il penser de l'état actuel de la philosophie du Droit? A certains égards, on ne peut pas dire que nous ayons progressé depuis Cicéron ; au moins, la philosophie des sciences ne semble-t-elle pas être devenue encore très-populaire. Les ouvrages de philosophie du Droit, si l'on ne veut pas s'en tenir uniquement au titre, ne sont pas nombreux. Sur la philosophie du Droit pénal, nous avons l'ouvrage de Rossi ; sur la philosophie du Droit en général, Kant est très-incomplet ; mais, si les ouvrages de Bentham formaient un tout méthodique, malgré l'erreur du principe fondamental, nous citerions Bentham. Pour les autres écrivains, la plupart, prenant texte de la nécessité d'allier le Droit à la philosophie, croient avoir accompli leur programme en présentant quelques considérations sans suite ni clarté sur quelques points mal précisés de la psychologie et de la théodicée. Ce n'est pas là user de la philosophie comme il convient ; ces idées vagues, que tout le monde reconnaîtrait au passage sans la forme obscure qui les enveloppe, ne peuvent être d'aucune utilité. La philosophie du Droit est une science mitoyenne ; et le Droit n'a nul point de contact avec la théodicée ou la psychologie, même quand on les comprend bien.

Quant à la question de forme, assurément il ne faudrait pas lui donner une importance plus grande qu'elle ne mérite. Cependant, comme on est trop généralement tenté de confondre la forme nébuleuse et l'idée abstraite, il faut répéter que les deux choses n'ont rien de commun. Ce qu'il y a de mieux, comme le pensait Pantagruel, c'est encore l'usance commune de parler. Une idée abstraite peut être claire ; elle est toujours claire même par cela seul qu'elle est abstraite ; car il n'y a d'embarrassant pour l'esprit que les idées complexes ; tout ce qu'on peut dire, c'est que certaines idées abstraites ne sont pas accessibles à toutes les intelligences. Mais le langage obscur, le jargon ne marque pas la profondeur de la pensée ; le plus souvent (et alors c'est un bonheur), il ne cache que des pauvretés.

En terminant, nous devons protester de nouveau de notre respect pour ces nobles études de l'histoire et de la philosophie, qui s'allient si bien avec l'étude de toutes les sciences et avec celle du Droit particulièrement. Nous avons seulement voulu vider une question de méthode. Toutes les sciences se tiennent ; elles s'aident mutuellement ; mais il y a entre elles des lignes de démarcation qui, pour n'être pas très-précises, ne doivent pas moins être observées. L'histoire et la philosophie générale, comme la théologie, comme l'économie politique, comme toutes les sciences morales, profitent donc pour la science du Droit ; mais comment ? la difficulté est là : au savant ? oui ; à la science, d'une manière immédiate ? nullement.

CHAPITRE VII

DE LA LOGIQUE JURIDIQUE ET DE LA LOGIQUE JUDICIAIRE

I

Deux parties se présentent devant un juge pour faire prononcer sur le différend qui les sépare. Les faits sont reconnus ou prouvés ; mais le droit est incertain ; la loi est obscure ou muette, en apparence, à l'endroit où on l'interroge, et cependant le magistrat doit acquitter au nom de la société cette dette de la justice qui est la première des obligations de tout Gouvernement régulier ; comment arrivera-t-il à traduire la pensée de la loi ?

Autre hypothèse. Le point de droit est certain, comme on dit au Palais ; mais les faits allégués par une partie sont niés par l'autre ; le sens de l'acte ou de la convention est douteux ; son esprit, son motif, sa portée sont vivement contestés, et, dans le conflit suscité par l'aveuglement de l'intérêt personnel ou par la mauvaise foi, la raison du juge d'abord trou-blée doit démêler la vérité au travers des exagérations ou des faussetés de passions contraires : à quels signes la reconnaîtra-t-il?

On sent tout d'abord que si chacun peut se faire sa voie pour découvrir des vérités de droit ou des vérités de fait, et si une méthode peut, doit même être propre jusqu'à un certain point à celui qui s'en sert, il n'est pas moins certaines conditions nécessaires, auxquelles la découverte de la vérité est attachée, et que ce que chacun a en propre n'est guère que la disposition des raisons, la forme extérieure, l'ordre du raisonnement. Or, toute contestation présentant nécessairement à résoudre une des deux sortes de difficultés dont nous parlons, et la plupart les présentant toutes deux à la fois, nous appellerons, avec tout le monde, logique juridique l'art de lever les difficultés de Droit, en déduisant de la loi toutes les applications qu'elle renferme, et logique judiciaire l'art, peut-être mal nommé ainsi, de saisir la pensée incomplétement exprimée par des actes extérieurs ou des paroles écrites ou avouées.

La matière du présent travail a fait et fera encore l'objet de bien des volumes, et nous n'avons pas la prétention de la condenser tout entière dans quelques pages fugitives. Nous voudrions cependant préciser deux conditions fondamentales de l'art de raisonner dans les matières du Droit, conditions nécessaires, quelque forme d'ailleurs que l'on donne au raisonnement ; puis signaler quelques sophismes juridiques, quelques manières de s'égarer les plus usuelles, et finalement voir jusqu'à quel point cette opération de l'esprit, qui consiste à chercher la volonté des personnes au travers des faits ou des écrits, est susceptible de règles précises, immuables, absolues.

Quels sont donc les deux principes fondamentaux de la logique juridique? Nous éprouvons ici cette sorte de crainte de l'homme qui livre au public ses secrets personnels. Bien plus que le style, la méthode, c'est l'homme même. Pour nous rassurer, nous avons besoin de déclarer que nous donnons nos principes comme nôtres, non comme bons. Quoi qu'il en soit, le premier soin de l'interprète de la loi, à qui une difficulté de Droit est soumise, doit être naturellement, et avant tout, d'analyser la proposition contestée. Sans une analyse préalable de toute question composée, en effet, et il n'en est guère d'autres, les questions vraiment simples étant presque aussitôt résolues que nées, nulle discussion utile ne serait véritablement possible. Il faut démonter la question composée (qu'on nous passe l'expression), pièce à pièce, si l'on veut complétement la connaître. Une question complexe ne se discute pas. Et la raison en est simple, c'est qu'en discourant à la fois sur deux idées, qui peut-être se contredisent; qui peuvent être l'une vraie, l'autre fausse, et auxquelles, dans tous les cas, les mêmes raisons ne sauraient convenir, il est de toute impossibilité que la discussion porte dans l'esprit cette pleine conviction, qui ne résulte que de la concentration du raisonnement sur un point unique.

Nous avons déjà dit que l'exactitude des propositions mathématiques n'a pas d'autre raison que leur
extrême simplicité. C'est par un motif tiré de l'analogie que nous imposons, comme travail préliminaire au jurisconsulte qui discute, l'obligation de
donner à ses questions le caractère abstrait d'un problème chiffré, dans la mesure du possible. La véritable clarté, en effet, est à ce prix. L'esprit ne
saisit bien qu'une idée à la fois, comme l'oreille ne
perçoit qu'un son. Quand un raisonnement a pour
objet une proposition double, il détruit d'un côté ce
que de l'autre il édifie ; il peut donner des aperçus
tout au plus, et encore souvent trompeurs ; il ne
donnera jamais une certitude. Tout argument, toute
raison qui, par la force des choses ou la faute de
celui qui raisonne, a deux objets, tombe à faux,
comme un corps qui frappant mal ne rend qu'un
bruit rauque et discordant. C'est par ces raisons certainement que Descartes pose comme un des premiers principes de sa méthode, la nécessité de di-
viser les difficultés à examiner en autant de parcelles
qu'il se peut et qu'il est requis pour les mieux résoudre (1), et cette règle de Descartes a toujours eu
l'autorité d'un principe incontesté.

Si nous ne nous trompons, voilà un premier
principe de logique juridique dont nul ne contestera
la vérité. Toute discussion de Droit doit donc commencer par l'analyse ; mais l'analyse a ses règles ;

______

(1) *Discours de la méthode*, IIe partie.

toute opération de l'intelligence a les siennes, et il y a à voir comment une question de Droit peut s'analyser.

Nous nous expliquerons par des exemples, car les exemples valent mieux souvent que les longs raisonnements. Parmi les questions les plus simples, les mieux connues, nous prendrons celles-ci : Les ventes d'immeubles faites par l'héritier apparent sont-elles valables? A la première vue, il semble qu'une telle question n'est pas susceptible d'être décomposée ; et cependant, si l'on y applique le procédé de l'analyse, qui consiste à chercher dans une question complexe la question la plus générale qu'elle renferme, et à continuer ce travail d'extraction en descendant par degrés jusqu'à la question la plus particulière, on trouvera qu'elle contient quatre questions : d'abord peut-on vendre? ce qui n'est une question dans aucune législation ; ensuite, peut-on vendre la chose d'autrui ? ce que le Droit français résout autrement que ne le faisait le Droit romain (1) ; puis, en présence de l'art. 1599 du Code civil qui répond négativement, y a-t-il exception à l'art. 1599 quand le vendeur de la chose d'autrui était propriétaire en apparence? et enfin, *quid* quand le propriétaire ap-

----

(1) Il est inutile de rappeler, sans doute, que le Droit romain, en permettant la vente de la chose d'autrui, n'autorisait pas les citoyens à s'exproprier mutuellement. A Rome, le contrat de vente n'obligeait qu'à livrer la chose vendue. La translation de propriété qui résulte chez nous de la vente ne résultait à Rome que d'un des modes d'acquisition du Droit civil: *mancipatio, cessio in jure, usucapio*, etc.

parent est tel par la qualité d'héritier qu'il fallait lui
supposer ? ce qui est le seul point difficultueux où
se doivent concentrer les efforts et de celui qui défend et de celui qui attaque.

L'analyse présente, comme on voit, cet avantage
de fixer le terrain où la difficulté doit se vider; elle
localise la contestation ; souvent, avant même d'être
achevée, elle a résolu la difficulté, et la lumière est
faite. Le procédé de l'analyse sans doute n'opérera
jamais ce miracle de faire cesser tous les doutes;
mais en fixant le lieu du combat, elle supprime ce
grotesque spectacle d'une discussion où l'on ne s'entend pas, et où les contendants se portent des coups
qui frappent mal, ou mieux encore ne frappent personne.

Prenons une autre question également simple,
également connue, celle-ci : Une hypothèque peut-
elle être valablement consentie pour sûreté d'un
crédit ouvert à celui qui la consent? La prétention
de ceux qui répondent avec la jurisprudence affirmativement est de faire dater l'hypothèque, non pas
du jour où les sommes dues ont été de fait avancées,
mais du jour de la convention d'ouverture de crédit,
encore que cette convention ne se soit réalisée que
longtemps après. Nous n'avons pas à prendre parti,
quant à présent, sur cette difficulté ; tout ce que
nous voulons faire observer, c'est que cette question
en apparence si simple en renferme trois : peut-on
consentir une hypothèque? puis peut-on la consentir pour une dette non contractée? et enfin, si cette

question doit être résolue négativement, comme ce n'est pas douteux, y a-t-il exception quand une personne s'est engagée à faire des avances, ce qui constitue l'ouverture de crédit ?

Nous prenons les questions les plus simples d'entre les vraies questions de Droit ; et peut-être voit-on déjà combien l'analyse peut aider à la solution de toutes les difficultés, à la condition qu'elle soit faite selon la règle que la raison indique, c'est-à-dire en allant toujours du plus général au plus particulier. Que serait-ce si nous nous en prenions à ces questions si complexes, telles qu'elles se produisent si souvent devant les Tribunaux ? L'analyse alors n'est pas toujours sans difficultés, il faut quelque effort d'intelligence pour extraire d'un amas de faits vingt questions parfaitement simples et les disposer dans leur ordre. Mais aussi ce travail accompli ne l'est pas en pure perte ; combien la discussion devient facile ! Elle porte désormais sur un point unique.

L'analyse, comme on le pressent sans doute, permettrait de monter, pour redescendre ainsi par degrés, de la question la plus pratique à l'idée première du Droit, à l'idée première du vrai. A bien regarder même, un tel travail serait toujours nécessaire ; car dans le Droit, du commencement à la fin, tout se tient ; et l'on pourrait le figurer par une immense pyramide où les degrés vont se rétrécissant sans cesse de la base au sommet. Mais il est permis à l'homme de profiter des travaux qui se sont faits avant lui, et la science du Droit n'est pas à recommencer sans cesse. Or, le jurisconsulte, bien avant d'être arrivé, en remontant à l'idée première du Droit, rencontre de ces vérités incontestées, devenues claires par l'habitude, reconnues depuis longtemps, et où il est permis à l'esprit de se reposer. C'est une coutume, c'est une jurisprudence, ou, mieux encore, comme chez nous, c'est un Code, qui a proclamé quelqu'un de ces principes qu'on ne discute plus ; naturellement, arrivée à un de ces points où la loi a parlé, l'analyse finit.

Telle est l'analyse, dont l'emploi est dans toute discussion de Droit la première condition de la clarté. Locke, avec son grand sens, ajoute Voltaire, ne cesse de dire : Définissez ; nous ne cesserons de dire : Analysez. Sans une analyse préalable, il n'est pas de terme aux contentions ; sur la plupart des questions on peut discuter éternellement ; sans analyse, nulle idée claire, nulle certitude, nulle satisfaction réelle pour l'esprit ; hors de l'analyse, en un mot, point de salut.

Voilà la première condition du raisonnement dans la matière du Droit, le premier principe fondamental de la logique juridique. Maintenant quel sera le second ?

La réponse à cette demande est presque indiquée d'elle-même par le but qu'on se propose dans l'opération de l'analyse comparée au but final de tout raisonnement. Par l'analyse, on a remonté (qu'on nous passe encore une fois cette image) ;

par l'opération qui suit, il faut redescendre. Or, chacune des questions simples qui est sortie de l'analyse doit se rapporter à un principe de Droit ou à un texte de loi qui doit résoudre d'une manière générale la difficulté spéciale que la question soulève. Si le principe ou le texte, selon que le Droit est coutumier ou écrit, a été bien trouvé, ce qui n'est pas difficile, l'opération consistera dans une vérification d'identité entre la proposition particulière et la proposition générale, et la vérité ou l'erreur de la proposition particulière sortira de ce travail de comparaison. Tout est là.

Nous nous expliquons, et pour plus de clarté, nous reprenons la première des deux questions que nous venons d'analyser. Elle en contient quatre, avons-nous dit. Nous n'avons rien à dire des deux premières questions qui véritablement n'en sont pas vis-à-vis des textes précis de notre Code civil ; mais la troisième est déjà moins facile. Le propriétaire apparent peut-il vendre ? Non ; car tout le titre de la *Prescription*, et notamment les art. 2265 et suiv., ont précisément pour objet d'assurer, au bout d'un certain temps, la tranquillité de l'acheteur, qui n'avait pas acquis valablement du propriétaire apparent. Et quant à la dernière question, la question véritable : Y a-t-il exception quand le propriétaire apparent est tel par la qualité d'héritier du véritable propriétaire qu'on lui suppose ? elle doit être résolue aussi négativement en l'absence de tout texte, de toute raison de droit sur lesquels une solution affirmative pourrait s'appuyer (1).

Mais tout cela n'est encore que la préparation du raisonnement ; l'analyse en fournit tous les éléments, elle ne le finit pas, et quand le jurisconsulte aura résolu ainsi affirmativement ou négativement chacune des questions soumises à son examen, il devra conclure ; que fera-t-il alors ? il déduira ; il fera au moins mentalement un syllogisme comme celui-ci : Nul ne peut vendre s'il n'est propriétaire ; la raison, tous les textes de loi l'enseignent ; or l'héritier apparent n'est pas propriétaire, et nulle exception n'est faite en sa faveur ; donc l'héritier apparent ne peut vendre, et l'héritier véritable peut toujours revendiquer jusqu'après la prescription accomplie (Code civil, articles 2265 et 2266) des immeubles à lui qu'on aurait vendus.

Voilà le second principe dont l'exacte observation est une condition nécessaire à la découverte de la vérité ; c'est l'opération que l'on appelle communément du nom de déduction. La forme de la méthode de déduction, méthode applicable aux sciences morales et mathématiques, mais à ces sciences seulement, c'est le syllogisme, et le syllogisme n'est rien autre chose que le procédé servant à extraire d'une proposition générale une proposition particulière à l'aide d'une proposition moyenne, qui fait sentir

____

(1) La jurisprudence décide autrement *utilitatis causa*. Mais la raison est-elle satisfaite ?

15

l'identité des deux autres (1). Quant à descendre dans l'examen du mécanisme du syllogisme et des quatorze combinaisons dont la philosophie scolastique a reconnu qu'il était susceptible, cela serait aussi long qu'inutile peut-être pour l'objet que nous nous sommes proposé dans ce travail. Nous répéterons seulement que le syllogisme fait en règle ou mentalement, peu importe, est la seule forme possible de tout raisonnement qui conclut ; mais qu'avant de déduire syllogistiquement, le jurisconsulte doit s'assurer par l'analyse que les éléments qui composent la proposition contestée entrent bien tous dans les deux termes de raisonnement qui précèdent la conclusion.

Ce que nous avons démontré par l'examen de la première question, que nous avons posée pour exemple, nous le démontrons par l'examen de la seconde, et de même pour tous les exemples que nous pourrions choisir. Ainsi la dernière expression de la difficulté que soulève la question d'hypothèque que nous avons analysée, peut s'énoncer en ces termes : Y a-t-il exception, en cas d'ouverture de crédit au principe selon lequel l'hypothèque n'existe que pour garantie d'une créance conditionnelle ou actuelle ? La négative nous paraît évidente, quoique la jurisprudence, par des motifs

(1) Deux quantités égales à une troisième sont égales entre elles, disent les mathématiciens : voilà la raison du syllogisme. Dans le syllogisme le terme moyen fait sentir l'identité, la *mesure* de la majeure et de la mineure. C'est la troisième quantité à laquelle les deux autres sont égales.

que nous n'avons pas à expliquer ici, donne à la question une solution contraire. Mais s'il fallait conclure sur la question dans son ensemble, on ne pourrait le faire autrement qu'en ces termes : L'hypothèque ne peut garantir qu'une créance née ou conditionnelle ; or l'ouverture d'un crédit ne rend pas créancier sous condition ; donc... ; la conclusion vient d'elle-même.

Analyser et déduire, c'est-à-dire préparer un raisonnement et conclure, tels sont donc les deux principes fondamentaux de la logique juridique. Analysez bien, déduisez juste, et vous serez payé par la découverte de vérités qu'on ne vous contestera pas. La déduction par la forme du syllogisme est la démonstration rigoureuse de la vérité ; et l'analyse préalable est la garantie de l'exactitude de la conclusion. Mais ces deux opérations n'ont pas une importance égale ; sans l'analyse, on s'expose à raisonner mal ; sans déduire, sans conclure, manifestement on ne raisonne pas du tout.

Maintenant, est-ce à dire que tout raisonnement dans la matière du Droit devra revêtir les formes scolastiques dont on a tant abusé, dont on s'est tant moqué, non sans raison peut-être, et cela à peine de n'être qu'un raisonnement vicieux ? A soutenir une pareille thèse, on perdrait son temps, et assurément on ne convaincrait personne. A raisonner toujours selon les règles, on se fatigue promptement, et, ce qui est pis, on fatigue les autres. L'esprit se rebute par une manière trop uniformément tendue.

La forme du raisonnement peut varier à l'infini ; nous n'avons voulu qu'indiquer deux conditions qui doivent se trouver dans tous les raisonnements. Le jurisconsulte n'est pas condamné à traîner toujours avec lui les pesantes chaînes d'Aristote.

> Pictoribus atque poetis
> Quidlibet audendi semper fuit æqua potestas,

a dit Horace (1) ; la même licence est accordée à tout homme qui raisonne ; ses discours peuvent se développer librement, car il est des idées assez évidemment justes pour n'avoir pas besoin de se resserrer dans les cadres étroits d'un syllogisme en règle. Mais tout raisonnement exact, il ne faut pas l'oublier, ne renferme pas moins un syllogisme apparent ou caché, et n'est exact que parce que son auteur a fait au moins intellectuellement l'opération dont nous venons de reproduire la forme. L'esprit subit alors, sans le savoir, l'influence d'une logique sévère, quoiqu'elle ne se montre pas.

On ne conclut plus aujourd'hui en *Baralipton*, même au Palais ; Gargantua a entendu le dernier plaidoyer de cette sorte. Mais tout raisonneur, qu'il le sache ou l'ignore, syllogise bien ou mal nécessairement. Il peut ne pas se rendre compte de ce qu'il fait ; mais qu'il se tienne alors, car on ne lui pardonnera d'ignorer qu'il fait de la prose qu'à la condition de la faire correcte.

(1) *De arte poetica*, v. 9.

De tout cela, il faut conclure, si nous ne nous trompons, que l'étude des lois du raisonnement sera toujours pour le jurisconsulte une étude de première nécessité. On la néglige trop. Il faut étudier les lois du raisonnement, les connaître, s'en pénétrer et ne les laisser voir jamais. Il faut les pratiquer sans en étaler l'appareil quelquefois barbare, surtout aux yeux de ceux qui ne les comprennent pas. Car d'imaginer qu'un sentiment plus ou moins profond de la vérité; qu'une justesse d'esprit plus ou moins grande (chose sur quoi nous nous abusons si facilement !) pourra jamais suppléer à l'étude qui donne quelque chose aux faibles et fortifie encore les vaillants, c'est se bercer d'illusions pures.

Au reste, si la forme syllogistique devait être bannie de partout, c'est bien du Palais qu'elle devrait l'être en dernier lieu. Que l'on prenne un jugement ou un arrêt, où l'on voudra, au hasard ; qu'est-ce que cette longue phrase, unique, qui le compose tout entier, sinon un syllogisme, tel à peu près qu'on en faisait dans l'école? Quand le syllogisme est bien fait, la sentence est bien rendue ; quand il est mal fait, la Cour de cassation casse la sentence, et son arrêt montre où le raisonnement a failli.

Mais cette esquisse de la théorie de l'art de raisonner dans les matières du Droit serait trop incomplète, si nous ne disions quelques mots des sophismes les plus courants. Après avoir vu à peu près comment il faut raisonner, voyons comment on déraisonne.

15.

II

En entreprenant de parler des fausses manières de raisonner, qui sont quelque chose de pire que les mauvaises manières de raisonner, nous devons, en toute franchise, confesser un certain embarras. Essaierons-nous de discourir sur toutes les manières de tromper les autres en se trompant soi-même, et entreprendrons-nous de décrire les formes si variées sous lesquelles l'esprit d'erreur se produit dans les raisonnements sur le Droit, aussi bien que dans toutes les autres matières? Ce serait faire entrer tout un traité de logique dans un petit cadre qui est loin de comporter d'aussi longs développements. Nous nous tiendrons renfermé dans des bornes plus étroites; et, en signalant quelques préjugés courants, ceux dont la pernicieuse influence se fait le plus fréquemment sentir, nous croirons avoir suffisamment complété la théorie du raisonnement qui vient d'être indiquée.

Parmi les considérations qui sont le plus souvent présentées et acceptées comme décisives sur l'interprétation à donner d'un texte douteux, il faut placer au premier rang celles qui se fondent sur l'utilité. Qui n'a entendu souvent présenter de ces raisons qui empruntent au principe utilitaire toute leur force apparente ! La loi a-t-elle tel sens ? Non, répond-on,

car une telle interprétation n'est pas utile ; ou bien :
telle interprétation ne se justifierait pas à moins
d'une grande utilité qui ne se trouve pas dans le
cas dont il s'agit. Voilà de ces considérations qui se
rencontrent fréquemment dans les livres et dans
les arrêts, dont le résultat n'est rien moins cependant que de fausser dans les esprits le caractère de
la loi, et où l'interprète se substitue au législateur
dans l'appréciation de convenances d'utilité dont
cependant il n'est pas juge.

Nous voudrions qu'il fût bien constant pour tout
le monde que dire : Telle chose est utile, ce n'est
pas répondre à la question : Tel fait est-il juste?
Nous voudrions aussi qu'il fût bien reconnu que
l'interprète du Droit qui se laisse entraîner à des
considérations particulières d'utilité, abdique son
rôle d'interprète ; qu'il se substitue au législateur,
avec cette circonstance doublement aggravante,
qu'il part d'un principe faux, sans avoir même la
conscience de l'appliquer selon ses vues propres,
ne pouvant entrevoir tout au plus que l'utilité du
moment, c'est-à-dire le plus souvent une trompeuse
apparence.

Nous savons ce que l'on peut dire pour justifier les
considérations d'une prétendue utilité. Le juste con-
fine à l'utile : *Utilitas justi propè mater et æqui*, etc.
Mais chercher le juste dans l'utile, ce n'est pas
moins un sophisme ; c'est ce qu'on appelle vulgai-
rement faire un quiproquo.

Une autre fausse manière de raisonner consiste à

conclure de certaines énonciations de la loi, que tout
ce qui ne rentre pas dans ces énonciations est contraire à la loi. Ainsi, après un dénombrement très-
souvent imparfait de tous les actes que la loi défend,
on conclura, par un argument bien connu des écoliers sous le nom d'argument *à contrario*, que tous
les actes différents sont permis. L'argument dit *à
contrario* a sa valeur, et nous n'en voudrions pas
médire ; mais à quelles conditions ? Il faut : 1° que
les cas prévus particulièrement par la loi soient dé-
nombrés complétement, et qu'on ait la certitude
que le législateur a bien voulu faire un dénombrement entier ; 2° que le principe général qui les domine, d'où ils découlent tous, soit nettement posé,
reconnu on prouvé ; et enfin 3° que le cas également
particulier sur lequel on discute, et qui paraît être
en dehors de ceux qu'a prévus la loi, implique manifestement le principe contraire, lequel principe,
avec toutes ses conséquences, sera erroné naturellement par cela seul que l'autre sera vrai. Alors, mais
seulement alors, l'argument *à contrario* aura toute
sa force, et sera même décisif ; car nul ne soutiendra
que deux idées opposées, impliquant bien deux principes généraux contraires, sont également vraies,
ce qui serait trop clairement une absurdité.

Nous éprouvons quelque gêne à nous borner à de
secs raisonnements dans des matières aussi subtiles.
Il nous faudrait citer des exemples ; mais où les
prendre ? Dans des livres ? La susceptibilité du *genus
irritabile* des jurisconsultes écrivains s'en alarme-

rait. Dans des arrêts? Le respect nous le défend.

Le faux raisonnement où l'on tombe par l'emploi de l'argument *à contrario*, manié maladroitement, a son contraire dans l'emploi maladroit de la manière de raisonner, qui consiste à conclure de quelques énonciations de la loi à la généralité absolue de quelques autres dispositions contraires. Ces premières énonciations sont appelées alors limitatives; on les répute comme des exceptions; et s'il naît quelque prétention d'en augmenter la liste, on l'écarte sans discussions par cette maxime courante, dont on ne s'occupe pas de chercher le sens : *Exceptio firmat regulam.* Oui, sans doute, l'exception peut fortifier la règle, mais à la condition que la règle et l'exception sont bien telles qu'on les dit. Or, pour connaître ce qui est la règle, ce qui est l'exception, ce que l'une et l'autre permettent et ce qu'elles défendent, il faut, de la manière que nous venons d'indiquer, chercher les principes qui les dominent. Cette recherche conduit à reconnaître souvent que la prétendue règle n'a pas l'autorité absolue que les prétendues exceptions semblent confirmer. Mais ce travail exige souvent un esprit délié, chez qui une large pratique du Droit peut seule avoir développé le don naturel de l'analyse et de la généralisation, et rien n'est plus rare que cet ensemble de qualités réunies.

Nous pourrions continuer longtemps cet examen des faux raisonnements, mais on trouverait toujours que, pour mettre à nu le sophisme, il suffit de chercher, par l'analyse, l'idée sous la forme, le principe sous les mots. Nous n'en citerons plus qu'un seul, mais tellement faux et tellement répandu qu'il mérite, entre tous, une mention particulière.

Par des considérations d'humanité, de justice ou par des présomptions très-sages tirées de la nature des rapports les plus ordinaires de la vie commune, la loi a cru devoir donner à certaines créances, à certaines personnes, des garanties qui sont réputées des faveurs. Telle personne a une hypothèque légale ; telle créance est privilégiée. Les dispositions qui assurent dans notre Code civil ces avantages particuliers, à raison de la qualité de la personne ou à raison de la nature de la créance, ne sont ni plus ni moins obscures que toutes les dispositions du Code ; mais elles donnent lieu, dans une proportion à peu près égale, à des doutes dont la solution n'est pas toujours sans embarras. Or la plupart des interprètes du Code se font pour cette matière une logique spéciale. Quand quelque doute sur la portée d'une disposition relative à ce que l'on appelle à tort une faveur de la loi vient à naître, la circonspection semble obligatoire ; l'interprétation devient restrictive, comme il conviendrait à des gens que la prétendue faveur accordée à autrui mettrait dans la nécessité de défendre leur propre bien ; et l'espèce de mot d'ordre qui explique cette logique sévère à l'endroit des priviléges, c'est que les priviléges sont de droit étroit.

Cette façon de parler, empruntée au Droit romain qui s'en servait tout différemment et qui l'appliquait particulièrement aux obligations dérivant des actes dont le Droit civil avait rigoureusement déterminé les effets (1), est devenue en quelque sorte un proverbe contre l'autorité duquel on ne proteste guère. Et cependant quel principe inacceptable n'implique-t-il pas? Si les priviléges sont de droit étroit, en effet, c'est-à-dire, en donnant à ce langage son sens véritable, si les dispositions de la loi relatives aux priviléges doivent s'interpréter restrictivement, il faut en revenir à l'interprétation judaïque de la loi ; car on n'imaginera pas un système d'interprétation selon lequel chacun apporterait à la volonté du légistateur, sur des indices plus ou moins sûrs, des tempéraments dont rien ne préciserait la mesure. Le Droit, et surtout le Droit promulgué, n'est pas une affaire de sentiment ; autrement ou n'eût pas fait des Codes. Sous l'empire d'une législation écrite, tout est réglé, tout est nécessaire ; et introduire dans le système d'interprétation de la loi le vague et l'arbitraire sentimental, c'est en réalité s'arroger la faculté de la violer au besoin. Sans doute, le texte peut être obscur, c'est un mal ; mais les déductions de l'interprète, s'il ne leur est pas donné d'être justes toujours, doivent être précises au moins ; et si le jurisconsulte devait, en une

---

(1) Par exemple, les obligations naissant d'une stipulation étaient dites *stricti juris*, et s'il y avait eu dol ou violence, le promettant ne pouvait se soustraire à leurs effets qu'en faisant insérer par le Préteur une exception dans la formule d'action demandée par le stipulant. (*Inst.*, liv. IV, tit. XIII, §§ 2.)

matière quelconque, faire moins que de chercher le sens vrai de la loi, il lui faudrait reculer jusqu'à l'interprétation littérale, un procédé mixte ne se pouvant raisonnablement concevoir.

A cette même place, nous avons dit que la loi doit quelquefois s'interpréter d'une manière restrictive, sévère, soupçonneuse (1), mais dans quels cas? C'est quand il est devenu évident, par des indices certains, que la loi ne se comprend plus elle-même. Les priviléges légaux, qui, assurément, ne sont pas des faveurs gratuites, reposent-ils donc sur des dispositions qui fassent tache dans la loi, s'il est permis de parler ainsi? Ne se rattachent-ils, au moins par induction, à aucun principe de raison, et ne sont-ils, dans l'ensemble de la loi, que de pures anomalies? Jamais personne ne l'a dit. Ceux au profit de qui un privilége est établi n'en retirent aucun profit auquel ils n'aient droit. La loi, alors qu'elle semble libérale, n'est que juste, et il n'y a que simple équité à vouloir avec elle, même en matière de privilége, tout ce qu'elle a voulu. L'interprète doit donc faire ses déductions là comme ailleurs. Et quant au système dans lequel les faveurs supposées de la loi se régleraient selon ce que l'interprète se sent de bienveillance et de compassion, il est insoutenable évidemment, n'y ayant de place que pour le strict raisonnement dans une opération logique, où tout doit avoir la rigueur d'une opération d'arithmétique.

(1) Voy. *suprà*, p. 132.

Telle est donc bien la conséquence de cette sorte d'adage, que les priviléges sont de droit étroit. Ne pouvant prétendre à introduire, dans le Droit, le principe sentimental, qui y répugnerait trop profondément, il tend à faire dominer, dans de certaines matières, la lettre sur l'esprit. Mais la loi doit s'interpréter par son esprit et non par les mots : le sens commun l'enseigne, tous les jurisconsultes l'ont dit, et tous les manuels l'ont répété ; signaler cette pensée de l'adage, cela doit suffire pour le faire rejeter.

Telle est l'esquisse que nous voulions présenter de l'art de raisonner dans la matière du Droit. Mais, avant qu'une question ne vienne se poser, abstraite devant le juge, il a fallu l'extraire des faits ; cela nous conduit à dire quelques mots de la logique judiciaire.

Quand l'interprète cherche à résoudre les questions douteuses du Droit à l'aide des dispositions certaines de la loi, il déduit. Quand le juge, sur son siége, cherche à découvrir la portée réelle d'un acte, d'une convention, d'après les circonstances qui les environnent ou d'après les termes d'un écrit, il induit. Si la logique judiciaire était une science, elle serait une science quelque peu voisine de la casuistique ; et les théologiens espagnols pourraient fournir plus d'un modèle utile, au moins par leur esprit subtil et délié. Les qualités du juge, à de certains moments, en effet, doivent être un peu celles du confesseur. Mais, quoi qu'il en soit de ces rapprochements qu'il y aurait de la puérilité à pousser trop loin, l'office du juge consiste, dans la pratique, tout autant à induire qu'à déduire; il y a autant de difficulté à peser les faits qu'à traduire la loi.

Cette partie de l'office du juge n'est pas la moins délicate ; la science n'y sert à rien. Apprécier des faits, appliquer la loi, sont deux opérations où tout diffère. Cette certitude, terme unique des recherches du jurisconsulte, le magistrat, appréciateur des faits, ne la trouve jamais; l'induction ne conduit, dans les sciences morales comme dans les sciences physiques, qu'à une probabilité plus ou moins fondée. Le jurisconsulte part d'une vérité, la loi, pour descendre à une autre vérité, celle qu'il prouvera être contenue dans la loi, qu'il faut bien supposer vraie, c'est-à-dire juste ; le magistrat part d'une vérité également, l'acte contesté, la convention, avec toutes les circonstances qui les accompagnent, avec les *faits de la cause*, pour remonter à une vérité cachée dans les replis de la conscience. Mais quel juge des faits peut se flatter jamais d'arriver à l'un de ces points de certitude où l'esprit se repose dans sa sécurité? Le cœur de l'homme recèle des secrets qui demeureront toujours impénétrables à tout œil humain : Dieu seul le sonde, dit l'Écriture; le juge humain cherche, tâtonne, et ses suprêmes efforts ne le conduisent jamais qu'à se tromper moins souvent. Voilà les périls auxquels expose la redoutable mission de juger. Les mobiles des actions des hommes sont infinis et variés, comme les passions mêmes, il faut les connaître, les pénétrer, les mettre à nu ; la fraude emprunte mille formes diverses et trompeuses toujours ; le *franc scélérat* avec qui Alceste *a procès*, a, comme au temps de Molière, les manières engageantes et les yeux doux, *genus non perit*, les espèces ne mentent pas. Aussi ne faut-il rien moins pour cette périlleuse mission du juge qu'un tact moral, une fermeté de cœur, si rares, que la croyance chrétienne en fait un don du Saint-Esprit ; et si la glorieuse histoire de la magistrature française montre que le juge par profession les acquiert souvent, l'expérience quotidienne montre aussi que ces vertus sont rarement innées, et que les juges par occasion ne les possèdent jamais.

Au reste, il ne serait peut-être pas sans inconvénient de soumettre l'art de juger à des règles trop précises, et de faire de la judiciaire une science. Notre Code civil donne des règles, mais ces règles n'obligent pas (art. 1156 et suiv.). Précisément parce que les faits, les circonstances, les caractères, les passions, mille choses enfin, se mêlant en tous sens, présentent au juge un point de départ toujours nouveau, il serait dangereux, autant qu'il est impossible, de réduire en règles des conseils dont le juge expérimenté a à modifier sans cesse l'application. La vérité de fait se sent plus qu'elle ne se raisonne ; l'art de deviner doit suivre à la trace l'art de feindre, dont les procédés changent sans cesse. Et ce serait imprudence, en une telle matière, que de lier les mains

aux hommes qui ont charge ici-bas de faire triompher partout, dans la mesure de ce que peuvent les
hommes, l'éternelle justice, l'éternelle vérité.

> *Hæc super arvorum cultu pecorumque canebam,*
> *Et super arboribus : Cæsar dum...*

A peu près comme Virgile, je chante, et César
continue ses exploits. Qu'il y a loin des rêves du philosophe abîmé dans la contemplation du juste, à la
triste réalité qui nous montre l'édifice social écha-
faudé de fait sur le vil intérêt ! Mais l'impossibilité
du but ne doit pas décourager les efforts ; et quand
il serait certain que la cupidité ne dût jamais avoir
pour équilibre que son propre contre-poids ; quand
partout, en haut, en bas, sous une apparence ou
cynique ou menteuse, l'égoïsme triomphant devrait
l'emporter sur le Droit profané, il n'en faudrait
pas moins conserver le culte de la justice idéale,
comme on garde, en la vénérant, l'image d'un ami
qu'on a perdu.

CHAPITRE VIII

Les arrêts ! Ce seul mot éveille l'idée d'une grande
puissance, d'une grande autorité. Quel légiste, en
effet, assez sûr de lui-même, prendrait sur soi d'é-
mettre une opinion sur un cas controversé, sans
avoir compulsé ces immenses recueils où l'on peut
suivre la marche et connaître l'état de la jurisprudence des arrêts? Jadis les arrêts n'avaient et ne
pouvaient avoir qu'une autorité douteuse, n'étant
jamais que de sèches décisions ; de nos jours encore,
l'Ecole, qui représente, dans le Droit, l'esprit indépendant de toute autorité, parce qu'elle n'a dans ses
méditations solitaires à compter avec aucunes nécessités, use largement du droit qui lui appartient de les
dédaigner. Mais le jurisconsulte pratique, dont l'o-
pinion arrêtée, comme magistrat, aura bientôt l'appui
de la force publique, ou fera, comme conseil, tomber
la barrière de l'arène judiciaire et commencer la
lutte, ne peut pas faire aussi bon marché de la
tradition. Depuis que la tradition judiciaire peut
être constatée avec certitude, il doit l'étudier, la

connaître, en suivre la marche, ne fût-ce que pour y trouver la sécurité dans la confirmation de sa propre pensée ; car s'affranchir de la tradition dans la matière du Droit, c'est, tout comme en politique, s'exposer à s'égarer dans les utopies.

Mais si le jurisconsulte pratique doit interroger la tradition, ajoutons de suite, sans s'y asservir ; il n'est pas tout à fait sans difficulté de préciser la manière dont il doit l'utiliser. Se borner à prendre dans les décisions souveraines uniquement les résultats acquis, de telle sorte que telle résolution ne puisse servir que dans tel cas identique et de telle sorte aussi qu'elle soit souveraine alors, assurément ce n'est pas faire du Droit. Outre que la science du Droit se compose de vérités générales qui s'enchaînent et se coordonnent, et non de décisions législatives et judiciaires éparses, spéciales, sans lien entre elles et comme juxtaposées, la science du Droit doit avoir une attitude (les partisans du progrès diront une marche) indépendante de toute autorité qui tendrait à entraver l'essor continu de la raison. Nous déduirons de là deux propositions, qui, nous l'espérons, apparaîtront comme deux vérités : la première, que la jurisprudence doit être entendue, moins dans ses décisions actuelles que dans ses tendances et dans les principes généraux qui la guident ; la seconde, que, dans aucune circonstance, l'autorité des arrêts ne doit abaisser la raison du jurisconsulte, par le motif que, n'empruntant eux-mêmes toute leur autorité qu'à la raison, ils se détruiraient en s'imposant.

Nous nous expliquons sur le premier point d'a—
bord. Toute décision judiciaire, jugement ou arrêt,
doit être motivée ; la loi des 16-24 août 1790, qui
a imposé, la première, aux juges l'obligation de
motiver leurs décisions, la loi du 20 avril 1810 et
le Code de procédure civile ont toujours considéré
comme nulles, selon l'interprétation générale, les
décisions judiciaires dépourvues de motifs. Mais, dans
l'ancien Droit, il en était tout autrement ; non-seulement les décisions judiciaires n'étaient pas moti-
vées, mais elles ne pouvaient pas l'être (1). Ce que l'on
ignore communément, c'est que cette idée si féconde,
si libérale, d'imposer aux juges l'obligation d'expliquer leurs décisions, a germé dans la tête d'un fou.
Vers 1556, un avocat du nom de Raoul Spifame,
que sa famille avait fait interdire à raison de l'éga-
rement de son esprit, inventa de publier un recueil
de prétendus arrêts rendus par Henri II (2). Tout
les bibliophiles connaissent ce recueil d'arrêts ima-
ginaires, dont une grande partie n'absolvent que
trop les juges de Spifame de leur sentence d'interdiction, mais qui ne contient pas moins, pêle-mêle
avec les plus étranges bouffonneries, des vues empreintes de la plus haute sagesse, et telles que l'on
n'a pu depuis mieux faire que de les réaliser.

Or, parmi ces arrêts supposés, il en est un qui

(1) Brillon, *Dict. des arrêts,* v° *Jugement,* 68.
(2) *Dicæarchiæ Henrici regis progymnasta,* sans nom d'auteur, sans lieu ni date, écrit en français, malgré son titre
latin.

oblige les juges à rendre raison de leurs décisions (1) ; et, ce qui n'est pas moins singulier, c'est que certains arrêtistes, comme Brillon, discutent cet arrêt sans rire et lui opposent doctement l'ordonnance de 1667, qui défend de motiver les jugements. Mais, quoi qu'il en soit de cette singularité d'un fou en avance de plus de deux siècles sur les pauvres sages de son temps, l'idée de motiver les jugements, introduite dans la polémique juridique par un interdit, n'est pas moins créatrice de la jurisprudence moderne ; car c'est dans les motifs des arrêts, non dans les arrêts mêmes, que gît cette féconde doctrine qui contribue plus que l'unité de la législation à maintenir l'unité du Droit, et sans laquelle l'unité de législation ne se trouverait véritablement que dans le *Bulletin des Lois*.

La tradition judiciaire, la jurisprudence, doit donc être interrogée dans les principes qu'elle proclame ou qu'elle suppose ; car les décisions judiciaires, en quelque nombre que l'on voudra, ne valent que par le principe qui les a dictées. Cette étude, qui ne pouvait être que conjecturale dans l'ancien Droit, est

______

(1) « Arrêt 65°. Le roi... a ordonné et ordonne que tous juges royaux et subalternes, souverains et inférieurs, exprimeront aux dictons de leurs sentences et jugements la cause expresse et spéciale d'iceux... et déclare tous arrêts et jugements autrement donnés, nuls et de nul effet et valeur, dont il charge la Chambre syndicale faire droit aux parties plaintives. » Le même *arrêt* ordonne que les jugements et arrêts soient imprimés. C'est l'idée première des Bulletins civil et criminel de la Cour de cassation.

possible depuis que les Tribunaux motivent leurs décisions. Mais les arrêts motivés ne donnent pas toujours eux-mêmes le dernier mot que l'on doit y chercher. La Cour de cassation particulièrement, qui, à bon droit, ne se croit pas instituée pour fournir des consultations, use de la plus grande circonspection dans la rédaction de ses arrêts, et prend un soin extrême de ne se point engager au delà de la question même sur laquelle elle doit nécessairement prononcer. Il est trop évident que, pour entrer dans l'esprit de la jurisprudence, il ne faut pas ne lire dans ces arrêts que ce qui y est écrit expressément, mais que, allant plus loin encore, il y a à rechercher le principe dirigeant qui les domine.

Nous touchons ici sinon à une erreur, du moins à un mauvais préjugé, né de l'usage irréfléchi des arrêts. On les étudie isolément, on ne prend dans les arrêts que leurs décisions ou leurs motifs exprimés, tout au plus ; c'est négliger souvent la raison cachée qui donne le sens véritable de l'arrêt. Certes il y aurait légèreté à généraliser trop précipitamment des principes qui n'ont peut-être pas l'étendue qu'on peut leur supposer. Mais aussi le jurisconsulte, pour qui l'étude de la jurisprudence doit être quelque chose de plus que l'étude d'un index, manquerait à la science s'il poussait la pusillanimité jusqu'à s'arrêter toujours au point fixe où la jurisprudence s'est tue. Il renoncerait ainsi à une partie des profits de ses enseignements, car elle est à la fois un régulateur et un frein ; comme certains poteaux, elle indique au moins les chemins qu'elle ne parcourt pas. Les novices courent à des conclusions hâtées ou ne voient dans les arrêts que ce qu'ils disent, comme les praticiens ne prennent que ce qu'ils jugent, se bornant au facile travail de les compter. Rien n'est moins utile et plus décevant qu'une étude aussi incomplète de la jurisprudence des arrêts. Au-dessus de la décision du juge, qui n'est après tout qu'une décision sur un cas isolé, il y a les raisons qui l'ont dictée, et au-dessus de ces raisons écrites il y a encore le principe général dont elles sont la traduction.

C'est là le point jusqu'où il faut remonter, et d'où la lumière éclaire véritablement de vastes horizons. La jurisprudence des arrêts ainsi comprise joute avec la loi elle-même ; l'esprit de l'une réfléchit sur l'esprit de l'autre ; c'est alors, et alors seulement, que l'on peut dire avec Bacon que les décisions judiciaires sont les ancres des lois, comme les lois sont les ancres de l'État, *anchoræ legum ut leges reipublicæ*(1) ; c'est alors aussi que la jurisprudence fournit de ces principes féconds que l'on chercherait souvent en vain dans la loi, mais que, selon le même Bacon, on peut extraire, subtils et profonds, *subtiles et reconditi*, de l'harmonie des lois et de la jurisprudence, *qui ex legum et rerum judicatarum harmonia extrahi possunt* (2).

Nous voudrions éclaircir notre pensée par quel-

(1) *De justitia univ.*, aph. 77.
(2) *Ibid.*, aph. 82.

ques exemples; mais le caractère de ces dissertations exclut les longs développements. Nous n'en citerons qu'un seul, en faisant remarquer qu'il n'est pas un seul point important de la jurisprudence à l'occasion duquel on ne puisse remarquer un développement semblable.

En 1808, pour la première fois, la Cour de cassation décide que les déclarations consignées dans un interrogatoire sur faits et articles peuvent, même quand la partie a refusé de signer, constituer le commencement de preuve par écrit, dont l'existence, aux termes de l'art. 1347, permet aux juges de se décider d'après de simples témoignages ou même des présomptions. Si l'on prend dans cet arrêt sa décision seulement, c'est une décision sur une des mille questions qui se présentent chaque jour dans la pratique avec des nuances toujours nouvelles, c'est-à-dire peu de chose. Cela se constate et ne s'étudie pas. Si on lit les motifs, on n'y trouve guère qu'une pétition de principe (1). Mais si l'on dégage de cet arrêt le véritable principe qu'il 'contient, principe fécond qui donnera la solution d'une multitude de questions, on tirera véritablement de son étude tout le fruit qu'elle peut donner.

' Ce principe, c'est que l'écrit privé ou authentique ne faisant que constater un aveu préconstitué, tout demi-aveu échappé à une partie et consigné dans un acte authentique ou privé doit être considéré comme

____

(1) Cass., 6 nov. 1818, S., à sa date.

une semi-preuve littérale, un commencement de preuve par écrit : d'où la conséquence qu'il faut considérer comme commencement de preuve par écrit les déclarations faites dans une comparution des parties en personne (1), les aveux échappés même devant la juridiction criminelle (2), les déclarations contenues dans les requêtes que les avoués se signifient, celles faites devant le bureau de conciliation, etc. Tout le trajet que la jurisprudence a parcouru pouvait être marqué à l'avance, dès qu'on se rendait bien compte de la portée du principe qu'elle posait dans son premier arrêt.

Mais cette étude de l'esprit et des tendances de la jurisprudence présentera toujours d'immenses difficultés; et le grand travail qui consisterait à extraire des monuments de la jurisprudence les principes dont la collection et l'enchaînement seront comme le commentaire théorique officiel de la loi, attendra longtemps encore, il faut bien le craindre, son ouvrier.

En exprimant une pareille crainte, nous désirons toutefois n'être pas mal compris. Nous rendons justice aux travaux de nos savants arrêtistes : telle note signée Carette ou de Villeneuve vaut mieux souvent que telle page du meilleur traité. Ce qui nous manquera peut-être toujours, c'est le travail contraire ; c'est, après ce savant travail d'analyse, le résumé

(1) Cass., 29 nov. 1842, S. 431, 241 ; 7 mars 1843, S. 43 285, etc.

(2) Cass., 21 janv. 1843, S. 1, 666 ; Bastia, 6 mars 1833, etc.

doctrinal, la *synthèse* (qu'on nous passe l'expression, de la jurisprudence des arrêts.

Après cela, si nous nous demandons quelle doit être l'autorité des arrêts, il est évident qu'ils n'ont qu'une autorité purement doctrinale, c'est-à-dire qu'ils ne valent que par la justesse bien démontrée de leur décision. Le jurisconsulte doit se faire à lui-même une critique, un jugement ; rien n'est au-dessus de son contrôle, pas même un arrêt dix fois confirmé. La Sorbonne, en difficulté avec Port-Royal, menaçait Port-Royal de faire venir tant de cordeliers qu'à la fin sa condamnation dût s'en-suivre ; ce à quoi Pascal répondait plaisamment qu'il est plus facile de trouver des moines que des raisons. De nos jours, les arrêts sont moins com-plaisants que n'étaient les moines. Il faut compter avec eux ; car il y aurait orgueil et imprudence à placer, comme penseur, sa raison au-dessus de la raison commune, et à courir, comme jurisconsulte pratique, au-devant d'un échec assuré. Mais de ce respect de l'opinion d'autrui, qui a pour elle l'apparence de la vérité et de fait la puissance coërci-tive, à la servilité du praticien qui nombre les arrêts et ne pèse pas les bonnes raisons, la distance est grande ; et le jour où le procédé du praticien aurait rendu sans objet les méditations du jurisconsulte consciencieux, la science du Droit aurait péri.

Après avoir vu ce qu'est la raison du juriscon-sulte vis-à-vis de la jurisprudence, on est naturelle-ment conduit à se demander ce que doit être la jurisprudence vis-à-vis de la loi. Beaucoup de bons esprits lui assignent un rôle plus étendu que ne le comporte le titre même de l'institution du pouvoir judiciaire : ils veulent que la jurisprudence se mesure aux besoins de l'époque ; mais en imposant à la jurisprudence de suivre les mœurs, ils font du pouvoir judiciaire un modérateur de la loi, qui, par la force des choses, doit arriver à concentrer en lui-même le double pouvoir de légiférer et de juger. Nous disons que la jurisprudence ne peut être que la stricte interprétation de la loi, et que commettre au juge le soin d'accommoder la loi aux besoins du temps, c'est l'autoriser à se substituer au législateur, usurpation que le temps finit toujours par consacrer et qui ruine tout l'avantage que l'on doit attendre d'une législation précise.

Que l'on interroge l'histoire et l'on verra que partout où le pouvoir judiciaire a pris sur soi de se mesurer au mouvement des mœurs, la loi n'a pas tardé à perdre toute virtualité. A Rome, le Préteur émende, corrige la loi des XII Tables ; mais dès le temps de Cicéron, la loi des XII Tables n'est plus qu'une apparence, un fantôme, un mensonge. Et non-seulement l'antique loi romaine, toujours vénérée, mais de fait méconnue, a cessé de régir les Romains, et n'est plus qu'une forme vide qu'on continue à respecter seulement par un sentiment de superstition de l'antiquité ; mais le pouvoir législatif lui-même a perdu toute son action dans la matière du Droit civil. Au lieu d'un sénatus-consulte, d'un plébiscite ou d'une loi, on a une exception, une fiction prétorienne ; au lieu d'un Droit fixe, un Droit ondoyant ; au lieu de la loi, une jurisprudence envahissante, et qui, par la force des choses et par sa nature, est condamnée à se chercher toujours.

Nous ne faisons pas le procès à la jurisprudence des Préteurs romains, que ses admirables développements absolvent si largement de ses empiétements sur les matières législatives. On légitime presque un pouvoir usurpé quand on en fait un tel usage. Nous disons seulement que là où la jurisprudence cherche quelque chose au delà de la loi, c'en est fait de la loi et même du pouvoir législatif pour le terrain qu'il a laissé conquérir sur lui. On a mieux ou moins bien que des Codes, mais on n'a plus de Codes. Cette question de savoir si la jurisprudence doit suivre les mœurs est, sous une autre forme, celle qui fut tant discutée à propos des bienfaits que l'on se promettait de la codification de la législation française. Pour le Droit promulgué, il s'agit d'être ou de n'être pas. C'est tout un système que l'on attaque, quand on croit ne demander qu'à ajouter quelque peu au pouvoir d'interprétation du juge.

Or la loi sévèrement interprétée par la jurisprudence ne peut suivre le progrès des mœurs. Si elle immobilise le Droit ; si la jurisprudence doit savoir la faire dévier à propos, il faut être conséquent jusqu'au bout et achever le raisonnement des anti-codificateurs en plaidant résolûment aussi pour les

Coutumes et pour l'autorité des Prudents. Mais si, au contraire, la loi, dégagée de tout principe théocratique, avec un pouvoir législatif fonctionnant d'une manière permanente, ne peut pas révéler un désaccord durable avec l'état social, les écarts de la jurisprudence ne peuvent plus se justifier en aucune manière. Comme on voit, c'est toujours du système même de la codification qu'il s'agit.

Il est d'ailleurs une autre raison qui doit rendre suspect le système d'une jurisprudence progressive; c'est son défaut de sincérité. Sous couleur d'interpréter la loi, la jurisprudence innove; ce qu'elle fait, elle ne le dit pas; le juge, chargé de dire le Droit, commence par mentir. Les pieux mensonges rendent défiant; il faut être sévère vis-à-vis d'un système qui se dissimule, et dont les conséquences les plus immédiates sont tout de suite contradictoires.

Mais ne sera-t-il pas permis au juge, qui tient entre ses mains la fortune ou la liberté des hommes, de chercher à lire par delà sa sentence pour juger la théorie législative par ses résultats? Peut-il résister au mouvement qui entraîne tout autour de lui? Lui est-il possible de demeurer impassible vis-à-vis d'un fait imminent d'où sortiront la ruine et les larmes?

A Dieu ne plaise que nous isolions le magistrat dans le milieu vivant où il a la mission de maintenir le Droit! Mais nous lui contestons le pouvoir de se substituer au législateur, qui a seul l'appréciation des nécessités de nature à faire changer le langage de la loi. La loi n'est pas la volonté du législateur telle qu'il la formulerait peut-être aujourd'hui ; c'est sa volonté telle qu'il l'a exprimée quand la loi fut faite. S'il a erré, c'est à lui seul qu'il appartient de corriger son erreur ; il faut qu'il le dise, et le juge ne lui doit pas le service de l'en dispenser. On s'effraie de trouver, à côté du besoin d'améliorer, le danger de tout innover. Vaut-il mieux abandonner les innovations aux tâtonnements de la jurisprudence? On oublie que l'opinion a ses fluctuations, ses entraînements, auxquels les tendances naturelles de la jurisprudence sont de céder trop facilement, dès que la barrière est rompue.

En pliant la loi aux nécessités du moment, on lui enlève son caractère distinctif, l'immuabilité, l'impassibilité ; et cependant la supériorité du système de la codification, ou au moins un de ses plus grands avantages, est précisément d'opposer une digue aux mouvements trop précipités de l'opinion. Il faut se persuader que tout progrès réel ne tarde pas à passer dans la loi ; que le concours de la jurisprudence le compromet plutôt qu'il ne le sert, et qu'en définitive, loin que ce soit un mal que la loi heurte pour un temps l'opinion, c'est-à-dire assez fréquemment un préjugé, c'est alors que se révèlent sa nécessité, ses bienfaits, qui n'apparaissent jamais plus manifestement que quand la loi contient l'opinion rebelle, en attendant que telle idée qui mûrit soit proclamée par elle une vérité.

17.

Et puis ce sera toujours une assez triste chose à offrir au respect des peuples qu'une loi d'où la jurisprudence a soutiré tout ce qu'elle avait de force réelle et de vie en elle-même. De bonne foi, croit-on que cette masure inhabitée, que rien de vivant ne hante plus, soit un abri bien sûr en un jour de danger? Péril pour péril, le plus grand sera toujours celui qui naît de l'énervation de la loi, quand elle a été frauduleusement faussée par le pouvoir même qui avait pour mission de la faire prévaloir.

Hâtons-nous de dire que la jurisprudence moderne ne peut pas encourir le reproche, dans les matières civiles, d'avoir trop facilement cédé à des courants étrangers. L'inaliénabilité de la dot mobilière, quand les époux sont mariés sous le régime dotal, la validité des ventes d'immeubles consenties par l'héritier apparent, le privilége sur le prix de vente des offices ministériels, la faculté de concéder une hypothèque pour garantir une ouverture de crédit, etc., etc., sont sans doute autant de principes secondaires que le Code civil franchement interrogé n'avoue pas. Mais, au demeurant, le Code civil n'a pas cessé d'être un monument respecté. Par une telle jurisprudence, le grief le plus considérable n'est pas fait au Code, mais aux principes généraux du Droit qui ne s'accommoderont jamais de certaines de ces décisions. Il faut se taire sur des écarts qui ne menacent pas de se généraliser.

Maintenant il faut ajouter que si la jurisprudence ne peut pas se laisser entraîner à refaire la loi, elle doit encore bien moins créer des Coutumes. Tous les jours les Tribunaux ont à apprécier des conventions dont ils ne peuvent connaître l'étendue qu'en s'enquérant des habitudes industrielles ou commerciales des parties qui les ont formées; ou bien ce sont des rapports de voisinage que la nature des lieux ou les mœurs ont pour ainsi dire déterminés à l'avance. Les tribunaux de commerce particulièrement se font certaines règles par lesquelles, par exemple, ils prononcent uniformément sur les contestations nées à propos de contrats d'assurances, de marques de fabrique ou de concurrence déloyale. Il ne faudrait pas que ces règles devinssent des usages par lesquels le juge se crût enchaîné, et qui le dispensassent d'un examen toujours nouveau des faits que fait naître la contestation. Que certains usages judiciaires s'établissent dans l'interprétation préconçue des conventions les plus usuelles, des faits les plus fréquents; ce peut être un bien, mais à la condition de ne s'y point asservir. Il ne peut y avoir de jurisprudence que sur de véritables questions de droit, et il ne doit y avoir de coutume obligatoire nulle part. Dans toutes les difficultés spéciales, il faut donc toujours rechercher soigneusement le principe général qui les domine.

Au résumé, la jurisprudence doit être étudiée au même titre que dans toutes les sciences on interroge la tradition; elle doit être étudiée dans son esprit, dans ses tendances beaucoup plus que dans ses décisions actuelles. Mais le jour où le pouvoir judiciaire élèverait son monument à côté de celui de la loi, cette harmonie de la loi et des arrêts préconisée par Bacon serait impossible, et il faudrait désespérer du Droit en France.

CHAPITRE IX

C'est une vieille controverse dans les écoles de philosophie, que celle qui s'est élevée sur le principe qui doit servir de règle dans les actions de la vie humaine. Depuis Zénon et Épicure, dans l'antiquité, jusqu'à Kant et Bentham, dans nos temps modernes, la question de l'honnête et de l'utile a toujours été agitée avec la solennité que commandait sa haute gravité. Le champ de la discussion, pour être circonscrit, n'est pas encore fermé. L'homme qui pense, l'homme qui sent peser sur soi le poids d'une destinée éternelle, se trouve toujours en face de ce haut problème. Placé entre le commandement de sa conscience, qui ne parle jamais aussi haut que quand elle impose un sacrifice, et le sentiment de son intérêt et la séduction du plaisir qui le sollicitent avec tant de puissance, il est tenu de choisir entre différents principes, dont un seul est légitime, celui qui donnera à tous ces actes leur moralité. L'option est forcée ; et s'il est vrai, comme nous l'avons déjà écrit plusieurs fois, et comme nous le démontrerons peut-être un jour plus complétement, que le Droit, quoique très-distinct de la morale, a cependant absolument le même principe, n'étant autre chose pour l'individu que le devoir en action, le législateur qui veut donner à son œuvre un caractère quelconque d'unité et de certitude, devra choisir aussi ; ou bien, en tant qu'œuvre scientifique, son œuvre n'existera pas.

Mais avant d'examiner si notre Code civil satisfait à la condition de l'unité de principe, il est une querelle de mots qu'il faut expliquer pour l'empêcher de se reproduire. Dans toutes les écoles de morale, on a forcé le sens des mots, au point même de les dénaturer. Les stoïciens disaient communément que rien de déshonnête n'est utile, et qu'il n'est rien d'utile qui ne soit honnête. Cette confusion dans le langage passa même dans les écrits des philosophes qui n'acceptaient le stoïcisme que sous bénéfice d'examen (1), et on la trouve inextricable dans les écrits de Sénèque, qui, niant, comme tous ceux de sa secte, le bien et le mal physiques, imagine une sorte de bien qui se rattache à l'honnête comme l'effet à la cause, *bonum ex honesto fluens, honestum ex se* (2).

En sens inverse, Bentham, qui veut substituer aux idées de morale et de justice la seule idée de l'intérêt, mais qui, dans ses ingénieuses études, ne semble avoir pour objet que d'établir l'identité de

______

(1) Cic., *De officiis*, III, 30 et *passim*.
(2) L. A. Seneca, *epist.* 118.

l'intérêt et de la justice, tant il est subtil pour justifier sa doctrine aux yeux de ceux-là même dont il raille les principes, est tombé dans une confusion semblable.

Que faut-il penser cependant de ces exagérations de mots ? Epictète ne peut-il enseigner à dominer la douleur sans nier qu'elle soit un mal ? Bentham ne pouvait-il combattre l'antinomie seulement apparente à ses yeux, très-réelle au fond, de l'intérêt et de la justice, sans écarter l'idée de justice et n'y voir qu'un mot ? Il faut se dégager de ces subtilités de langage qui empêchent de s'entendre, par la parole, ceux-là même qui seraient d'accord sur le fond des choses.

On ne gagne rien à nier que le bien matériel soit un bien, pourvu que l'on n'accorde pas que ce soit le bien le plus désirable. Appeler utile ce qui est juste, parce que l'on suppose bien gratuitement, assurément, qu'il ne peut y avoir d'opposition entre le juste et l'utile, c'est jouer sur les mots et s'exposer à n'être pas entendu.

Le juste, le bien moral, l'honnête, c'est ce que les hommes ont appelé ainsi de tout temps ; l'utilité, l'intérêt, le plaisir, c'est l'utilité, l'intérêt, le plaisir immédiats, matériels, brutaux, tels que les comprennent Harpagon, Turcaret et Trimalcion.

Fixé désormais sur le sens des mots, nous pouvons aborder le rapide examen que nous nous sommes proposé. Le législateur doit avoir un principe, disons-nous, mais il ne peut en avoir qu'un, par la raison que les deux principes de justice et d'utilité se contredisent, et que deux choses contradictoires ne peuvent être également vraies. Le Code civil satisfait-il à cette condition?

Le principe dirigeant des auteurs du Code a été généralement la justice; c'est par l'idée pure de la justice qu'ils se sont déterminés quand ils ont commandé l'assistance mutuelle dans la famille, le respect de la foi conjugale, la probité dans les contrats, la sincérité de la parole donnée, etc., etc., tous principes dont ils ont fait, à chaque pas et le plus ordinairement à la clarté de la jurisprudence romaine, les plus heureuses applications. Mais à côté de ces conséquences qu'ils ont déduites du principe de justice, on en rencontre aussi quelquefois d'autres qui sont l'expression particulière du principe d'utilité. Celles-ci ne sont pas dictées sans doute par le principe de l'utilité individuelle, dont le législateur ne peut guère avoir à s'occuper, attendu que la loi ne statue jamais que pour des cas généraux; mais aussi, en vue d'un avantage général, social, comme on voudra l'appeler, la loi subordonne parfois le juste à l'utile; et l'utilité sociale, générale, à tout prendre, c'est encore l'utilité individuelle sous un autre aspect.

Nous sommes obligé de sous-entendre beaucoup, ne pouvant renfermer la matière d'un volume dans le cadre d'un article. Mais cette fois encore comme précédemment, quelques exemples jetteront peut-être quelque lumière sur des idées exprimées forcément d'une manière incomplète.

Nous en prenons d'abord un saillant. Dix articles du Code fixent le droit de succession des enfants naturels, nés hors mariage. Toutes les fois que l'enfant naturel se trouve en concours pour la succession de ses père et mère avec un parent au degré successible, sa part dans la succession n'est que d'une partie de ce qu'il aurait eu s'il était enfant légitime, et cette quote-part varie selon la proximité du degré de parenté de celui avec qui il vient à partage (articles 756 et suiv.).

S'il est vrai, comme l'a dit Treilhard au Conseil d'État (1), que les successions *ab intestat* se partagent, selon la volonté présumée du défunt, et qu'une loi sur les successions n'est que le testament supposé de toute personne qui décède sans avoir testé, la pensée du législateur français à l'endroit des enfants naturels ne peut être querellée. Il est permis de supposer que l'affection du père pour un enfant naturel est moindre que celle qu'il peut avoir pour un parent plus éloigné. A vrai dire, les faits contredisent cette présomption ; mais une simple présomption mal justifiée de la loi n'est pas un grief dont on puisse s'armer contre le législateur : quand le législateur a mal présumé, le particulier peut se mettre à couvert des effets de l'erreur de la loi, en détruisant la présomption de la loi par un acte contraire.

Les dispositions de la loi dont nous nous occu-

____

(1) *Exposé des motifs au Corps législatif.* Fenet, t. XII, p. 132.

pons, ne peuvent donc être critiquées au nom des principes. Si elles devaient être un jour révisées, ce serait parce qu'elles reposent sur une erreur de fait, très-réparable par les particuliers, si la loi s'était arrêtée là ; ce ne serait pas pour une erreur de droit. Mais, plus loin, au titre des donations et des testaments, le législateur a complété sa pensée par une disposition qui fait aux enfants naturels une position légale toute particulière. Aux termes de l'art. 908, les enfants naturels ne peuvent rien recevoir par donation entre-vifs ou par testament au delà de ce qui leur est accordé à titre de succession. Là est l'indication de la pensée véritable de la loi. L'enfant naturel n'est pas seulement présumé par la loi exhérédé par ses parents ; il est placé légalement en dehors du cercle où ceux-ci peuvent faire sentir les effets de leur affection. Or, c'est cet état des enfants naturels qui implique à cet endroit dans la loi le principe d'utilité, non de justice, car la justice ne peut pas expliquer une incapacité frappant un innocent pour la faute de ses parents, et atteignant ceux-ci précisément dans le sentiment qui pourrait leur valoir un demi-pardon.

Nous ne critiquons pas encore, nous constatons un fait juridique, à savoir, que l'enfant naturel, innocent du fait de sa naissance, est puni à la place des auteurs de ses jours ; que c'est purement dans un intérêt social, et que cependant les principes d'intérêt et de justice sont en flagrante opposition. Comment disparaîtra cette antinomie ? Rattachera-t-on cet ar-

ticle 908, qui a son analogue dans toutes les législations anciennes et modernes, à un principe supérieur ?
Nous savons tout ce que l'on peut dire pour expliquer cette loi mystérieuse de la reversibilité des
fautes. Partout elle se révèle; c'est le dogme fondamental de toutes les religions, et de la religion chrétienne en particulier, et ceux-là même qui ne veulent
pas y soumettre leur raison, ne peuvent accomplir
un seul acte qui, à leur insu, n'y implique une adhésion. Mais si l'incapacité des enfants naturels se
rapportait à la loi providentielle de l'hérédité du
mal, non au principe d'utilité, il faudrait se demander à quel titre le législateur humain s'arroge
le pouvoir de continuer l'œuvre de Dieu, et de traduire ses impénétrables décrets en un langage imparfait nécessairement, puisqu'il est humain. Le
doute alors, loin de se dissiper, deviendrait plus
obscur. La loi ne serait plus utilitaire, elle serait
théocratique. Disons plutôt que tout ce qui se traduit
ici-bas par un acte de contrainte est du domaine de
la raison ; qu'il n'y a pas de dogmes civils ; qu'en
matière de Droit il faut que tout s'explique humai-
nement, qu'une législation théocratique est un empiétement sur l'autorité divine, et que l'homme, législateur ou particulier, ne peut punir, frapper,
proscrire contrairement à la raison pure et au nom
de Dieu, puisqu'il n'a pas le secret de sa clémence.

La prédominance du principe de l'utile sur celui
du juste apparaît dans d'assez nombreuses dispositions de détail que nous ne pouvons examiner même

superficiellement ; et, il faut bien le dire, les tendances de la jurisprudence ont été souvent d'ajouter à la confusion, et de subordonner la justice stricte, sévère, inflexible, comme l'est la justice, à des nécessités qui ont semblé commander au nom de l'intérêt général. Dans un récent travail, nous citions la doctrine qui valide les ventes d'immeubles consenties par l'héritier apparent ; qui fait dater du jour de l'ouverture du crédit l'hypothèque qui a pour objet de garantir les avances faites en vertu d'une telle convention, etc. La jurisprudence, dans de tels cas, par cela même qu'elle s'affranchit des rigueurs des principes, fait passer l'utile avant le juste.

Et que dirons-nous de tout ce qui est relatif au régime dotal, où la femme se place à perpétuité, par le seul effet de sa volonté, dans un état de complète incapacité, dont elle se prévaudra peut-être un jour, même au préjudice des tiers de bonne foi (art. 1560 et 1561)? L'inaliénabilité du fonds dotal, étendue chez nous à la dot mobilière, se serait comprise à Rome, où cependant elle n'existait pas, du moins avant Justinien. L'organisation sociale des Romains se prêtait à un tel système par son caractère national, exclusif, je dirais presque socialiste. Mais dans notre législation, dont l'esprit est d'abandonner les forces individuelles à leur libre développement ; dans un Code qui a été édifié en dehors de tout système préconçu sur la fin et le but de la société, qui, loin de condamner la femme mariée à une éternelle minorité (1), ne semble pas s'inquiéter de l'intérêt public, même quand la femme livre sa propre fortune aux chances des spéculations les plus hasardeuses (2), l'inaliénabilité facultative de la dot n'est évidemment qu'un sacrifice contradictoire, fait au principe de l'intérêt.

L'ensemble des dispositions du Code, au titre de la *Prescription*, nous offre plusieurs contradictions du même genre. Quel est le fondement de la prescription ? Des auteurs y donnent pour base une présomption, la perte des titres propres à établir peut-être le juste droit du possesseur actuel ou la libération du débiteur contre lequel une action tardive est dirigée. D'autres aiment mieux, au contraire, présumer une renonciation à un droit, une libéralité tacite, que l'ancien propriétaire renonçant ou le créancier ne peut être admis à rétracter après un long temps. D'autres enfin ne voient dans la prescription qu'un déni de justice autorisé par la loi, mais un déni de justice justifié par l'intérêt puissant qu'il y a à ce que les propriétés ne demeurent pas éternellement incertaines : *Ne quarumdam rerum diu et fere semper incerta dominia essent* (3).

---

(1) *Veteres voluerunt feminas, etiamsi perfectæ ætatis sint, propter animi levitatem in tutela esse.* Gaïus, I, 144.

(2) *Reipublicæ interest mulieres dotes salvas habere*, Dig., *De jure dot.*, l. 2. Voy. au contraire le Code civil (art. 220) et le Code de commerce (art. 4, 5, 7), qui permettent aux femmes mariées de faire le commerce avec l'autorisation du mari.

(3) Dig., *De usurp. et usuc.*, l. 1. Telle est l'opinion de Domat, de Pothier et de plusieurs auteurs.

S'il est vrai, comme on l'a dit métaphoriquement, que les droits ne meurent pas, et si la possession aussi prolongée qu'on voudra ne peut être qu'un indice, non un titre, par la raison qu'il sera toujours irrationnel qu'un possesseur produise comme titre le fait même dont on conteste la justice, ces explications laissent peut-être un peu trop à désirer. Nous aimerions mieux expliquer la prescription par une idée tout autre.

Le législateur peut, doit même déterminer la forme des actes auxquels il reconnaîtra une force probante, et de fait toutes les législations ont fait ainsi. Il y a plus, le législateur peut exiger l'accomplissement de certains faits qui viendront corroborer le titre, comme lorsque notre Code exige un commencement d'exécution pour admettre la preuve par témoins d'un bail fait sans écrit (art. 1715). Or, quand la loi exige que le juste possesseur d'un immeuble ne soit pas dix, vingt, trente ans sans manifester son droit, et quand elle défend au juge de reconnaître aucune force probante à un titre dont le porteur a tant négligé de s'assurer les effets, elle ne fait rien autre chose que fixer des conditions, lesquelles manquant, le juge ne peut chercher à pénétrer un titre désormais légalement suspect.

Voilà, pensons-nous, le véritable principe de la prescription, celui que la justice avoue, et que la seule utilité ne recommande pas. Est-ce celui de la loi? Nous confesserons qu'on peut en douter ; car si un titre de propriété isolé de tout fait de possession est un titre douteux, où le juge ne peut plus être assuré de lire la vérité, ce titre doit être tel dans tous les cas. Cependant, nous voyons que, loin qu'il en soit ainsi, la loi admet des causes de suspension de la prescription, notamment au cas de minorité (art. 2251 et suivants), ce qui crée un tel état de choses, que si, par une hypothèse qui n'a rien d'absurde, on supposait partout une succession non interrompue de minorités, on ne trouverait pas en France un seul immeuble dont le possesseur pût être assuré d'être le vrai et légitime propriétaire.

Il y a là un indice, et pour en revenir à notre thèse, nous pouvons maintenant poser ce dilemme : Si notre théorie de la prescription n'est pas celle du législateur, il faut reconnaître que la prescription est dans notre Code une nouvelle manifestation du principe matérialiste de l'intérêt ; si c'est celle, au contraire, des auteurs du Code, le matérialisme de l'intérêt y apparaît encore et se trouve dans toutes les dispositions relatives à la suspension de la prescription.

Il faut choisir : ou bien le législateur français est utilitaire en faveur des incapables, ce qui peut bien l'absoudre d'un défaut de rigueur dans les principes, ou bien il est utilitaire au profit de tous : l'alternative est forcée.

Mais le principe, du juste de l'utile et le principe théocratique dont nous avons parlé précédemment, ne sont pas les seuls dont puissent s'inspirer les auteurs d'un Code. En un autre endroit, le législateur français a obéi à ce que nous appellerons le sentiment. L'article 716 veut que le trésor trouvé sur le fonds d'autrui appartienne pour moitié à l'inventeur et pour moitié au propriétaire du fonds. La difficulté est littéralement tranchée, comme on le voit, juridiquement et matériellement ; mais que signifie ce partage ? Quand une solution de cette sorte lui était soumise, Cujas la marquait d'une épigramme : *Judicium anile*, disait-il, jugement de bonne femme, dicté non par un principe certain, mais par un vague sentiment d'équité et de convenance mutuelle.

Nous trouvons une décision de même nature dans l'art. 1299, qui fait revivre une dette éteinte par la compensation, quand celui qui a payé a eu une juste cause d'ignorer que sa dette était compensée. Nous voyons même toute une matière, une des plus importantes, celle qui a établi le droit des héritiers réservataires (art. 913 et suiv.), traitée sous l'influence du même principe sentimental. Car il est bien évident que si le droit de propriété est un droit rigoureux, comme le Code l'a manifesté en maint endroit, on ne peut, sans le contredire, accorder à des successibles, quels qu'ils soient, un droit rival qui le paralyse.

Tels sont les différents principes qui, dans le Code, se heurtent, se combattent, quelquefois s'amalgament heureusement, mais sans parvenir jamais à former un tout d'une parfaite homogénéité. La philosophie du Code, tour à tour rationaliste, utilitaire, théocratique, sentimental, a marqué notre législation civile des caractères les plus variés.

Il ne faut pas s'étonner de cette diversité de traits d'une œuvre qui fut avant tout une œuvre de conciliation. Ses auteurs avaient à donner satisfaction à bien des idées contraires, à bien des intérêts opposés ; ils avaient à faire vivre ensemble bien des vieux préjugés et des passions nouvelles, en attendant une fusion qui, dût-elle se produire, ne pouvait résulter que de l'action du temps. Le Code reproduit tout cela ; et, sous ce rapport, nul monument législatif ne refléta plus fidèlement peut-être l'époque qui le produisit.

Mais ce n'est pas à dire que les critiques ou plutôt les observations que nous venons de présenter doivent aboutir, dans notre pensée, à une réformation, à une refonte, à un remaniement de toute notre législation civile. Avant de tenter un tel travail, il faudrait y bien songer ; pour cette fois, nous nous abstiendrons de conclure. D'ailleurs, les mêmes éléments opposés qui produisirent le Code fermentent encore. Nous nous en tenons donc à cette thèse, que notre Code manifeste des principes divers et que cependant un seul est vrai.

Quant à préjuger les perfectionnements de l'avenir, qui peut-être s'opéreront sans un grand travail par la découverte de principes intermédiaires et conciliateurs, à une époque où les académies stimulent la pensée en tout sens par le double appât d'une couronne et d'une récompense, ce serait une question à mettre au concours ; celle-là étant belle, c'est pour une telle lutte qu'il faut la réserver.

CHAPITRE X

Nous avons vu ce que c'est que le Droit, ou à peu près. Sans aborder le haut problème de la nature philosophique du Droit, sur quoi l'on peut tant discuter; nous en tenant à nos Codes, tels que les nécessités du temps les ont faits, nous avons cherché à faire ressortir quelques vérités générales, à rectifier quelques idées faussées par le préjugé, et peut-être ces rapides études n'auront-elles pas été sans utilité, sinon pour ce qu'elles valent, au moins pour l'esprit qui les a inspirées, et pour leurs tendances, dont de plus habiles pourront un jour développer les effets.

Mais le Droit n'est pas une vaine abstraction. Le philosophe le cherche, le législateur le promulgue, le juge l'applique, et il n'est pas encore sorti du domaine de la spéculation pure. Pour être ce qu'il doit être en effet, une règle efficace, obligatoire de fait et respectée, il lui faut une garantie, une sanction que la puissance publique seule, hors des temps d'anarchie, peut donner légitimement, et cette sanction, c'est la force.

Telle est donc la conclusion nécessaire de toute contestation judiciaire. Quand le magistrat aura prononcé, sa sentence sera obéie volontairement, ou bien viendra la coërcition. Toute décision judiciaire s'exprime, en dernière analyse, par un acte de contrainte exercé sur la personne même de la partie condamnée, comme l'article 2061 du Code nous en donne un exemple (1), ou, le plus communément, sur ses biens. Et comme l'autonomie, l'indépendance d'une nation ne va pas, en réalité, au delà qu'à assurer chez elle le règne du Droit, tel qu'elle le conçoit ; comme c'est en vue d'obtenir pour soi l'usage de la force légitimement employée que chaque partie s'adresse au juge, ce ne serait pas sans quelque vérité que, empruntant une pensée piquante à un publiciste anglais, on pourrait dire que tout l'appareil des constitutions rêvées, les corps constitués, les flottes, les armées, les impôts, toutes les finesses de la diplomatie, toutes les habiletés de la politique, toutes les combinaisons de l'homme d'État n'ont qu'un but : permettre aux huissiers d'exécuter, sans empêchement, toute sen-

(1) Nous n'entendons pas parler ici de la contrainte par corps, telle qu'on l'entend communément, et qui n'est de règle qu'en matière de commerce. La contrainte par corps, où l'on s'en prend brutalement à un débiteur insolvable et supposé honnête, est un vestige de barbarie, qu'une civilisation plus avancée fera disparaître définitivement de nos lois. Nous n'entendons parler que de la coërcition exercée contre une personne qu'on repousse d'un lieu où elle ne peut plus demeurer.

tence qu'un humble juge de paix ou une Cour impériale aura librement rendue.

Mais c'est en vain que le législateur aurait fait la loi, ordonné et subordonné des juges, s'il n'avait établi en même temps des formes pour instruire les contestations. Un bon système de procédure est le complément indispensable d'une bonne législation. Qui n'admire la procédure romaine, si savante tout à la fois et si claire, et les ingénieux artifices par lesquels les Préteurs romains créèrent tout un Droit sans faire autre chose en définitive que de la procédure? Cet exemple fameux montre ce que peut un puissant système de procédure civile, même pour corriger un Droit vicieux. Sous ce rapport, la procédure est pour le Droit une garantie d'une autre sorte; elle assure dans la mesure du possible la sanction de la force au bon droit.

Nous ne voulons pas faire un examen critique de toute la procédure française dans l'espace de quelques pages. Comment la loi française assure-t-elle l'impartialité du juge dans ces quatre phases : l'exposition, la production des preuves, le jugement et l'exécution, qui composent la procédure tout entière? c'est ce que nous n'entreprendrons pas d'examiner (1). Nos observations ne porteront que sur

(1) Notre Code de procédure ne laisse guère à désirer que dans quelques menus détails, que des œuvres plus récentes, comme le Code de Genève, ont bien améliorés. Mais ce qui choque au plus haut degré, c'est sa langue barbare, souvent inexacte, et qui semble empruntée à la plus infime pratique. Il est permis de douter, comme nous l'avons déjà montré, que ses auteurs sussent

un point qui a déjà été l'objet de fréquentes réclamations et sur une innovation souvent proposée sans
succès. Voyons le premier point.

Tous les systèmes que l'on pourra imaginer pour
l'instruction des procès reposent en définitive sur
deux principes : ou bien le juge saisi d'une réclamation sera informé verbalement par les parties ou
leurs mandataires, ou bien il le sera par écrit. Toutes les causes sont des causes verbales ou des causes
appointées, selon le langage du Palais ; on ne saurait imaginer un troisième système ou même un
système mixte, car l'instruction par écrit, comme
nous le dirons plus amplement, est exclusive d'un
débat oral complet, inutile, impossible, si l'instruction par écrit a été sérieuse.

La loi française a donné place à ces deux systèmes
de procédure, et, disons-le tout de suite, elle a donné
à chacun d'eux la place qui lui convient. Toutes les
causes, en général, doivent être jugées sur plaidoiries (Code de proc. civ., art. 95), et si les plaidoiries
n'ont pas suffisamment éclairé les juges, elles le
sont sur un délibéré précédé du rapport d'un juge

bien ce que c'est qu'un exploit d'ajournement (art. 59). Ailleurs,
nous les voyons appeler *qualités* l'exposé des points de fait dans
les jugements (art. 142 et 144). Puis viennent les mauvaises locutions : *Donner défaut, prononcer le défaut* (art. 149 et 150); former *opposition aux jugements* (art. 351 et 809), etc., etc. Or, on
ne forme pas opposition à un jugement ; on fait opposition à l'*exécution* d'un jugement par défaut, parce qu'on peut prétendre ne
pas le connaître, et l'opposition ramène la contestation devant le
juge. La première condition pour s'entendre serait pourtant d'employer un langage exact.

commis (art. 93 et 95) : tel est le principe. Mais, quand la cause présente des difficultés qu'un débat oral ne peut pas éclaircir, le principe de l'instruction par écrit prévaut (art. 95), et l'instruction par écrit suppose toujours nécessairement un rapport d'un juge commis, où se trouve résumée, faits et moyens, la cause tout entière (art. 111).

Le Code de procédure laisse le juge arbitre des cas où l'instruction écrite peut être ordonnée. Mais il est des difficultés qui sont légalement présumées de nature à ne pouvoir être résolues qu'après une instruction écrite, soit à cause de la nature des faits à apprécier, soit à cause des questions de droit qu'elles soulèvent, et c'est ainsi que l'instruction écrite est de rigueur devant la Cour de cassation et devant le Conseil d'État en toutes matières, et devant les Tribunaux civils, quand il s'agit de questions de droits d'enregistrement (L. 27 ventôse an XI, art. 17) ou de questions portant sur le principe des droits établis en matière de contributions indirectes (L. 5 ventôse an XI, art. 88).

Maintenant, pour en venir au point que nous avons en vue, la distinction du principe fondamental des jugements sur plaidoiries et des jugements après une instruction écrite est-elle bien tranchée, bien observée dans notre Code de procédure ? Ou plutôt, pour élever la petite critique que nous voulons faire à la hauteur d'une question de principe, n'y a-t-il pas telle disposition du Code de procédure que le système de l'instruction orale repousse, et qui n'a d'autre résultat que de mettre des frais inutiles à la charge des parties ?

On a souvent réclamé contre les requêtes qui se signifient dans les causes ordinaires, inutiles pour le juge, qui ne les lit pas, peut-être même inutiles pour les parties, qui n'ont pas la simplicité de se découvrir leurs moyens dès le début du procès, et qui, sans l'autorité attachée à tout usage ayant pour soi l'ancienneté, n'auraient sans doute pas passé du Droit ancien dans notre Droit nouveau. Nous savons les nécessités réelles auxquelles le législateur a cru devoir satisfaire en cela ; et au fond il y a peut-être moins à réclamer contre le principe même que contre quelques abus qu'il a produits. Néanmoins, la raison dit que, dans les causes orales, tout écrit qui n'a pas le caractère d'une déposition, et n'a pas pour objet de suppléer à la comparution personnelle des parties, est une inutilité pour le moins. Nous ajouterons que c'est une contradiction ; car si les écritures étaient ce qu'elles devraient être pour que la loi les reconnût, le débat oral, tel qu'on le comprend et tel qu'il est, ne serait plus qu'un artifice que la loi devrait proscrire.

C'est ici qu'apparaissent les deux caractères bien divers de l'instruction orale et de l'instruction écrite. Devant la Cour de cassation, le Conseil d'État, et, dans des matières exceptionnelles, devant les Tribunaux civils, l'instruction est écrite ; mais aussi le débat oral n'y existe pas, à moins qu'on n'appelle de ce nom, contrairement au langage de la loi, les observations que les avocats présentent sur le rapport du magistrat devant les deux premières juridictions.

L'instruction écrite, en effet, implique un examen préalable par un magistrat commis, un rapport et, par conséquent, une opinion préconçue, toutes choses qui sont exclusives d'un débat oral proprement dit. La cause arrive à l'audience, résumée. L'avocat parle-t-il, comme devant la Cour de cassation et le Conseil d'État ? Ce n'est que pour présenter ce que les règlements appellent des observations, quelque long que soit son discours. Le débat oral, au contraire, suppose que tout s'apprend à l'audience : nul travail préparatoire n'a été accompli par le juge, nulle opinion n'a dû se faire à l'avance ; et c'est parce que les requêtes des articles 77 et 78, écrites et acceptées sérieusement, impliqueraient tout cela, qu'elles seront toujours dans notre Code de procédure une inexplicable superfétation.

Les secondes observations que nous voulons présenter sont relatives au jury, dont on a voulu introduire le principe dans les matières civiles, comme gage de liberté. A toutes les époques de mouvement, sous l'Assemblée constituante d'abord, et depuis, à toutes les différentes secousses que notre machine politique a éprouvées, le jugement des questions de fait, dans les matières civiles, par des jurés a été proposé comme un progrès. Nous n'entendons pas résumer ici tous les arguments qui ont été produits

dans les deux sens. Il faut lire sur ce point les mé-
morables débats de l'Assemblée constituante, où Duport d'un côté, Tronchet de l'autre, et Thouret entre
les deux, ont élevé la discussion à la dignité d'un
débat politique. Mais nous voulons présenter une
considération demeurée inaperçue, et qui doit déterminer le rejet d'un système qui, fût-il aussi pra-
ticable qu'il l'est peu, aurait, dans le système général de notre Droit, le caractère d'un double emploi,
et ne serait en harmonie ni avec nos besoins ni avec
nos mœurs.

Le jury, dans les matières criminelles, est une
institution définitivement acclimatée dans nos lois.
Le premier empire, qui ne l'aimait pas, n'osa pas y
toucher. Quel en est le principe? A quel titre est-il
une garantie? Qu'est-ce qui fait que, comme institution, le pays peut s'en enorgueillir, et doit le conserver ? A toutes ces questions, une seule réponse :
Le jury, c'est le pays intervenant dans les jugements.
Quand le pouvoir, tuteur des intérêts publics, demande à un homme ou sa vie ou sa liberté, le pays
s'émeut, et pour que cet acte du pouvoir public ne
devienne pas une menace pour tous, les pairs de
l'accusé seuls pourront abandonner le coupable au
châtiment qui l'attend.

On trouve une raison analogue pour expliquer
comment des jurés seuls peuvent et doivent estimer
l'indemnité qui devra être payée à celui à qui l'on
prend, pour un motif d'utilité publique, ou son
champ ou sa maison. Il s'agit d'un acte d'autorité

exercé contre tel citoyen nommément. Entre le pouvoir et l'individu, c'est le pays même qui prononce.

Ainsi le principe de l'institution du jury est une idée de médiation entre l'homme et l'État. Quand l'État, dépositaire des pouvoirs de tous, menace de sa puissance l'individu dans une situation que celui-ci peut-être n'a pas faite, l'intervention du pays devient une nécessité. Mais elle se comprend moins quand il s'agit de l'application d'une loi positive à des faits qui ne sortent pas de la classe des faits ordinaires, et qui se débattent entre particuliers. Ce lourd appareil du jury n'a rien à faire alors. Il ne faut rien exagérer. Pour les difficultés de cette nature, le magistrat seul suffit.

Les hommes de 1790, qui, dans leur besoin d'innover, pouvaient s'autoriser en cette matière de l'exemple de Rome et aussi de l'Angleterre, dont les idées jouissaient alors du plus grand crédit, n'avaient pas assez remarqué ce qui, dans le système romain et anglais, pouvait justifier, nécessiter même l'intervention permanente du citoyen dans les jugements. A Rome et en Angleterre, sous des formes vieillies, le Droit se développait de lui-même; il vivait toujours par l'effet d'une vertu qui lui était propre; et l'histoire a donné à Rome le spectacle d'un Droit qui, durant près de dix siècles, suivit les mœurs, toujours trouvant en lui-même le principe de sa régénération. Il fallait la présence continue du citoyen pour autoriser ou contenir ce Droit qui grandissait sans cesse, et qui par cela plaçait en quelque sorte l'individu sous l'empire d'une *privata lex*. Chaque innovation du Préteur romain, chacun de ses ingénieux mensonges était une sorte de coup d'État contre lequel la présence d'un *judex*, homme privé, offrait une garantie au moins morale.

D'ailleurs dans l'ancienne Rome, ce pays classique du Droit, tout citoyen était un peu jurisconsulte. Mais, avec une législation fixée comme en France, sous le régime d'un Droit parvenu à l'âge de virilité, l'existence permanente d'une puissance tribunitienne n'a plus sa raison d'être, et le jury dans les jugements civils ne serait plus qu'un nonsens.

La raison publique a bien compris que le système du jury est une complication qui peut être dangereuse, dès qu'elle n'est pas, par la garantie qu'elle offre, une impérieuse nécessité ; elle l'a compris sans se rendre bien compte. Nous traduisons la pensée publique. Les magistrats jugent, les jurés jugent et protégent, voilà le principe. Mais entre deux parties égales et soumises à l'empire d'une loi commune, la protection n'a rien à faire, et tout rouage inutile dans la procédure civile est une entrave.

Maintenant nous n'ajouterons pas que les arguments de Duport à l'appui de son système anglo-romain n'étaient que spécieux, et qu'ils n'atteignent pas notre organisation judiciaire telle qu'elle est maintenant. La distinction du droit et du fait et l'attribution du jugement du fait à des jurés assurent, dit-on, l'impassibilité du juge! Mais les jurés eux-mêmes seront-ils plus calmes que ces juges, dont ils n'auront pas assurément la perspicacité? Dans une question complexe, une partie pourra avoir, en distinguant le point de fait et le point de droit, la majorité des juges et perdre son procès! Mais cet inconvénient est-il à craindre quand la jurisprudence oblige les juges à donner des motifs séparés sur chaque exception proposée et sur chaque chef d'une contestation (1)? Et s'il fallait parler des embarras naissant du droit de récusation, qu'il faudrait bien reconnaître contre les jurés suspects; des embarras naissant de la composition du jury; du danger de placer des intérêts délicats dans les mains d'hommes pusillanimes ou inexpérimentés; du dérangement qu'occasionnerait la nécessité d'un jury nombreux permanent, etc., etc., le système du jury en matière civile pourrait-il longtemps se défendre? Sur chacun de ces points, il y aurait matière à d'amples discours; mais toutes ces considérations sont dominées par une considération plus haute, celle que nous croyons avoir suffisamment indiquée.

Ainsi le Droit a une double garantie, ou plutôt une garantie et une sanction. La garantie, c'est un sage système de procédure qui la donne; la sanction, elle est dans la force que la puissance publique tient au service du droit légalement reconnu. La force légitimement employée complète le Droit; car il est trop évident que si je ne pouvais pas faire respecter

____

(1) Cassation, 12 juillet 1819; 2 août 1825; 21 novembre 1826; 25 novembre 1828, etc., etc.

mon droit par la force, ce que j'appelle mon droit ne serait que le sentiment de l'injustice que je devrais subir en silence, ou dont je devrais demeurer, après quelque inutile protestation, la victime résignée.

Mais la puissance publique ne se bornera pas toujours à repousser la force injuste par la force légitime, et la société pourra, dans certains cas, excéder les limites de la défense directe ; elle ne devra pas toujours demeurer sur la défensive, même quand les atteintes portées au droit ne pourraient s'excuser par l'ignorance ou l'absence de mauvaise foi. L'histoire et la raison s'accordent pour lui reconnaître un droit plus étendu. Toutes les nations ont leur Code pénal, et la conscience ne réprouve pas les châtiments justement infligés pour des faits dommageables par leurs effets et criminels par leur intention.

Quand un membre de l'État trouble l'ordre social par un acte dommageable en fait, criminel en soi, la société est autorisée à faire sur lui l'épreuve de l'intimidation. Ici naît l'idée de la peine. Mais la matière du droit pénal est trop vaste pour que nous songions à l'explorer, même en courant. Nous signalons son domaine, et nous nous arrêtons sur le seuil.

Nous terminons ici ces études dont ce n'est pas toujours sans peine que nous avons pu limiter les développements. Quels fruits auront-elles produits? Dieu le sait. Deux préceptes, qui n'en font qu'un, dominent tout ce qui précède. En face d'une fausse science, dont on ne peut attendre que fausse grandeur et progrès mensongers, nous avons réclamé pour des procédés plus simples qui feront souvent trouver à la portée de la main tel enseignement qu'on allait chercher bien loin. Et quand le courant qui devrait incessamment conduire, dans le Droit surtout, des idées générales aux idées pratiques, et réciproquement, paraît interrompu, nous avons rappelé les esprits à la méditation, au sentiment pratique, à la réflexion intime, à tout ce qui peut rétablir la circulation logique, arrêtée dans ce long corps engourdi. Puissions-nous avoir été compris ! La vraie méthode philosophique ne proscrit pas la science, loin de là ; mais elle ne l'admet que disciplinée. La science est belle et mérite tous les respects, mais la science vraie et point *fatresque*, comme dit Montaigne. C'est la seule leçon que nous nous contenterions que l'on retirât de ces lignes. Du reste, en conseillant un émondage qui profitera d'autant à la vigueur des jets, nous ne concédons rien aux esprits superficiels qui croient volontiers qu'éclaircir c'est simplement supprimer, et nous ne nous séparons pas des ardents apôtres que la science du Droit a conservés.

TROISIÈME PARTIE

BIBLIOGRAPHIE

CHAPITRE PREMIER.

LEIBNITZ JURISCONSULTE

I

Quand on étudie l'esprit humain dans ses plus grandes œuvres et dans ses représentants les plus illustres, on reconnaît distinctement deux attributs différents du génie : la profondeur et l'étendue ; deux classes de penseurs : les inventeurs et les savants. Les uns, comme notre Descartes, après avoir creusé jusqu'à des profondeurs inconnues dans les sujets auxquels leur forte intelligence s'applique, bornés d'ailleurs dans leurs recherches, intolérants, exclusifs, injustes même jusqu'à l'ingratitude pour ce qui n'est pas l'objet de leurs méditations, trouvent au bout de leurs efforts quelque grande vérité destinée à éclairer à jamais, comme un phare, les générations qui suivront ; les autres plus souples, moins vigoureux, mais plus accessibles et plus vastes, fertilisent une plus grande surface de terrain dans le monde de la pensée, et laissent après eux une trace aussi durable, quoique moins marquée, comme Leibnitz, que nous entreprenons de montrer, dans cette étude, sous un aspect peut-être nouveau et certainement très-peu connu.

Nous ne raconterons pas, même brièvement, la vie de Leibnitz. A quoi peut servir l'histoire d'un savant? Si la vie intime d'un héros comme Alexandre ou César, ou même d'un poëte mêlé aux choses de son temps, comme Dante, peut être utile à connaître, c'est que les actions du héros sont la manifestation de son âme, et qu'en sens inverse l'homme intérieur explique les exploits, les visions, les chimères du grand homme, de même que les circonstances extérieures expliquent chez le poëte son enthousiasme ou ses colères. Mais l'histoire du savant qui ne vit que par la pensée ne saurait présenter un pareil attrait ; sa vie, ce sont ses œuvres. Quand nous aurons dit que Leibnitz, né à Leipsig en 1646, mort à Hanovre en 1716, vécut des libéralités de de l'électeur de Mayence, déguisées sous un titre de conseiller de justice, puis des libéralités du duc de Brunswick-Lunebourg, voyageant, étudiant, écrivant sur toutes les matières qui peuvent être l'objet du savoir humain, entassant cette énorme correspondance qui ne sera peut-être jamais connue tout entière, et dont la variété n'a pas été égalée même par les travaux littéraires de Voltaire au siècle suivant, quand nous aurons dit cela, on ne connaîtra pas l'homme, sans doute, mais on saura de sa vie tout ce qu'il peut être intéressant d'en rapporter pour l'intelligence complète de ses œuvres.

Leibnitz donc n'a pas d'histoire, mais ses ouvrages en ont une. La première étude à laquelle il se livra sérieusement fut celle du Droit. Il reste de sa première jeunesse trois thèses rapportées dans ses œuvres (1), sous ces titres : la première, *Dissertatio de casibus perplexis* ; la seconde, *Quæstiones philosophicæ amœniores ex jure collectæ;* la troisième, *Specimen certitudinis seu demonstrationum in jure exhibitum in doctrinâ conditionum.* Quoique ce ne soit pas, à proprement parler, des chefs-d'œuvre que ces trois opuscules, cependant, au travers de certains embarras rappelant un peu le fatras scolastique, on y voit déjà la marque d'un esprit puissamment généralisateur et philosophique, cherchant en toutes choses le principe abstrait et dominant, et doué à un degré éminent de la faculté très-haute et très-rare de résumer avec sûreté et de conclure avec justesse. Dans sa *Dissertatio de casibus perplexis*, Leibnitz entreprend de donner des règles pour la solution non pas des questions douteuses (*res dubiæ*), car il lui eût fallu faire un traité de logique complet, mais des questions inextricables (*exitum non habentes*), comme celles que l'école appelle *casus pro amico*, où le juge peut favoriser un ami sans trop engager sa conscience (2).

______

(1) *G. G. Leibnitii opera omnia*, t. IV, *Jurisprudentia;* éd. de Dutens.

(2) Les questions que Leibnitz appelle *casus perplexi* ne sont pas trop nombreuses dans notre Droit moderne. Nous n'en cite-

Pour la solution de la plupart des cas perplexes, Leibnitz donne des règles devenues aujourd'hui vulgaires, mais qui sont loin d'être toujours suffisantes ; et déjà on y voit ce désir, qui apparaîtra plus tard mieux accusé chez le jeune philosophe, de simplifier la jurisprudence en en déblayant le terrain, ce qui ne veut pas dire du tout, loin de là, que Leibnitz ait jamais conçu la pensée sacrilége d'attenter à la science en en abaissant le niveau.

Dans ses *Quæstiones philosophicæ*, Leibnitz extrait du Droit romain un certain nombre de principes métaphysiques sur les notions de temps, de lieu, etc. Dans son *Specimen certitudinis*, il fait, comme il l'a dit lui-même, un chapitre d'un traité de logique appliquée au Droit. Tous les aspects si variés sous lesquels un acte ou une convention conditionnels peuvent apparaître y sont épuisés ; mais ce qu'il faut admirer surtout dans cet écrit, où Leibnitz fait un essai de l'application de la méthode géométrique à la jurisprudence, c'est la justesse avec laquelle il marque les différents caractères des actes affectés d'une condition, et la rigueur avec laquelle il suit tous les effets logiques que telle ou telle sorte de condition entraîne.

rons qu'une pour exemple et nous prendrons une question célèbre. Je pratique une saisie-arrêt sur mon débiteur ; ce même débiteur saisi consent, après ma saisie-arrêt, un transport de sa créance ; puis, un second créancier pratique une seconde saisie-arrêt. Dans quelle proportion devrai-je venir à contribution avec le cessionnaire de la créance et le second créancier saisissant ? Par l'application des principes rigoureux du Droit, la difficulté est sans issue. Leibnitz appellerait cela un cas perplexe.

Notre Code civil a résumé, en quelques articles très-simples et très-clairs (art. 1168 et suiv.), tous les travaux beaucoup moins simples et moins clairs des commentateurs sur ce point. Cette thèse de Leibnitz, comme les précédentes, ne peut donc présenter aujourd'hui qu'un intérêt de curiosité. Nous nous contenterons de les signaler, et nous avons hâte d'arriver à des travaux d'un intérêt plus durable, aux véritables titres de Leibnitz comme jurisconsulte-philosophe, et tout d'abord à sa *Nouvelle Méthode* pour apprendre et enseigner la jurisprudence, qu'il publia en 1667.

A vingt-deux ans, Leibnitz conçut la pensée de renouveler l'enseignement du Droit et de poser à cette occasion les règles d'une codification nouvelle. A cet âge, à cette époque, c'était une pensée hardie que d'essayer cette double réforme. Si dès le seizième siècle un très-grand jurisconsulte, Doneau, s'était élevé contre l'ordre des Pandectes, au moins ne s'était-il pas hasardé jusqu'à concevoir la recomposition des grands codes de Justinien. Mais Leibnitz avait été frappé de la confusion de ces compilations, et dans deux opuscules intitulés l'un *Nova methodus discendæ docendæque jurisprudentiæ*, l'autre *Ratio corporis juris reconcinnandi* (1), après

<hr>

(1) Voici, outre les thèses, les titres des différents travaux de Leibnitz :

1667. *Nova methodus discendæ docendæque jurisprudentiæ ;*
1669. *Ratio corporis juris reconcinnandi ;*
1670. *Observationes de principio juris ;*
— *Monita quædam ad J. Puffendorfii principia ;*

avoir pris l'homme à son commencement, posé les principes de toute bonne éducation, refait la science du Droit sur un plan idéal qui pourrait encore être aujourd'hui un modèle malgré quelques erreurs, il développe tout un système nouveau d'enseignement, tout un nouveau système de classification des textes alors en vigueur du Droit romain.

Nous analyserons et nous apprécierons séparément cet important écrit de Leibnitz sur la méthode pour apprendre et enseigner la jurisprudence. Qu'il nous soit permis cependant de signaler, dès à présent, un admirable privilége de ces grandes intelligences qui, comme Leibnitz, naissent en quelque sorte tout éclairées. Tout ce que Leibnitz répétera plus tard, jusqu'à l'âge de soixante ans, dans ses *Observations sur le principe du Droit*, écrit trèscourt, mais d'une grande valeur, dans son *Appréciation du traité de Puffendorf*, dans ses *Lettres* et dans les *Préfaces* de son Code diplomatique, il l'avait dit à vingt-deux ans, et il n'aura rien à rétracter. Chez lui, nulle hésitation, nulle incertitude,

1677. *Tractatus de jure suprematûs ac legatorum principum Germaniæ, Cæsarini Furnstenerii;*

1693. *Dissertatio de actorum publicorum usu,* en tête du *Codex diplomaticus;*

1700. Une seconde Dissertation, en tête du tome II du Code diplomatique ;

— *Epistola ad amicum de nævis et emendatione jurisprudentiæ romanæ;*

— *XV epistolæ ad H. E. Kestnerum, in acad. Rinthelensi, professorem.*

nul tâtonnement. Ses pareils à deux fois ne se font pas connaître : la chose, l'idée apparaît tout d'abord à son esprit telle qu'il la concevra toujours. Certes, la science est belle, même acquise péniblement au prix de grands efforts et du temps ; mais la science acquise comme par l'effet d'une révélation, sortant toute formée et transformée d'un cerveau de vingt ans, c'est un phénomène trop rare dans tous les temps pour ne pas justifier l'admiration qu'il excite.

Mais Leibnitz, tout absorbé qu'il était dans les études les plus élevées, les plus diverses, ne pouvait pas cependant rester tout à fait étranger aux choses de son temps, quand l'ambition de Louis XIV, excitée par son heureuse fortune, agitait l'Allemagne et par contre-coup l'Europe entière. En 1676, après cette longue guerre qui vit finir Condé et Turenne, et où la marine française, sous Duquesne, brilla dans un si vif éclat, un congrès se réunissait à Nimègue. A cette occasion, Leibnitz publia, sous le pseudonyme de *Cæsarinus Furnstenerius*, un volume destiné à revendiquer pour les envoyés des princes libres d'Allemagne la qualité d'ambassadeurs avec le titre d'*Excellence*, et qui eut alors un immense succès (1). Pour apprécier l'impor-

(1) *Tractatus de Jure suprematûs*, etc. Leibnitz a donné de ce volumineux travail un résumé écrit en français, intitulé : *Entretien de Philarète et d'Eugène, sur la question du temps agitée à Nimègue*, 1677. Cet opuscule de soixante-cinq pages est de la plus grande rareté ; des recherches infructueuses avaient fait croire à des biographes de Leibnitz qu'il n'existait plus. C'est une erreur ; nous en avons un exemplaire, rencontré par hasard récemment.

tance de cet ouvrage, il est nécessaire de rappeler au moins en quelques lignes quelle était la constitution politique de l'ancien empire germanique, car sous l'apparence d'une simple question d'étiquette et de préséance, c'était, en réalité, une question fort importante de droit public qui se débattait.

L'ancien Empire germanique s'est formé des débris de l'empire de Charlemagne. Son droit public fut longtemps un droit coutumier; mais après la querelle des investitures, en 1356, l'empereur Charles IV promulgua à la diète de Nuremberg la fameuse *Bulle d'or* (1), œuvre du jurisconsulte Bartole, qui fixa le droit public de l'Empire et fut la charte de l'Allemagne pendant près de cinq cents ans, jusqu'à ce que Napoléon Ier remaniât la carte de l'Europe et établît la Confédération du Rhin. Par la *Bulle d'or*, l'Empire était électif, mais composé de principautés réciproquement indépendantes; le nombre des Électeurs de l'Empire était fixé à sept : trois Électeurs ecclésiastiques, quatre Électeurs séculiers, tous souverains. Les Électeurs de l'Empire furent portés successivement au nombre de huit, puis de neuf : on en reconnaissait neuf à l'époque du Congrès de Nimègue.

(1) *Bulle*, charte ainsi nommée de la boule de métal (*bulla*) empreinte d'un sceau, qui était attachée, selon la coutume, aux actes émanés du pouvoir souverain pour garantir leur caractère authentique. L'original de la *Bulle d'or* fut toujours en Allemagne l'objet d'un respect presque superstitieux.

Mais il s'en fallait de beaucoup que les Électeurs fussent les seuls souverains de l'Allemagne. Au-dessous, ou plutôt à côté des Électeurs, qui concouraient seuls au choix de l'Empereur, on comptait soixante villes libres dites impériales, soixante souverains séculiers, princes libres, maîtres chez eux, quoique placés, comme les Électeurs, sous la juridiction impériale, et quarante princes ecclésiastiques, évêques, abbés, abbesses même, ne relevant comme les autres princes, que de l'Empereur, le chef commun de tous.

Dans cet état, l'Allemagne formait une grande confédération de princes plutôt qu'un empire compact; car l'Empereur, chef suprême, souverain nominal plutôt que réel, n'avait guère pour lui-même que la prééminence et beaucoup d'honneurs. Aussi son pouvoir fut-il assez peu jalousé pour devenir bientôt transmissible par succession, et l'on sait que les Électeurs se bornaient, à chaque vacance, à nommer pour la forme un souverain héréditaire par le fait.

On comprend que le Saint-Empire germanique ainsi constitué, sans les avantages d'une monarchie fortement organisée, sans même les avantages d'une confédération pure, ne dut jamais avoir une force bien réelle. C'était un grand corps aux articulations mal jointes, condamné par sa constitution à ne se mouvoir que péniblement, et qui, de fait, ne joua jamais dans l'histoire un rôle proportionné à sa grandeur. A part la suzeraineté nominale de l'Empereur, tous les princes étaient indépendants chez eux ; chaque ville, chaque principauté avait sa constitution particulière, ce qui faisait du Droit public germanique, fort étudié chez nos voisins d'au delà du Rhin, le plus inextricable amas de lois et de chartes qu'un publiciste puisse être condamné à coordonner et à débrouiller.

Dans ses rapports avec les souverains independants de l'Europe, l'Empire germanique n'était pas dans des conditions meilleures. Hors le cas d'affaires pressantes, où l'Empereur et les princes agissaient seuls, selon les nécessités de la situation, le droit de conclure la paix après la guerre appartenait au corps germanique tout entier, et le droit pour les États d'intervenir dans les négociations de la paix leur avait été expressément reconnu, notamment par le traité de Westphalie. Mais les ambassadeurs de tous les États devaient-ils être admis dans un congrès sur un pied égal ? C'est ici que naissait la difficulté que Leibnitz se proposait de vider dans son ouvrage sur le droit de souveraineté des princes d'Allemagne, auquel nous nous trouvons naturellement ramené. Trente ans auparavant, à ce même congrès de Westphalie, où les princes allemands avaient été admis aux négociations de la paix, on avait refusé aux envoyés des princes libres la qualification honorifique qu'ils réclamaient de nouveau à Nimègue. Pour justifier leur prétention, Leibnitz posa les véritables principes du droit public germanique sur le fait de la souveraineté. Selon lui, tous les États chrétiens d'Occident ne font qu'un corps dont le pape est le chef spirituel et l'Empereur le chef temporel de droit. Tous les deux ont à ce titre, chacun dans son cercle, une certaine juridiction universelle. L'Empereur, c'est le général, l'*avoué*, le bras séculier de l'É-glise, et de là vient son titre de *Sacrée-Majesté*, et pour le Corps germanique la dénomination de *Saint-Empire*. Puis, tirant de ces prémisses la con-séquence que la souveraineté des princes libres d'Allemagne, si elle existe, n'est pas plus diminuée par la suprématie de l'Empereur que celle de tous les autres princes de l'Europe, et en particulier des Électeurs, Leibnitz soutient que leurs envoyés ont droit aux mêmes prérogatives que ceux des Élec-teurs, et des ducs de Modène et de Mantoue, à qui on ne les contestait pas, quoique ces princes italiens relevassent de l'Empereur au même titre que les princes allemands, et ne concourussent pas plus que ces derniers à l'élection de l'Empereur, suzerain de tous (1).

On voit que l'Occident était dans la pensée de Leibnitz, comme dans la conception du poëte,

> Un édifice, avec deux hommes au sommet,
> Deux chefs élus, auxquels tout roi-né se soumet.

Posée en ces termes, la question se simplifie, répé-

(1) *Actes et Mémoires des négociations de la paix de Nimè-gue*, 3ᵉ éd., 1697, t. I, p. 179. La prétention des princes allemands avait été très-habilement suscitée par la politique de Louis XIV, pour avoir plus facilement raison des prétentions de l'Empire, en le divisant.

tons-le avec Leibnitz ; et cependant il reste à marquer le caractère de la souveraineté. Or, il faut distinguer, dit Leibnitz, la souveraineté (*suprematus*) du droit de justice (*jurisdictio*). Le *dominus jurisdictionis* a seulement le droit d'avoir des agents pour contraindre chez lui à l'obéissance les citoyens réfractaires à ses lois ; le *dominus territorii*, au contraire, a une force armée pour retenir *manu militari* la masse de ses sujets dans le devoir et défendre ses droits contre toute agression étrangère. Les princes allemands étant incontestablement dans ce dernier cas, la conclusion est facile à tirer : ils sont souverains, et leurs envoyés ne sont pas de simples ministres, comme on le voudrait, mais des ambassadeurs ; et le peu d'étendue de leur domaine ne fait rien quant à leur droit, car la souveraineté existe dans la République de Saint-Marin ; elle existerait même dans le royaume imaginaire d'Yvetot (1).

Peut-être voit-on maintenant la question réellement importante qui se cachait sous la question d'étiquette agitée à Nimègue. Ce n'est rien moins que le problème de la souveraineté qui se débattait alors, et c'était presque un problème européen. Or,

---

(1) Voici la définition que Leibnitz donnera plus tard, dans la première préface de son Code diplomatique, du prince souverain ; elle eût parfaitement convenu aux princes allemands : *Personam juris gentium habet cui libertas publica competit, ita ut in alterius manu ac potestate non sit, sed per se jus armorum fœderumque habeat, quanquam forte obligationum vinculis superiori sit adstrictus, et homagium, fidem, obedientiam profiteatur.*

en remontant six cents ans en arrière, on aurait vu
que c'était déjà par une question de cérémonial
qu'avait commencé la grande lutte du sacerdoce et
de l'Empire : tant il est vrai qu'alors même que les
nations paraissent ne s'agiter que pour un mot, c'est
toujours pour quelque chose de très-réel au fond
qu'elles luttent ! Quand les papes contestaient aux
Empereurs le droit d'investir par *la crosse et l'anneau* les prélats bénéficiers de l'Empire, en leur laissant l'investiture par le *sceptre*, ils attachaient sans
doute peu d'importance à la remise de ces insignes ;
mais ils comprenaient bien, ils comprenaient trop
que, dans cette société du moyen âge, où tous les
pouvoirs, toutes les juridictions, tous les éléments
politiques étaient empreints de la forme féodale,
l'investiture par la crosse et l'anneau des prélats à
la fois suzerains de l'Empereur et subordonnés du
Saint-Siége ne tarderait pas à faire des bénéfices ecclésiastiques de véritables fiefs séculiers, et attirerait
promptement la juridiction spirituelle à l'Empereur.

A l'appui de son plaidoyer pour les princes allemands, Leibnitz n'oublie rien : textes, précédents
historiques, consentement implicite des peuples et
des princes, tout est rapporté pour corroborer l'argumentation très-vigoureuse du défenseur de la nationalité germanique (1). Jamais un si formidable ap-

---

1) L'étymologie latine du pseudonyme *cæsarinus* indique que
Leibnitz n'entendait pas abandonner les droits de l'Empire, et

pareil de dialectique et tant d'érudition n'avaient été mis au service d'une cause légère en apparence, quoique d'une importance sur laquelle l'immense débit du livre de Leibnitz montra que l'Europe tout entière ne se méprenait pas.

Au reste, le *Tractatus de jure suprematûs* n'est pas le seul écrit par lequel Leibnitz ait fait une incursion dans la politique. Il reste de lui, sur une autre question de politique internationale, deux écrits très-remarquables en tous temps, très-dignes d'attention aujourd'hui encore, aujourd'hui surtout que la politique de la France a réalisé ses vues presque prophétiques. Ils sont intitulés : l'un *Mémoire à Louis XIV sur la conquête de l'Égypte,* etc. (1), écrit en français ; l'autre, *Consilium œgyptiacum,* écrit en latin comme son titre l'indique (2). A l'époque où Leibnitz les composa (1672), l'Europe

l'étymologie allemande du pseudonyme *Furnstenerius* le montre défenseur des princes.

(1) Publié en 1840 par M. de Hoffmans. Les idées qui y sont exposées sont bien de Leibnitz, et telles que le baron de Boinebourg, protecteur de Leibnitz, les communiqua au gouvernement de Louis XIV ; mais peut-être faut-il douter de l'authenticité littérale de ce document sur lequel son inventeur ne donne aucuns détails.

(2) *Rapporté dans les Mémoires de l'Académie des sciences morales et politiques de France. — Savants étrangers,* 1841, p. 679-767. Cet écrit fort consulté de son temps dormit ignoré dans la bibliothèque de Hanovre jusqu'en 1803, époque où le général Mortier en envoya le manuscrit au Premier Consul. Il fut de nouveau oublié à la bibliothèque de l'Institut à Paris jusqu'en 1838, où un savant allemand, M. Guhrauer, l'exhuma.

était sous la crainte d'une monarchie universelle, à laquelle semblait tendre l'ambition de Louis XIV. Tous les écrits et pamphlets du temps, imprimés hors de France, ne sont, à ce sujet, qu'un cri d'alarme. Leibnitz songea au péril, comme tout le monde, mais pour aviser à le conjurer. Quel obstacle opposer à ce débordement de la puissance française que tout semblait favoriser alors? la comprimer? Il ne paraissait pas qu'on pût y songer sérieusement : on endigue un fleuve, on le détourne, mais c'est folie que d'en barrer le cours. Quand une nation est providentiellement en voie de croissance, quand elle est, par ses idées, en voie de développement, refouler sa séve et sa vitalité, c'est de la cruauté, c'est la vouer à l'apoplexie, à la pléthore, en faisant refluer l'excès de ses forces vers le centre; et si elle est assez forte, elle se défendra. De nos jours, par exemple, l'Angleterre a besoin de l'Inde; et l'empire russe, que des hommes d'État considèrent comme un Hercule au berceau, étouffe comme un gros enfant dans ses brassières, si bien que la question ne peut être que de savoir si la Russie débordera par Tiflis sur Ispahan, ou sur Constantinople.

Au temps de Leibnitz, la France donc menaçait l'Europe, comme elle la menacerait encore si elle n'avait trouvé où exercer sa puissance civilisatrice. Pour ouvrir un champ à sa légitime ambition, qu'il n'était pas possible de refréner violemment, Leibnitz songea à l'Égypte, aux États barbaresques, contrées fort peu connues alors, mais où il lui sembla que la France pouvait porter la lumière sans devenir pour l'Europe un danger. Dans ces écrits, il fait preuve de la connaissance la plus profonde de l'histoire politique de son temps. Il démontre que la conquête de l'Égypte peut être achevée en un an ; qu'un échec n'enlèverait rien à la France de sa puissance et de son autorité ; que l'Europe, et la maison d'Autriche en particulier, n'auraient aucune raison de contrarier les desseins de Louis XIV sur ce point ; qu'une telle entreprise aurait pour résultat de servir le développement de la marine française et de fonder une excellente école militaire ; qu'elle ferait passer de Hollande en France le commerce maritime, et surtout qu'elle ruinerait la Hollande beaucoup plus efficacement qu'on ne pourrait le faire par les succès les plus éclatants obtenus par les armes. Or, cette vue d'un penseur d'il y a cent cinquante ans, le le jeune héros de Rivoli la fécondait, par l'effet d'une rencontre fortuite et surprenante du génie, à un siècle de distance, et la monarchie constitutionnelle la réalisait sous nos yeux, laissant au second empire le soin de continuer son œuvre.

Ces travaux politiques et juridiques de Leibnitz avaient développé son goût pour l'étude du Droit public. En 1693, il publiait la première partie d'un *Code diplomatique*, vaste recueil de traités, et, en 1700, il y ajoutait un second in-folio qui conduisait le *Code diplomatique* jusqu'au seizième siècle. Ces deux volumes, travail de pure compilation, ne sont pas susceptibles, malgré leur mérite, d'une analyse raisonnée ; mais ils sont précédés chacun d'une admirable dissertation, où Leibnitz reprend et développe ses idées déjà présentées dans d'autres ouvrages sur le principe philosophique du Droit et sur le fondement du droit de la nature et des gens.

C'est par cette publication, malheureusement incomplète, que Leibnitz termina ses travaux sur le Droit. En compagnie de tant d'autres qu'il ne nous appartient pas d'apprécier, mais que tous les érudits connaissent, ils placent le nom de leur auteur parmi les plus glorieux dans la glorieuse phalange des dominateurs de la pensée au dix-septième siècle. Mais, pour être complet, il nous faut descendre plus avant dans l'œuvre juridique de Leibnitz ; nous avons à exposer sa doctrine, pour ensuite la juger ; c'est ce que nous allons entreprendre de faire avec quelques détails.

II

Les travaux purement juridiques de Leibnitz ont deux objets, comme nous l'avons indiqué dans les lignes qui précèdent : réformer l'enseignement écrit de la jurisprudence, par une classification nouvelle des matières, et poser les principes du droit naturel. C'est ce qu'il a tenté dans sa nouvelle méthode pour l'étude et l'enseignement de la jurisprudence, où plein de cette pensée si féconde que bien enseigner

et enseigner la vérité sont deux choses mutuellement dépendantes, il va sans cesse des préceptes de
l'étude aux principes de la science ; ses écrits posté-
rieurs se rattachent tous à l'un ou à l'autre de ces deux
objets.

Dans sa *Nova methodus*, Leibnitz commence par
une analyse raisonnée des parties de la science, pour
arriver ensuite à une meilleure classification de ses
matières. Empruntant à la théologie une distinction
vraie, il reconnaît dans la science du Droit quatre
parties différentes, la partie didactique, la partie
historique, la partie exégétique et la partie polémique : la première et la dernière constitutives de la
science même du Droit ; la seconde et la troisième
seulement requises. Puis, il note encore dans la jurisprudence, comme dans la théologie, mais avec
moins de raison peut-être, deux principes distincts,
la raison et les textes : la raison ne relevant que de
l'arbitre particulier ; les textes, qui sont la matière
du raisonnement, discutables quant à leur sens,
mais incontestables quant à leur autorité.

Ce que Leibnitz appelle la partie didactique de la
jurisprudence, ce sont les éléments. Pour Leibnitz,
les éléments de la science du Droit comprennent les
définitions ou explication des termes (*verborum sig-
nificatio*), et les préceptes (*regulæ juris*). Les définitions et les règles doivent être enseignées, non au
hasard ni dans un ordre arbitraire, comme serait
celui de l'alphabet, mais dans un ordre naturel, de
façon à faciliter les efforts de l'intelligence et à pré-

senter comme la topographie de la science au jeune élève qui y hasarde ses premiers pas.

Est-ce dans un ordre rationnel que sont rangées les matières du Droit dans les compilations justiniennes, qui formaient encore le Droit de toutes les nations civilisées au temps de Leibnitz? Personne ne l'a soutenu, et jamais on n'a tenté d'y établir un lien de filiation entre les matières, selon l'ordre où elles s'y succèdent. L'ordre du Code, calqué sur celui du Digeste, et l'ordre du Digeste, calqué sur celui de l'Édit perpétuel du Préteur, résisteront toujours à tout essai de cette nature, qui ne pourrait être d'ailleurs qu'un jeu d'esprit; et les jurisconsultes du vieux temps, tout en défendant l'ordre du Digeste et du Code dont ils craignaient qu'un remaniement, même sous le prétexte de l'enseignement, n'altérât le caractère, n'ont jamais songé à le justifier.

A la vérité, une apparence de méthode se fait remarquer dans les Institutes; mais l'ordre des Institutes même est encore vicieux; les divisions y sont mal tranchées, les omissions nombreuses et les répétitions inévitables. Il n'est pas une partie des Institutes dont l'intelligence ne requière la connaissance des autres parties. Pour mettre de l'ordre dans le classement des matières du Droit, il faut de toute nécessité se modeler sur un plan idéal; et c'est ici que Leibnitz est conduit à marquer les principaux traits de sa philosophie du droit.

Qu'est-ce d'abord que la jurisprudence? Leibnitz la définit avec beaucoup de bonheur, la science des actions, en tant qu'on peut les appeler justes ou in-justes, *scientia actionum quatenus justæ vel injustæ dicuntur*. Or, le juste et l'injuste, c'est tout ce qui est utile publiquement (*publicè*), c'est-à-dire utile au monde ou à Dieu, recteur du monde, au genre humain et à l'État. Selon cette doctrine, la jurisprudence est donc divine, humaine ou civile, et la jurisprudence civile n'est autre chose que la sagesse appliquée aux rapports privés des particuliers (1). Mais par utilité, Leibnitz n'entend pas cet intérêt immédiat, personnel et borné, qui ne peut être l'objet que de la politique, et qu'il combattra plus tard dans Hobbes, son représentant le plus éminent. L'utilité, comme il l'entend, c'est l'ordre majestueux établi par Dieu même, c'est la concordance parfaite des actions humaines avec ses vues.

Au reste, Leibnitz n'est pas plus théocrate qu'il n'est utilitaire. Dans un écrit sur un traité de Droit naturel, ce que nous appellerions aujourd'hui un article bibliographique (2), réfutant l'erreur de ceux qui font du droit un dogme et de la justice humaine l'expression de la volonté de Dieu, dont les souverains seraient les ministres irresponsables, il montre très-clairement qu'un tel système intronise la force dans les sociétés humaines et soumettrait le droit immuable de sa nature aux destinées changeantes de la puissance. Or la justice cessera-t-elle, si la puis-

(1) **V.** *Epistola* vi *ad H. E. Kestnerum.*
(2) *Observationes de principio juris.*

sance du souverain vient à faillir? Cela ne se peut, dit Leibnitz ; fondez, au contraire, la justice non sur la puissance de Dieu, mais sur sa sagesse, et un mauvais génie pourra devenir le maître des choses humaines, sans que le mal cesse d'être le mal, la violence une iniquité et le despote aveugle un tyran.

Il revient sur cette pensée dans un autre opuscule (1), où il place la *cause efficiente* du Droit dans la lumière de la raison éternelle que Dieu a suscitée dans nos esprits, ce qui veut dire en langage vulgaire que le Droit, c'est ce qui paraît tel à la saine raison.

La jurisprudence ne considère donc les actions humaines que par un côté, leur moralité, *qualitas moralis*. Or, cette qualité morale est de deux sortes : ou l'individu prétend exercer sur quelque chose ou sur autrui une puissance, ou bien il y est soumis. La puissance morale s'appelle *droit ;* la nécessité morale, *obligation.* Le sujet de tout droit ou de toute obligation est une *personne :* personne naturelle quand le sujet du Droit ou de l'obligation est unique, *homo ;* personne civile quand le droit ou l'obligation intéressent plusieurs individus unis par un intérêt commun, *collegium.* L'objet de l'obligation est toujours une chose, *corpus, res.* Mon droit sur la chose que j'appelle mon corps, c'est ma liberté ; sur tous les autres objets, c'est une propriété, un domaine, *dominium :* domaine direct, s'il a pour objet la matière même ; domaine

_____

(1) *Monita quædam ad Puffendorfium.*

utile, si son droit s'exerce seulement sur la forme ;
servitude, possession, etc., si le droit a pour objet
un des éléments du droit de propriété. L'atteinte à
tout droit quelconque s'appelle injure.

Mais les différents droits et les différentes obligations doivent être distingués quant à leur cause. La
cause de toute qualité morale, pour parler comme
Leibnitz, est toujours ou la nature ou un acte de
droit ; c'est la nature qui me fait libre, c'est un acte
de droit, un fait qui me confère une puissance sur
un objet abandonné ou n'appartenant à personne.
Si cet objet une fois mien cesse d'être en ma possession, j'ai la faculté de le revendiquer partout où il
se trouve et tout le monde est tenu de ne pas me
gêner. Les obligations qui naîtraient d'une décision
judiciaire dans un conflit de cette nature tiennent
à la nature des conventions, *pertinent ad fontem
pactorum ;* elles doivent être considérées comme
naissant d'un contrat, *quasi ex contractu ;* car tout
membre de l'État s'est engagé à respecter les décrets généraux, *leges,* et particuliers, *sententias,*
émanés de l'autorité publique, et cet engagement
exprès ou tacite doit faire ranger, comme sources de
droit, dans la même classe, les jugements publics et
les contrats (1).

---

(1). Voici un exemple, entre autres, où le principe de Leibnitz
reçoit une application dans le Droit français. L'art. 2235 du Code
Napoléon dispose que, pour compléter la prescription, on peut
joindre à sa possession celle de son auteur, de quelque manière
qu'on lui ait succédé. Supposons que le détenteur d'un immeu-

Si l'on récapitule les causes d'acquisition des droits on trouvera les suivantes : 1° la nature, c'est-à-dire ce qui me fait libre et me confère la faculté d'acquérir tout ce qui est *res nullius* ; 2° la succession, qui ne produit pas un droit nouveau, mais transfère un droit acquis (1) ; 3° la possession qui conduit à l'usucapion ; 4° la convention, et 5° même l'injure, car tout dommage causé sans droit à autrui fait naître immédiatement l'obligation de le réparer.

Les causes d'extinction des droits et des obligations sont 1° la mort, mais seulement quand le défunt n'a pas laissé d'héritier direct, attendu que dans la doctrine de Leibnitz, les héritiers, par l'effet du dogme de l'immortalité de l'âme, doivent être considérés comme les procureurs, *procuratores in rem suam* du défunt ; 2° l'accomplissement de l'obligation, *solutio* ; 3° la convention contraire.

Si un nouveau corps de Droit devait être composé sur ces données, il requerrait trois qualités ; il de-

ble agissant au pétitoire se soit fait reconnaître propriétaire vis-à-vis d'un simple possesseur : si plus tard, il est inquiété par le véritable propriétaire, et qu'il n'ait d'autre moyen de défense que d'opposer la prescription, pourra-t-il joindre à sa possession celle du premier possesseur évincé? Oui, il lui a succédé en vertu d'un quasi-contrat judiciaire.

(1) C'est ainsi que Leibnitz expose en quelques lignes sa théorie célèbre du droit de succession en ligne directe. On sait qu'il fonde le droit des enfants à la succession de leurs parents sur le dogme de l'immortalité de l'âme, en considérant les héritiers comme *procuratores in rem suam*, par l'effet de la survivance spirituelle de leurs auteurs.

vrait être complet, court, ordonné, afin d'éviter trois défauts, les répétitions, l'obscurité, les contradictions. Dans un écrit dont la publication suivit immédiatement celle de la *Nova methodus*, Leibnitz revient sur ces conditions de la composition d'un bon Code, et il donne des règles de détail dont les modernes codificateurs pourraient encore aujourd'hui faire leur profit (1).

Dans les préceptes qui, selon le plan de Leibnitz, forment la seconde partie des éléments de la jurisprudence, il faut considérer la matière et la forme. Quant à la matière, il faudrait écarter tous les préceptes incertains, hors d'usage, clairs outre mesure ou étrangers à la science, *incerta, abrogata, manifesta, aliena;* et quant à la forme, ils devraient être généraux et sans aucune exception possible. Mais tous les recueils de règles connus au temps de Leibnitz satisfaisaient si peu à ces conditions, qu'entre tous les travaux dont son vaste génie entrevoyait dès alors la réalisation, il plaçait au premier rang un recueil de brocards corrigés.

Après avoir ainsi traité de la partie didactique de la jurisprudence. Leibnitz passe à l'histoire. L'histoire est interne ou externe : l'histoire interne, c'est l'histoire du Droit même; l'histoire externe, c'est l'histoire générale étudiée particulièrement dans ses rapports avec le Droit, l'histoire ecclésiastique entre autres. A ce propos, Leibnitz montre de

____

(1) *Ratio corporis juris reconcinnandi.*

quel secours serait pour le progrès de la science du Droit une histoire bien faite du Droit romain, qui manquait encore de son temps.

La troisième partie de la jurisprudence, l'exégèse, est de deux sortes. L'exégèse, ou interprétation, a lieu ou bien *ex textu* ou bien *ad textum : ex textu*, quand on cherche à interpréter ensemble plusieurs textes s'éclairant mutuellement, c'est ce que Leibnitz appelle la philologie du Droit ; *ad textum*, quand l'interprète suit la loi au pied de la lettre par une discussion sévère des mots, c'est le commentaire. Sur tous les points d'histoire et d'exégétique, Leibnitz cite, discute, apprécie et juge une innombrable quantité d'écrivains ; partout il montre un esprit à la fois juste et délié, mais il serait difficile, peut-être même fastidieux, de le suivre, sans avoir son ouvrage même sous les yeux ; nous devons nous borner à reproduire les grands traits de ses écrits.

La dernière partie de la jurisprudence, c'est la partie polémique. La polémique a pour objet la discussion de tous les cas à la fois nouveaux et douteux. Ici, on quitte le fini pour l'immense infini ; on sort de la Méditerranée, dit Leibnitz, pour entrer par Gibraltar dans le vaste Océan ; on marche dans un champ sans horizon, dont nul ne peut entreprendre de poser les limites, mais où l'on peut se guider à la lueur des principes. Or, pour la solution de tous les cas nouveaux et douteux, le jurisconsulte peut ou recourir au droit naturel, ou se décider par similitude, c'est-à-dire par analogie, avec ce que le droit positif déclare dans des cas à peu près semblables ; et à cette occasion, Leibnitz est conduit à exposer sommairement la doctrine des principaux écrivains du droit naturel, Grotius et Hobbes entre autres, pour arriver, en essayant de concilier entre elles tant d'opinion divergentes, à une sorte de doctrine moyenne, qui est la sienne.

Leibnitz donc croit faire cesser toutes les divergences d'opinion sur le principe du droit en distinguant dans le *jus naturæ* trois choses, le *jus strictum*, l'*æquitas*, la *pietas*. Le droit strict, c'est le droit de la paix et de la guerre, le droit qui a pour sanction la force ; son principe est dans ce précepte des jurisconsultes romains, *neminem lædere*. Le second précepte, *suum cuique tribuere*, est le principe de l'*æquitas*, et le troisième, *honeste vivere*, est le principe de la *pietas*, qui correspond à la justice universelle, et commande le respect de toutes les souverainetés légitimes (1).

On se trouve ainsi ramené au point de départ de Leibnitz lorsqu'il dit, presque au début de sa *Nova methodus*, que le juste, le droit, c'est tout ce qui est utile publiquement. Veut-on le quereller sur la définition si large qu'il donne du Droit ? il répond que ceux qui ne font rentrer dans le Droit que les actes extérieurs de l'homme sont obligés logiquement de reconnaître deux Droits, distinction vaine

____

(1) Leibnitz revient sur ce point dans la première préface de son Code diplomatique.

et incertaine, à son sens, si vaine que ceux qui la font sont obligés de se contredire eux-mêmes, puisque le serment, par exemple, est écrit dans toutes les législations connues, et qu'en décrétant le serment, le législateur permet de fouiller dans les profondeurs de la conscience (1).

Enfin, Leibnitz termine en donnant le plan d'un cours d'études du Droit, lequel, selon lui, doit se subdiviser en plusieurs cours, faits dans l'ordre suivant : un cours d'histoire du Droit, l'explication des termes du Droit, l'enseignement des préceptes élémentaires, un cours exégétique et un cours polémique. Le reste du temps doit être consacré par l'élève à des lectures libres, à la pratique et aux affaires.

Nous avons exposé la doctrine de Leibnitz dans son ensemble, le suivant pas à pas pour être exact, et nous attachant à être complet autant qu'une analyse peut l'être. Nous nous sommes abstenu de tout commentaire, afin de laisser apparaître son système dans toute sa pureté. Nous allons nous hasarder maintenant à le juger.

Ce qui frappe dans les opuscules de Leibnitz sur le Droit, même dans ceux de sa jeunesse, c'est d'abord l'immensité des lectures qu'ils supposent, et ensuite la lucidité étonnante d'une intelligence où toutes les idées empruntées aux autres ou conçues par elle-même, se classent sans effort et semblent trouver en quelque sorte toutes seules la place qui

____

(1) *Monita quædam ad Puffendorfium.*

leur convient. Quelle clarté nouvelle Leibnitz n'a-t-il pas répandue sur l'ensemble de la science du Droit, où régnait avant lui, et encore après lui, hélas! la confusion; et que n'était-on pas en droit d'attendre d'un si grand génie, s'il eût donné aux travaux du Droit une place plus grande dans son œuvre immense! Des théories complètes paraissent sortir de son cerveau coulées d'un seul jet. Soit qu'il juge autrui, soit qu'il crée, jamais la moindre hésitation ne se fait sentir; jamais un nuage ne vient obscurcir la pensée ou l'expression. La force, la finesse, la logique sévère, le sens profond, toutes les qualités qu'il loue dans les jurisconsultes romains, que pour cette raison il égale presque aux géomètres (1), il les possède lui-même au degré le plus éminent, et l'on se sent comme rassuré de marcher à la suite d'un guide dont le pas est si ferme que, alors même qu'il découvre, il semble toujours n'avancer qu'en un pays connu. Cela ne veut pas dire sans doute que Leibnitz ne se soit jamais trompé; mais il faut admirer en lui une méthode toujours précise et la pensée toujours nette.

Comme écrivain de droit naturel, Leibnitz, en séparant le droit strict de la simple équité, en posant comme principe unique du *jus strictum*, le *neminem lædere* des jurisconsultes romains, en distinguant les droits naturels des droits acquis, a presque fait une découverte qui doit le faire consi-

____

(1) *Epistolæ ad H. E. Kestnerum*, I et VI.

dérer comme le précurseur de Kant. Qu'est-ce que le Droit, en effet, sinon l'indépendance individuelle, la liberté? *Neminem læde*, ne blessez personne, tout est là. Après cela, que Leibnitz, entraîné par l'exemple des jurisconsultes ses prédécesseurs et ses contemporains, ait reculé trop loin les limites de la science, au lieu de s'en tenir à l'étude du Droit individuel, subjectif, le seul Droit dont on puisse avoir une idée bien claire, comme eût fait un bon disciple de Descartes; qu'au lieu de cela il se soit égaré à la recherche d'une sorte d'ontologie du Droit, on peut le regretter; le principe n'est pas moins trouvé, d'autres le féconderont plus tard.

Mais Leibnitz ne s'est pas borné à rechercher le principe du Droit; il l'a aussi défendu contre les utilitaires et les théocrates, dont la grande erreur es de prendre, entre ces deux attributs de Dieu, la sagesse et la puissance, la puissance seulement, pour en armer les pouvoirs publics représentants de la justice ici-bas. Or, cela n'est pas rationnel, dit Leibnitz; car si la puissance de Dieu est toujours juste, même quand notre faible raison ne la comprend plus, la force sans la raison, dans nos sociétés civiles, restera toujours une pure iniquité. En basant, au contraire, la justice sur la sagesse de Dieu, telle que la raison éclairée la comprend, l'anarchie ou la tyrannie, si elles se produisent, ne sont plus qu'un accident, l'ordre moral est toujours sauf; et voilà comment Leibnitz pose à la fois un principe vrai et repousse une erreur, par une simple distinction à laquelle aujourd'hui encore on n'aurait rien à ajouter.

Dans le Droit civil, la trace de Leibnitz n'est pas moins profondément empreinte. Avec Doneau et mieux que Doneau, il a signalé les vices des compilations justiniennes, montré les inutilités, les lacunes, l'obscurité et la confusion qui déparent ces grandes compositions, et indiqué les conditions nécessaires d'un bon Code. La classification nouvelle des matières du Droit qu'il propose est simple, raisonnable, naturelle, incontestablement préférable à celle des Institutes et de notre Code Napoléon, où se trouvent si peu de chapitres, de sections et même d'articles qui se suffisent à eux-mêmes, et qui ne contiennent une répétition de dispositions précédentes ou un empiétement sur des matières qui suivront. Définir les droits et les obligations, traiter des personnes sujets des droits, puis des choses, puis dire comment les droits s'acquièrent et comment ils se perdent, tel est le cadre à la fois simple et grandiose dans lequel Leibnitz renferme la science du Droit tout entière. Mais Leibnitz n'est pas à l'abri de toute critique dans quelques détails. Comme cela est arrivé à Domat dans le même temps et de la même manière, il confond la matière des droits réels avec celle des obligations. Or, le lien de droit qui m'astreint envers autrui par l'effet d'un contrat est tout autre chose que le devoir que j'ai de respecter sa liberté et sa chose. L'obligation naît d'un acte de droit, le devoir au contraire est naturel ; l'une m'impose d'agir, l'autre ne me commande que de m'abstenir (1). Cette confusion nuit un peu à l'excellence du plan de Leibnitz.

Comme réformateur de l'enseignement du Droit, tel qu'il était dispensé dans les écoles de son temps, on doit à Leibnitz une analyse très-juste des différentes parties de la science du Droit, et l'idée très-raisonnable de faire précéder l'enseignement des textes et la discussion des cas controversés et douteux, d'une histoire abrégée du Droit et d'un exposé méthodique de tous les principes fondamentaux. La division de la jurisprudence en partie didactique, partie historique, partie exégétique et partie polémique, correspond au développement naturel des intelligences, et fournit ainsi un excellent programme d'enseignement. De plus, elle est heureuse comme faisant connaître, par l'analyse, les divers éléments dont l'ensemble compose la science du Droit, et elle donne ainsi aux jurisconsultes faits le plan de la meilleure méthode dont ils puissent s'aider dans toutes leurs compositions, depuis le simple mémoire jusqu'au traité. Avant Leibnitz, on savait tout cela, sans doute, mais confusément; il a le premier réduit les diverses parties de la science du Droit à leur expression la plus simple; il a appris aux jurisconsultes qu'ils faisaient de la prose, et en leur en

_____

(1) On retrouve quelque chose de la confusion de Leibnitz et de Domat dans les art. 464, 651 et 652 de notre Code Napoléon, où le mot *obligation*, mot technique, est employé pour *devoir*, et le mot *obliger*, employé pour *contraindre*.

dévoilant le secret, il leur a appris à la faire meilleure.

Quant à l'idée de Leibnitz de commencer l'enseignement de la jurisprudence par un exposé dogmatique et historique des principes, avant d'aborder l'explication des détails et la discussion des cas douteux, elle est si naturelle, qu'on peut s'étonner de voir suivre encore aujourd'hui un autre ordre. A quel résultat espère-t-on arriver en plongeant l'élève au plus profond des difficultés de la science, dès les premiers pas qu'il fait dans la carrière ? C'est cependant ainsi que le Droit est encore enseigné dans nos Facultés ; et l'insuccès, par malheur trop constaté, d'une telle méthode n'a pas encore fait réformer le règlement qui l'établit (1).

Tel est l'ensemble des travaux de Leibnitz sur la science du Droit, travaux admirables en eux-mêmes, mais admirables aussi comme un témoignage de plus de la puissance d'une intelligence à laquelle il n'est pas une branche du savoir humain qui ne doive un progrès. Quelle partie de la science universelle, en effet, Leibnitz n'a-t-il pas illuminée des reflets de son génie ? Mathématicien, philosophe, théologien, jurisconsulte même, il a tout embrassé, tout pénétré, tout approfondi, traçant partout des voies nouvelles ou éclairant les voies connues, comme si la Providence avait voulu montrer en le formant tout ce qu'un crâne humain peut enserrer d'idées sans se

____

(1) V. *suprà* : *De l'Enseignement du Droit civil en France.*

rompre, tout ce que l'enveloppe cérébrale peut subir de tension sans se déchirer. Certes, nous ne sommes pas ingrat pour les bienfaits de la société nouvelle, ni insensible aux merveilles que l'industrie crée sous nos yeux; mais quand on fait tant de bruit au dehors, que l'homme, hélas! n'est plus à lui-même, qu'il nous soit permis, sans nous faire le tenant d'un autre âge, de donner un regret en passant à ces temps des grandes études, des longues méditations, où rien ne venait troubler le penseur dans ses rêves, et où l'on trouvait au moins, loin des clameurs de la foule, deux biens maintenant impossibles, la solitude et le recueillement.

CHAPITRE II

VICO JURISCONSULTE

I

L'histoire de Vico est l'histoire d'un malheureux. Né en 1668, à Naples, de parents honnêtes, mais pauvres, il commença de bonne heure la vie laborieuse et pénible qu'il mena jusqu'à la fin. A sept ans, il a le côté droit du crâne fracassé dans une chute, et ce n'est qu'après trois années de convalescence, souvent menacé de perdre la vie ou la raison, qu'il se remet de ce terrible accident dont il conserva des marques toute sa vie. Arrivé à l'âge viril, on le trouve père de famille, mais en proie à tous les soucis domestiques, vivant difficilement des émoluments d'une chaire de rhétorique, cherchant à suppléer à l'insuffisance de son traitement en donnant des leçons particulières de langue latine, composant pour les hommes puissants de son temps des discours, des poésies, toutes sortes d'ouvrages peu appréciés et mal payés, et n'ayant pas même, pour se remettre de travaux si rebutants, les consolations du foyer ; car un de ses enfants est atteint d'une maladie cruelle, et un autre, qui fait le désespoir de sa famille, réduit son père à la nécessité de le faire enfermer.

Plus tard, on voit Vico, à près de soixante ans, concourir pour une chaire de Droit, mais obligé bientôt, malgré son mérite reconnu, de se désister pour laisser la place à un concurrent mieux appuyé. Et lorsqu'enfin, à l'avénement de la maison de Bourbon au trône de Naples, sa réputation de savant attire sur lui les regards du roi Charles, qui le nomme son historiographe, Vico, accablé par l'âge et le malheur, en proie à des douleurs convulsives et à un mal rongeur qui lui avait dévoré une partie de la tête, tombe pour ne plus se relever, reste quatorze mois sans parler, sans reconnaître ses propres enfants, et meurt (20 janvier 1744) sans avoir eu peut-être une pleine conscience de son génie, quoi qu'il en ait dit, car, pour Vico, attaqué, méconnu ou loué de travers de son vivant, la postérité ne devait commencer que près d'un siècle après lui.

Nous ne rappellerions pas ces traits de la vie malheureuse de Vico, si son nom n'était qu'un nom de plus à ajouter au martyrologe des ouvriers de la pensée. Mais, tandis que tous les penseurs, même les plus grands, ont des ancêtres, Vico n'en a pas. Le contradicteur de Descartes, le père de l'école historique dans la jurisprudence, celui qui, le premier, enseigna que l'histoire générale a ses lois constantes, qui se retrouvent partout, ne procède que de lui-même. Il produit tard et difficilement, et il est tel que les circonstances et ses études l'ont fait. On comprend, dès lors, comment les circonstances de sa vie ont pu influer sur ses études et sur le cours de ses pensées, et comment son histoire intellectuelle doit précéder l'exposé de ses travaux, si l'on veut bien en comprendre la filiation et les tendances.

Dans une histoire de sa vie, écrite par lui-même, Vico nous apprend que ses premières études eurent le Droit pour objet. Il débuta même au Barreau avec un succès assez grand pour l'engager à continuer. Mais effrayé du tumulte qui y règne, il ne put y séjourner, et accueilli par l'évêque d'Ischia, que le hasard lui avait fait rencontrer dans une bibliothèque, il alla ensevelir sa jeunesse dans la campagne de Naples, à Vatolla, chargé d'enseigner le Droit aux neveux de l'évêque, étudiant pour lui-même la théologie et surtout le droit canonique, puis l'antiquité latine, puis les premiers écrivains italiens, Dante surtout, dont il eut quelquefois plus tard les conceptions étranges et grandioses, puis les philosophes grecs, Aristote et Platon, et enfin la géométrie, ayant remarqué combien chez ces deux maîtres de la philosophie grecque les preuves mathématiques appuient victorieusement les assertions de la philosophie.

Ramené à Naples à l'âge de vingt-neuf ans par les nécessités de la vie, Vico joignit à la méditation de Platon l'étude des écrits de Tacite. Mais ces deux grands écrivains, le premier contemplant l'homme tel qu'il doit être, et le second le montrant tel qu'il est, ne donnant pas à la pensée de Vico une entière satisfaction, à Platon et à Tacite il joignit Bacon, qui lui sembla réunir deux qualités presque opposées, la sagesse théorique et la sagesse pratique, et plus tard Grotius, l'homme complet à ses yeux, présentant dans un système de Droit universel toute la philosophie, et appuyant sa théologie sur les faits historiques et l'histoire des langues. Quand Vico voulut plus tard fixer ses idées, Grotius ne fut plus pour lui l'objet d'une admiration sans réserve, mais ce fut un point de départ.

On pense bien qu'au milieu d'études si diverses, dont s'étonneront sans doute ceux de nos lecteurs pour qui Vico est encore inconnu, la philosophie de Descartes devait avoir une place. Mais si Vico rendait justice à Descartes, il ne pouvait lui pardonner son dédain pour les études historiques (1) ; le doute méthodique lui paraissait une hypothèse tout à fait inadmissible et dangereuse, et il redoutait surtout les conséquences dernières du principe du sens individuel, l'idéalisme ou le scepticisme. Placé entre un principe vrai et des conséquences inacceptables, que peut-on faire, sinon prendre un terme moyen ? C'est ce que proposait Vico.

Cependant, fortifié par des études si variées, entre

_____

(1) *De antiquissimâ Italorum sapientiâ*, cap. 1, § 2. V. aussi sa réponse à un critique, t. II, p. 119 de l'édition de M. Ferrari.

lesquelles il ne fallait pas moins qu'un esprit aussi puissamment généralisateur que le sien pour découvrir un lien, Vico se mit sérieusement à écrire. Le premier opuscule important qu'il publia est intitulé : *De antiquissimâ Italorum sapientiâ ex originibus linguæ latinæ eruendâ* (1710). Bacon avait déjà cherché dans un livre fort ingénieux l'explication philosophique de la mythologie ancienne. Dans son ouvrage sur l'antique sagesse de l'Italie, Vico songea à rechercher la sagesse des temps primitifs dans les origines de la langue latine. Qui pourrait contester que cette entreprise ne fût à la fois originale et très-raisonnable? Les langues ne se forment pas au hasard ; toutes ces façons communes de parler, ces locutions vulgaires ne sont pas sans raison. Si l'on voulait former, en dehors de tout esprit de système, un corps de philosophie aussi vraie que simple, c'est d'un dictionnaire bien fait qu'il faudrait l'extraire. Le *De antiquissimâ Italorum sapientiâ* en est presque une preuve. C'est là, dans cet ouvrage si peu français par la forme malheureusement, que Vico, malgré quelques synonymies douteuses et plusieurs étymologies forcées, soulève une foule d'aperçus ingénieux et pleins de justesse, et qu'il entreprend, par un effort qui sera désormais l'objet constant de ses travaux, d'étudier les manifestations spontanées de l'esprit humain pour y trouver la vérité.

Dans l'ouvrage qui suivit, intitulé *De universi Juris principio et fine uno* (1721), Vico conçut la pensée de ramener à un principe philosophique unique la jurisprudence romaine à toutes ses époques. Il serait assez difficile de donner une analyse exacte de cet ouvrage tout encombré de subtilités et de redites, tout à fait dépourvu d'ordre et de méthode, et que tel qui aurait le mieux pénétré Vico, ne parviendrait peut-être pas à faire bien connaître, s'il voulait suivre l'ordre même de l'auteur ; cependant nous devons essayer d'en indiquer les idées les plus saillantes.

Pour Vico, l'homme est esprit et corps, *homo constat ex animo et corpore :* on ne peut pas le scinder, et c'est une des erreurs de Descartes, selon Vico, que d'avoir imaginé une séparation entre ces deux parties constitutives de notre être (1). Or, l'homme, esprit et corps, a trois facultés, connaître, vouloir, pouvoir, *nosse, velle, posse :* il connaît le juste, il pratique le bien, et le droit naturel, c'est le pouvoir de choisir librement ce qui est bien pour le pratiquer quand nous connaissons ce que l'équité commande : *Æquum cognoscitur, bonum eligitur ; igitur jus naturale est ex electione boni quod æquale cognoveris.*

, Le principe du droit naturel étant ainsi trouvé, Vico fait remarquer que le Droit se trouve avoir pour principe la vérité elle-même, *quod verum est.* Le vrai, en effet, c'est ce qui est conforme à l'harmonie des choses, *quod rerum ordini conforma-*

____

(1) *De antiquissimâ Italorum sapientiâ,* cap. I, § 2.

tur ; en ce sens, la vérité diffère de la certitude, croyance exempte de doute qui peut n'être que l'apparence du vrai, tout en faisant reposer l'esprit dans une quiétude entière. Mais le Droit, à tout prendre, n'est autre chose que la vérité. Tout ce qui est juste est vrai ; aussi les jurisconsultes romains employaient-ils presque indifféremment les mots *verum, œquum, justum* (1), tant est grande la synonymie de ces expressions, tant est profonde l'identité des idées qu'elles représentent !

Ces principes posés, Vico entreprend d'expliquer toute l'histoire du Droit romain, à savoir le droit de propriété et la liberté dans leur développement successif, le droit de tutelle et les testaments, la procédure et l'autorité des plébiscites, etc., etc., rattachant toutes ses idées secondaires à ses principes, tant bien que mal et par des liens d'une telle ténuité que nul ne se pourra jamais flatter de les avoir parfaitement saisis, mais semant sur son chemin une foule de vérités de détail et d'aperçus, à défrayer des volumes entiers de nos jours. C'est ainsi, par exemple, qu'il explique, par la constitution de la famille romaine, qui formait dans l'État, sous l'autorité du père, un petit État, pourquoi le testament était un acte de droit public, pourquoi il en était de même des nominations de tuteur et des adoptions,

----

(1) *Inst.*, liv. 1 , titre IV *De ingen. Verus servus* pour *justus servus.* Dig. *De don. inter virum et ux.* L. *Sed si vir. Verum pretium* pour *œquum pretium.* Térence avait déjà dit : *Non verè ivitur* pour : *On ne vit pas bien. Heaut..* acte 1, v 101.

et comment la loi *Atilia,* relative aux tutelles, contribua, avec tant d'autres plébiscites, à l'avénement des plébéiens, en portant un coup de plus à la puissante unité de la famille patricienne. Que toutes ces vues ingénieuses, qui se retrouveront bientôt pour la plupart dans le grand ouvrage de Vico, manquent dans celui-ci d'un lien commun ou plutôt soient mal liées, on peut le regretter ; mais ses conceptions s'écartaient trop de tous les systèmes connus jusqu'à lui pour pouvoir se formuler du premier coup.

Le même défaut d'ordre et de méthode, les mêmes subtilités insaisissables et souvent fatigantes se retrouvent, avec les mêmes aperçus ingénieux, dans un appendice que Vico donna à son traité sur l'unité du principe et de la fin du Droit universel, sous ce titre : *De constantiâ jurisprudentis.* Qu'est-ce que le jurisconsulte ? c'est le sage, selon l'idée que s'en faisaient les jurisconsultes romains, c'est le philosophe ; ses principes sont uniformes, il est toujours constant avec lui-même ; seulement, il faut savoir le reconnaître sous les apparences diverses qu'il revêt dans les différentes phases de l'état de société. Jusqu'à Vico, on avait expliqué les mœurs, les usages, les institutions, en raisonnant d'après les habitudes d'un état de civilisation déjà avancée, comme si l'esprit humain, dans ses commencements, procédait avec cette régularité qui n'est qu'un fruit de son âge mûr. Il résultait de là que pendant quatre mille ans l'histoire n'avait aucun sens. Vico montra le premier dans cet ouvrage ce qu'il y avait de sagesse cachée dans ces institutions que la superstition, dégénération de l'esprit religieux, enfanta, et que la pure raison ne comprend pas. Avec lui, le voile se déchire, les temps fabuleux se découvrent, le Droit se dégage lentement, comme d'un nuage, des pratiques des fausses religions qui couvrent le monde à son long commencement. Toutes les conjectures des philosophes sur l'origine des institutions humaines, si plausibles en apparence, si fausses en réalité, n'apparaissent plus que pour ce qu'elles sont, c'est-à-dire des mensonges, et l'ouvrage de Condorcet n'est plus qu'un froid roman.

Dans ce même livre, Vico, le premier encore, heurtant de front, par une application très-remarquable de son système, une erreur accréditée partout sur la foi de Tite-Live (1), démontre invinciblement que la loi des Douze-Tables, loin d'avoir été apportée d'Athènes, comme on le disait, est un produit de l'esprit romain. Un corps de Droit, en effet, ne se transplante pas. La loi des Douze-Tables donc fut la première loi certaine arrachée par la plèbe romaine aux patriciens, un produit du sol italique, et nullement une importation grecque (2), et si des

---

(1) *T. Livii Historiarum lib. III.*

(2) *Ex custodiâ juris privati apud patres et desiderio libertatis apud plebem, jurisprudentia in terris nata est apud Romanos.* De const. jurisp. II, cap. XXXIII, et De universi juris princ., cap. CLXXV.

érudits, comme Samuel Petit, Saumaise et Godefroi, ont pu constater des traits communs avec la loi de Solon, c'est que l'esprit humain, procédant en tous lieux en vertu d'une loi commune, doit présenter partout des phénomènes semblables, sans qu'on puisse conclure que ces ressemblances sont des copies.

Cet exposé, tout incomplet qu'il est, des opuscules de Vico, peut faire deviner déjà tout ce qu'il y a d'original et de neuf dans ce génie qui marcha toute sa vie en dehors des voies battues. Nous n'avons noté, et encore sommairement, que les idées se rattachant à la jurisprudence. C'est dans ses *Principes d'une science nouvelle*, écrits en langue italienne et publiés par Vico en 1725, à l'âge de cinquante-sept ans, qu'il faut l'étudier et qu'il apparaît tout entier. C'est là que ses idées, seulement indiquées jusqu'alors dans ses livres, se complètent et reçoivent le lien qui leur manquait. Voyons ce qu'il faut y chercher.

Le titre complet de l'ouvrage est celui-ci : *Principes d'une science nouvelle touchant la nature des nations, par laquelle on retrouve les principes d'un nouveau droit naturel des gens* (1) ; sa pensée, c'est que les nations ont toutes une nature commune, qu'elles se font elles-mêmes ; que l'action individuelle, quelque puissante qu'elle soit, ne saurait influer sur leur destinée d'une façon durable ;

______

(1) *Principii di una scienza nuova intorno alla natura delle nazioni, per la quale si ritruovano i principii di altro sistema del diritto naturale delle genti.*

que toutes parcourent, depuis leur commencement jusqu'à leur fin, les mêmes phases réglées providentiellement : d'où il suit qu'on retrouve partout, chez tous les peuples, quant aux mœurs, quant aux caractères, quant aux langues, quant aux formes du gouvernement, quant au Droit, une science universelle, constante, des choses divines et des choses humaines, et que l'action propre des nations sur elles-mêmes étant ainsi déterminée par la Providence, c'est Dieu qui est à la fois le commencement et la fin de la véritable science. La pensée de Vico, comme cela d'ailleurs apparaîtra plus clairement dans l'examen qui va suivre, est religieuse jusqu'au fatalisme : *Ab Jove principium*, telle est l'épigraphe, le premier mot de la science nouvelle ; *Jovis omnia plena*, tel en est le dernier. (1)

On comprend que, dans un cadre aussi vaste, le nouveau système du Droit naturel des gens annoncé par Vico soit un des principaux corollaires de sa science, mais qu'il ne soit, après tout, comme il le dit lui-même, qu'un corollaire. Vico prend son sujet de plus haut. Avant d'être jurisconsulte, il est historien et philosophe. Seulement, quand il parle de Droit naturel des gens, ce serait se méprendre que d'entendre ces mots dans le sens des publicistes modernes ou même des jurisconsultes romains. Le *Droit* de Vico, ce n'est pas le droit individuel, ce sont les institutions, les coutumes civiles, même

____

(1) *Principii di una scienza nuova*, éd. de 1725, p. 269.

les usages et les rites religieux, comme lorsqu'il parle du droit qu'on peut découvrir et étudier dans les poëmes d'Homère. Le *Droit naturel,* ce sont ces institutions, ces coutumes, ces rites, se dégageant librement du caractère et de la nature des peuples ; et le *Droit naturel des gens,* ce sont ces institutions, ces coutumes, ces rites produits librement, qui, par l'effet de l'identité de nature de toutes les nations, se retrouvent partout les mêmes. Telle est la façon de parler de Vico dans tout le cours de son livre.

Si maintenant nous devions donner par avance une idée de son génie, nous ne serions pas sans embarras. Rien de plus difficile à définir que ce génie à la fois libre et tourmenté, aventureux, fantasque, enthousiaste, sans modèle et sans imitateur ; rien de plus divers dans ses aspects. La *Science nouvelle,* à ne parler que de la forme, c'est le livre des contrastes. De vives lueurs, puis des ombres, des nuages traversés d'éclairs subits, des points lumineux parmi les ténèbres, des conceptions abruptes et grandioses, toujours originales, à la façon de Dante et de Michel-Ange, quelque chose de sombre et de prophétique, voilà Vico, et encore ces images ne peuvent-elles donner qu'une idée imparfaite de son livre.

Ajoutons que la terminologie de Vico, dont on vient de voir un exemple, n'est qu'à lui. Ses locutions singulières, obstacle éternel à ce qu'il soit jamais populaire, ont nui non moins que la nouveauté de ses idées à son succès pendant sa vie et durant près d'un siècle après sa mort. Puis Vico n'a rien de français ; il n'est pas méthodique. Puis l'excès d'une qualité très-rare partout, très-marquée chez lui, déroute à chaque pas le lecteur : son étonnante puissance de généralisation, que nul n'égala jamais, en lui faisant découvrir des liens cachés entre les choses les plus diverses en apparence, oblige à de terribles efforts d'intelligence. Enfin son imagination vive, ardente, procédant par bonds, l'a fait complétement étranger à l'art des transitions. On peut juger si tout cela dut lui conquérir promptement un public.

Telle est, vue de haut et à distance, l'œuvre étrange où nous allons entreprendre de chercher un jurisconsulte. Ces préliminaires étaient nécessaires avant de nous engager dans le fourré de la *Science nouvelle*. A ces difficultés, il faut en ajouter une dernière : la *Science nouvelle* a été refaite trois fois. Après l'édition de 1725, où il procède par voie d'analyse et où l'on peut le suivre encore moyennant beaucoup d'attention, Vico donna en 1730 une seconde édition, sans changements notables quant au fond, mais toute différente par la forme, puis en 1744, une troisième édition où les notes, mêlées au texte par l'imprimeur, ajoutent des obscurités qu'il faut absolument renoncer à pénétrer. Nous n'agirons pas avec notre auteur comme nous le ferions avec tout autre. Quoique cette dernière édition soit celle que l'on a ordinairement réimprimée et la seule qu'on ait traduite, c'est sur l'édition de 1725, devenue introuvable, mais dont une bonne fortune de bibliomane a fait tomber un exemplaire dans nos mains, que nous suivrons Vico.

II

La *Scienza nuova* est divisée en cinq livres, appelés par Vico des chapitres, et chacun de ces livres a pour objet l'étude de l'état social dans une de ses phases : son commencement, son développement, son équilibre, sa décadence et sa fin. Mais le génie indépendant de Vico ne s'enferme pas rigoureusement dans ces divisions; on s'exposerait à des mécomptes, si l'on s'aventurait dans la *Science nouvelle* sur la foi des titres.

Vico fait remarquer d'abord que le Droit naturel des nations, le Droit dans l'acception large qu'il donne au mot, est né de leurs mœurs et avant tout de l'idée de Dieu, commune à tous les peuples (1). Jamais on ne vit de nations d'athées. L'idée de Dieu est partout la même, celle d'un être infini et éternel, commandant aux choses humaines, et que nous invoquons dans les situations désespérées. Quand elle se corrompt, l'idolâtrie commence; mais l'idolâtrie

____

(1) Nous ne mêlerons pas nos idées propres à cet exposé que nous donnons de la doctrine de Vico, considéré comme jurisconsulte. Dans tout le cours de ce paragraphe nous analysons, rien de plus.

même témoigne, en premier lieu, de la liberté de l'arbitre humain, d'où le désir inné chez l'homme de vivre selon la justice, et en second lieu de l'immortalité de l'âme : elle est une manifestation grossière de ce désir, commun à tous les hommes, de vivre éternellement, qui ne s'expliquerait pas si l'existence de l'âme humaine n'avait qu'une durée bornée dans le temps.

Ces trois vérités fondamentales, l'existence de Dieu, la liberté de l'arbitre humain, l'immortalité de l'âme, cachées dans les profondeurs de l'âme humaine, produisent ce que Vico appelle trois sens communs de l'humanité, *tre sensi comuni del genere umano*, touchant la Providence, le respect des mariages et la sépulture des morts. Ces sens communs sont le rudiment de toute civilisation : ils constituent la sagesse vulgaire du monde, *la sapienza volgare del genere umano;* ils sont le principe de toutes les institutions religieuses, civiles et politiques, qui se développeront et se perfectionneront avec le temps par l'action des sciences, de la philosophie et des arts. C'est l'étude de ce développement identique partout qui est l'objet de la science apportée au monde, comme un Évangile, par Vico (1).

On comprend que la science qui peut se déduire des trois vérités fondamentales de Vico est naturellement impossible avec tout système philosophique

(1) *Principii di una scienza nuova,* cap. 1, §§ 1 et 3.

qui rejetterait seulement l'une d'elles. Or, dans l'antiquité, trois doctrines célèbres se sont produites : celle d'Epicure, celle de Zénon et celle de Platon. Mais les épicuriens s'éloignent de la sagesse vulgaire en enseignant un hasard aveugle, la matérialité de l'âme, les plaisirs des sens comme règle d'action, et comme règle de justice, l'utilité. Les stoïciens, de leur côté, s'en écartent autant en sens contraire, avec leur nécessité fatale qui entraîne tout, même l'arbitre humain. Et quant à Platon, qui s'en est le plus rapproché dans la plupart de ses écrits tout pleins de l'idée d'une Providence et de l'immortalité des âmes, il cesse de la comprendre quand il en vient à se contredire lui-même, en prêchant la communauté des femmes, et en exaltant les mœurs grossières et barbares de l'humanité à son commencement, par l'effet de cette tendance que nous avons tous à grandir ce que nous ne connaissons pas (1).

Dans les temps modernes, trois jurisconsultes philosophes, Grotius, Selden et Puffendorf, ont médité chacun un système de Droit naturel des gens, sans beaucoup plus d'utilité. Tous les trois manquent de critique : Grotius n'étudie les mœurs des nations que dans les philosophes moralistes, dans les livres, et Selden dans les sectes religieuses; puis Grotius ne cherche ses autorités que dans les temps fabuleux qu'il comprend mal; et tous les trois n'ont en vue dans leurs travaux que la conservation de

____

(1) *Principii di una scienza nuova*. Cap. i, §§ 1 et 3.

l'espèce humaine, et nullement celle des nations (1).

Pour connaître cette nature commune des nations et retrouver, par la sagesse vulgaire, les véritables principes du Droit naturel des gens, que faut-il donc après tant de vaines tentatives? Revêtir pour un temps la nature barbare des premiers hommes; les suivre dans leur dispersion, alors que, rompant tous les liens qui les rattachaient au Créateur, ils couvrirent le monde de leurs bandes indisciplinées; reboiser en imagination la terre aujourd'hui dénudée; oublier les livres, les philosophes et leurs conjectures; re-peupler par la pensée les forêts de leurs monstres, et, pour connaître l'homme et les peuples primitifs, se contempler soi-même en cet état; car ces peuples barbares, c'étaient des hommes, et l'homme, c'est nous-mêmes, qui pouvons retrouver, dans les mo-difications de notre propre pensée, sans le secours d'aucune hypothèse, les modifications de l'esprit humain (2).

Après avoir ainsi posé les bases de la science et indiqué sa méthode, Vico arrive au développement. Selon Vico, le Droit, c'est-à-dire les institutions dé-rivées des nécessités de la nature humaine, a deux propriétés primaires, *due proprietà primarie*, deux attributs, l'immutabilité et l'universalité. Quant à l'immutabilité, d'abord, le Droit naturel des gens est immuable, en ce sens que ses principes sont tou-

(1) *Principii di una scienza nuova*, cap. 1., § 5.
(2) *Ibid.*, cap. 1, § 11.

jours les mêmes et ne font que se développer dans le temps, *egli è un Diritto eterno che corre in tempo*. Le Droit, en effet, n'est Droit, c'est-à-dire vrai, qu'à la condition d'être identique en tous temps et semblable au fond en tous lieux. De même que les éternels principes du vrai, *i semi eterni del vero* éclatent, après un long temps et de longs travaux, en connaissances scientifiques certaines *in ischiaritissime cognizioni di scienze* ; de même aussi les éternels principes du juste, *i semi eterni del giusto*, deviennent, par le développement de l'esprit humain, des maximes démontrées de justice, *massime dimostrate di giustizia*, et le Droit se simplifie et s'épure en avançant. A Rome notamment, on peut suivre la marche de ce perfectionnement, depuis le point de départ jusqu'au point d'arrivée ; depuis l'antique Droit religieux jusqu'à la loi des Douze-Tables ; depuis la loi des Douze-Tables, où la propriété d'un champ ne pouvait se transmettre que selon les formes solennelles du *nexum* , jusqu'à ces temps, alors lointains, où la philosophie enseigna que la propriété dépend de la volonté pure, où la seule volonté fut suffisante pour transmettre un domaine, où la force de la vérité n'eut plus besoin de rites religieux ni d'actes solennels pour éclater (1).

La seconde propriété du droit naturel des gens, l'universalité, doit être notée comme caractérisant

(1) *Principii di una scienza nuova,* cap. ii, § 6.

cette marche ascensionnelle des institutions vers les principes purs de la justice. Le Droit se développe sans changer de nature : voilà un fait ; il se développe partout selon les mêmes règles : voilà un second fait, qui pourrait servir à lui seul à démontrer la légitimité des institutions du Droit naturel. Or, partout le Droit naturel des gens a suivi les mêmes phases ; partout l'homme d'abord isolé, puis mari et père, puis citoyen d'une ville, d'une nation, du monde, a été régi par un droit monastique d'abord, économique ensuite, puis civil, politique, humain. Partout se retrouvent les mêmes institutions, toujours identiques au fond et semblables en la forme, aux époques correspondantes (1).

Si ces vues sont vraies, on comprend qu'il n'est pas impossible de tracer une histoire idéale, éternelle, dans laquelle se mouvra l'histoire de tous les temps et de tous les peuples. Vico l'a essayé ; il a fait l'application de ses principes aux mœurs, aux coutumes, aux langues, au droit, aux formes de gouvernement. Mais pour être vrais, il faut que ces principes soient démontrés par l'histoire certaine, et, s'ils sont vrais, ils doivent fournir une méthode critique pour apprécier l'histoire douteuse. Voyons donc l'épreuve que Vico en a faite à la tradition qui, jusqu'à lui, faisait venir d'Athènes la loi des Douze-Tables.

Tite-Live raconte, d'après une croyance géné

______

(1) *Principii di una scienza nuova.* Cap. ii, § 6.

rale, que l'on envoya (an 305 de Rome) une ambassade à Athènes pour en rapporter les lois de Solon et des autres villes de la Grèce, et que ces lois devinrent à Rome la loi des Douze-Tables (1). Si le récit de Tite-Live était vrai, tout le système de Vico, démenti par un fait historique capital, ne serait plus qu'une œuvre d'imagination. Mais loin que le récit de Tite-Live démente la doctrine de Vico, soumis à un examen sévère, il vient la confirmer, car tout démontre que ce récit est fabuleux.

Quelle apparence d'abord que dans ces temps barbares, au fond de cette Italie divisée en une foule de petits États, tous différents de mœurs, d'usages, de langage, alors qu'il n'y avait encore eu, même entre les États les plus voisins, ni guerres, ni alliances, ni commerce, ni rien qui établît la communauté des langues, quelle apparence que la renommée du nom de Solon fût parvenue à Rome ! Tite-Live dit lui-même que, après la loi des Douze-Tables, on ne s'entendait pas encore dans le petit continent d'Italie. Peu de temps auparavant, Pythagore, enseignant à Crotone, était resté inconnu à Rome, malgré sa grande célébrité et quoique ses disciples fussent à la tête du gouvernement des villes du midi de l'Italie. Et Florus rapporte que les Tarentins, cent cinquante ans plus tard, n'avaient eu aucune relation avec les Romains, quand la guerre éclata entre les deux États, à ce point que ceux-ci,

(1) *T. Livii Historiarum libri.* Leyde. Elz. 1634, t. I, p. 304.

se plaignant que leurs vaisseaux eussent été capturés, les Tarentins répondaient qu'ils ignoraient ce que c'était que les Romains. Si les Romains étaient si inconnus des Grecs d'Italie, leurs voisins, ils devaient l'être bien plus certainement encore dans l'Attique, c'est-à-dire dans la partie la plus reculée de la Grèce.

Après les preuves géographiques, viennent les preuves morales. On sait que la loi des Douze-Tables fut promulguée pour apaiser les discordes des deux classes patricienne et plébéienne : c'est encore Tite-Live qui le dit. Or, comment les Romains pouvaient-ils penser que la loi de Solon fût propre à cet effet? On transporte, par de tels faits, dans des temps d'ignorance, des idées qui ne peuvent convenir qu'à un temps de lumières et de civilisation avancée.

Une autre tradition fait venir à Rome un certain Hermodore, Grec exilé, qui aurait apporté avec lui la loi des Athéniens. Pline raconte en effet qu'Hermodore écrivit quelques lois, et que les Romains reconnaissants lui élevèrent une statue dans la place des comices. On peut ne pas contester l'existence d'Hermodore; mais s'il traduisit les lois athéniennes, il reste à se demander comment il put le faire avec une telle pureté de langage que Diodore de Sicile, juge compétent, déclare ne trouver dans la prétendue version latine aucune trace de la langue d'Athènes. Il y a plus, on rencontre dans la loi des Douze-Tables des mots, comme le mot *auctoritas*, écrit à chaque ligne, qui n'ont pas de mots correspondants en grec.

Les points de ressemblance qu'on a pu noter entre la loi des Douze-Tables et la loi de Solon ne prouvent rien, et les érudits comme Samuel Petit et Godefroi, en conférant les textes, se sont donné, à cet égard, une peine inutile. En effet, des besoins semblables créent en tous lieux des institutions analogues. Une pareille collation de la loi des Douze-Tables et de la loi de Moïse, ferait découvrir des points de ressemblance plus nombreux encore, et l'on n'a jamais pensé cependant que les Romains aient pu emprunter leur première loi certaine aux Hébreux.

Tout vient donc à l'appui de ce fait, que la loi des Douze-Tables est née des mœurs des Romains et de leurs besoins. D'ailleurs jusqu'à Cicéron, aucun historien grec ou latin ne fait mention de la fable racontée par Tite-Live. Cicéron, très-versé dans la connaissance des lois de son pays, meilleur juge sur un tel fait que Tite-Live, simple citoyen de Padoue, loin d'adopter la tradition que celui-ci rapporte, semble la repousser quand il parle des premières lois de la République. Dans son livre de l'*Orateur*, où il fait discourir Scævola, Sulpitius, les plus illustres jurisconsultes de leur temps, la loi des Douze-Tables est vantée comme une œuvre nationale. Lui-même, sous le nom de Crassus, comparant les premières lois de Rome à celles de Lycurgue, de Dracon, de Solon, y exalte avec orgueil la supé-

24.

riorité des lois de son pays, ce qu'il n'eût pas fait si, dans sa pensée, Rome eût été redevable de ses lois à Athènes.

Si une critique rigoureuse démontre ainsi que la loi des Douze-Tables n'eut pas une origine étrangère, la doctrine de Vico en reçoit un commencement de justification. Or, placez, au contraire, la loi des Douze-Tables dans le développement régulier des institutions romaines, et tout concorde, les faits et la raison; de sorte qu'après avoir conduit Vico à la rectification d'un point d'histoire important, cette même doctrine seule peut expliquer ce point d'histoire : l'épreuve et la contre-épreuve ont réussi.

Vico ayant à faire l'application de ses principes à l'histoire générale, distingue dans le développement de la sagesse vulgaire des nations trois âges : trois âges pour les mœurs, trois âges pour les caractères, trois âges pour les langues, trois âges pour la jurisprudence, trois âges pour les gouvernements (1). Voyons sur ces deux derniers chefs quelles sont les idées de Vico.

Le premier âge de la jurisprudence est celui du Droit religieux; cela s'explique par les principes que Vico a exposés en commençant. Quand l'idée du vrai Dieu s'effaça du cœur des hommes, la superstition s'établit. L'homme abandonné, mais sentant intérieurement l'existence d'une puissance supé-

______

(1) *Principii di una scienza nuova*, cap. II, § 48 et seqq.

rieure à lui-même, en vint à diviniser ses instincts, ses penchants, ses passions. Pour tous les désirs, toutes les forces qu'il sentait se mouvoir en son âme, il créait une divinité, ne pouvant pas expliquer autrement que par une intervention divine la violence du désir qui forçait ainsi sa volonté ; de là vint que l'*intrépide Romain sacrifiait à la Peur*, que l'instinct de la rapine eut un Dieu, et que la Vénus impudique eut des autels.

Dans ce premier âge donc, que Vico appelle l'âge poétique, l'âge des fictions, où tout se forme, le droit est divin. Les lois sont secrètes, c'est-à-dire sacrées. Les actes civils s'accomplissent tous selon les rites religieux. Les jurisconsultes, les gardiens des lois, ce sont les prêtres, comme étaient les mages en Perse, les prêtres en Égypte, les druides dans les Gaules, et à Rome le Collége des pontifes, recruté parmi les patriciens. C'est ainsi que, dans la loi des Douze-Tables, les mots *orare furti* employés pour *agere*, exercer l'action de vol, et les mots *orare pacti* employés pour *excipere*, se défendre, s'expliquent parfaitement, si l'on considère ces locutions comme des vestiges de l'ancien Droit religieux des Romains. Ceux qui font naître la jurisprudence religieuse des peuples primitifs, de l'imposture des prêtres et des patriciens, ignorent les lois de l'histoire ; ils prennent un fait général pour un accident ; ils rapportent à un mobile personnel une manifestation toute libre et spontanée de la nature de tous les peuples à leurs commencements.

Le second âge de la jurisprudence est celui du Droit héroïque. Tout est rigoureux dans un tel Droit, parce que les mœurs sont farouches. L'acte, les paroles sont tout ; la volonté n'est rien. On connaît les rigueurs du *nexum* et l'inexorable dureté avec laquelle les patriciens, à Rome, traitaient les plébéiens, leurs débiteurs (1). D'un autre côté, la disposition de la loi des Douze-Tables : *Uti lingua*

(1) *Nexum*, selon Varron, *est omne quod per œs et libram geritur inter quœ sunt mancipia. Nexum* était le nom générique de tous les actes de Droit qui s'accomplissaient par le simulacre d'une pesée, soit qu'ils dussent produire une obligation, soit qu'ils dussent réaliser une vente ; et le mot *nexus* désignait le plébéien qui s'était obligé en cette forme envers un patricien. Aussi longtemps qu'un plébéien n'était que *nexus*, il était à l'abri des rigueurs de son créancier et conservait l'intégrité de son état. Mais bientôt d'énormes intérêts de 20 pour 100 par an se convertissant chaque année avec le capital en une nouvelle dette (*versura*), le mettaient dans l'impossibilité de s'acquitter ; le *nexus*, conduit alors devant le Préteur, après une procédure sommaire, devenait, par la déclaration du Préteur, *addictus*. Comme *addictus*, il était esclave de fait, *in servitute*, et son créancier avait le droit de le faire incarcérer et de faire prononcer l'adjudication de tous ses biens, même ceux excédant la dette. S'il n'était pas complétement quitte, il avait soixante jours pour se libérer, après lequel délai il était ou vendu à Rome, au marché, et tombait *in mancipio* de l'acheteur, ou vendu *trans Tiberim, à l'étranger*, et devenait esclave de droit, *servus*. De tels faits se généralisant, on comprend combien devait être terrible à Rome la condition des plébéiens. Chaque maison de patricien avait ses prisons, et dans les temps de misère on conduisait devant le Préteur des troupeaux de *nexi*, qui ne quittaient le *Forum* que pour aller les peupler. Aussi, lorsqu'en l'an de Rome 428, la loi *Petilia* abolit l'engagement conventionnel personnel qui naissait du *nexum*, le soulagement fut tel que Tite-Live fait dater de cette loi un recommencement de la liberté romaine : *Eo anno plebi romanœ*

nuncupassit, ita jus esto, révèle un Droit peu sévère pour la fraude, et les formes des *actus legitimi* sont empreintes d'un caractère de sévérité qui va jusqu'à la rudesse. Le Droit héroïque dérivé, par la forme, de l'antique Droit religieux, en effet, c'est le Droit de la violence privée ; il n'est pas un de ses actes, *mancipatio, usucapio, vindicatio, manuum consertio,* qui n'offre l'image ou le souvenir d'un combat.

Mais le temps et la civilisation que le temps apporte fléchissent enfin les courages, et les institutions s'adoucissent. Alors commence l'âge humain de la jurisprudence, l'âge du Droit naturel des nations civilisées, de l'équité pure et de l'égalité ; c'est l'âge des grands jurisconsultes romains, d'Ulpien et de Gaius, la seule époque dont l'étude approfondie présente un intérêt immédiat pour l'intelligence des législations modernes. Mais les transformations du caractère de la jurisprudence, depuis ses commencements poétiques, religieux, jusqu'à son perfectionnement philosophique, ne s'opèrent pas sans transition : les *actus legitimi* du Droit héroïque, par exemple, dérivent de l'ancien Droit religieux, et on les voit persister encore longtemps après le complet développement de la jusrisprudence prétorienne.

Si maintenant on passe du Droit privé au Droit

velut alivd initium libertatis factum est, quod necti desierunt (VIII, 28). Voilà l'état social de la république romaine à l'époque de la jurisprudence héroïque de Vico.

public, on trouve dans l'histoire de tous les peuples trois époques dont le caractère distinct n'est pas moins profondément accusé. Tout gouvernement est théocratique au commencement des sociétés, aristocratique et populaire dans l'âge secondaire, et monarchique à la fin. Ceux qui ont vu au commencement de Rome une monarchie mélangée d'institutions libérales n'y ont rien compris, pas plus que ceux qui considèrent le premier Brutus comme le fondateur de la liberté romaine.

Mais qu'arrivera-t-il quand les nations auront ainsi parcouru le cercle que Vico leur trace ? Elles recommenceront ; après un temps, les sociétés reviennent à leur enfance. C'est ainsi qu'après la destruction du monde romain, l'âge héroïque a reparu avec la féodalité. C'est ici que se place la célèbre théorie des retours historiques, des *corsi e ricorsi*, théorie contestable, et où les lecteurs de notices inexactes ont d'autant plus tort de voir Vico tout entier que, dans la première édition de la *Scienza nuova*, Vico ne la produit pas formellement comme une loi, théorie néanmoins qui complète presque nécessairement la doctrine de notre auteur, et qu'il faut étudier, ne fût-ce que pour juger, par ses conséquences, ce que cette doctrine a de trop absolu dans son ensemble.

Arrivé au terme de sa course, Vico conclut comme il a commencé. Le grand architecte du monde des nations, *l'architetta del mondo delle nazioni*, c'est Dieu ; car, sans l'idée d'une Divinité lisant dans le

fond des cœurs, toute société humaine serait impossible ; l'arbitre humain n'en est que l'ouvrier, *il
fabbro* (1). C'est par l'idée de Dieu que les nations
commencent, et c'est vers Dieu qu'elles tendent
dans leur marche providentielle. Quand Bayle donc
soutient que les peuples peuvent vivre sans religion, il va contre les faits ; il oublie que, sans une
idée de Dieu, vraie ou fausse, les sociétés n'auraient sur la terre que le désolant spectacle de l'erreur, de l'abrutissement et de la violence (2).

Voilà Vico analysé, réduit, simplifié, débarrassé
de tous les développements dont sa riche imagination a orné toutes les parties de son sujet, et rendu
peut-être intelligible à des lecteurs français. Ce
n'est pas une petite entreprise que de franciser
Vico : le fil se rompt à chaque instant. Que de
pages pleines de poésie dans son livre étrange, mais
que de désordre dans ces pages ! Nous avons considéré Vico comme jurisconsulte principalement, et
par occasion comme philosophe ; il nous reste à tirer les conclusions de sa doctrine et à l'apprécier.

III

De quelque côté que l'on envisage Vico, soit
comme philosophe, soit comme critique, soit

(1) *Principii di una scienza nuova*, cap. ii, § 3.
(2) *Ibid., Conchiusione*, p. 269.

comme jurisconsulte ainsi que nous l'avons fait, ce qui domine en lui, c'est l'historien. Vico ne connaît qu'une loi, celle de l'histoire, qu'une méthode, la méthode historique. Le philosophe du sens commun de l'humanité ne se soumet pas aveuglément aux faits, sans doute ; il les juge ; mais les faits historiques sont toujours pour Vico la manifestation, quelquefois affaiblie ou exagérée, d'une idée vraie, ou au moins raisonnable ; c'est aux idées que ces faits manifestent qu'il s'arrête ; ils sont pour lui la règle.

Comme historien proprement dit, Vico d'abord est le créateur de la philosophie de l'histoire. Avant lui, l'histoire ne s'expliquait que par des causes particulières. Bossuet lui-même, tout grand qu'il est, n'en a pas conçu la loi ; car s'il fait trembler tous les empires *sous le jugement de Dieu*, il ne dit pas dans quelle voie Dieu les conduit uniformément. Vico enseigna le premier que l'humanité suit une marche régulière, une voie toute tracée, dont le philosophe peut indiquer d'avance la direction. Et si l'imagination a chez lui trop de part, plus de part peut-être que le jugement ; si, dans ses hautes conceptions, le poëte se développe aux dépens de l'historien, on peut reconnaître ces déviations sans dommage pour sa gloire : il lui restera toujours l'honneur d'avoir affirmé dans le monde moral l'existence d'une loi nouvelle, d'une force inconnue avant lui. D'autres arriveront peut-être un jour à en préciser les effets.

Le second mérite de Vico comme historien, c'est d'avoir rectifié la méthode historique. Il a fait voir le premier l'inanité de toutes ces divisions historiques que notre faiblesse enfanta ; il a montré que l'histoire des arts, des langues, des mœurs, du Droit, dont on avait fait jusqu'à lui autant d'histoires particulières, marche de front avec l'histoire politique, toutes les parties de l'histoire générale s'éclairant mutuellement. Il a, le premier encore, rattaché le Droit privé des nations à l'histoire de leurs transformations politiques. Il a introduit dans la chronologie et dans les faits l'esprit critique, ruiné les vieilles fables et poétisé l'histoire des peuples enfants, tout en la rendant plus vraie. Il a donné la première explication des mythes et des symboles des peuples primitifs, et il a fait servir ces mythes et ces symboles à en expliquer les commencements. Hermès, Hercule, Numa, tous ces êtres fantastiques, plus grands que nature, que sont-ils, sinon la personnification en un seul homme, comme Vico l'a si complétement démontré, de toute une race de héros et de sages, au jugement populaire de leur époque ? Mais le véritable titre de Vico, pour nous, doit être d'avoir posé un nouveau criterium du vrai, d'avoir fondé l'école, dite historique, dans la jurisprudence ; c'est sous cet aspect uniquement que nous avons à l'examiner.

Le nouveau criterium posé par Vico, c'est celui de l'autorité historique. Pour lui, le sens commun, général, est le sceau de la vérité. Rien de vrai en dehors de ce principe, aux yeux de Vico, rien de certain ; c'est ce qui ressortirait de toutes les pages de son livre, alors même qu'il ne l'aurait pas dit expressément. Vico élève ainsi la science de l'histoire à la hauteur d'une philosophie; et quand il dit dans la seconde édition de la *Science nouvelle*, dans un de ces axiomes par où il débute, et qui doivent, selon lui, animer l'ouvrage comme le sang anime le corps en le parcourant : « Les mêmes idées nées chez des peuples inconnus les uns aux autres ont nécessairement un motif commun de vérité, » et ailleurs : «Ce que le genre humain tout entier ou au moins en majorité sent être juste, doit servir de règle dans la vie sociale; » quand Vico, disons-nous, écrit ces lignes, il n'est plus seulement un historien, c'est un philosophe qu'il faut discuter comme le contradicteur avoué du principe du sens individuel, comme l'adversaire le plus déclaré de Descartes et de son école.

Forcé de faire ici des réserves contre Vico, nous n'élèverons contre cette doctrine qu'une objection, mais radicale ; nous ne lui adresserons qu'un reproche, mais fondamental, celui de renfermer en elle-même une inévitable contradiction. Comment, en effet, le sens commun peut-il être un principe de vérité, si l'assentiment individuel est sans valeur? Comment Vico peut-il prêcher l'autorité du nombre dès qu'il supprime les unités? Quoi! la pluralité des opinions serait la règle, et cependant l'individu ne serait rien! Le néant ajouté au néant n'a jamais fait un nombre. Si le principe de Vico était vrai, cette marche incessante des sociétés qu'il fait tourner en cercle en serait le démenti le plus complet. L'opinion commune étant la règle, la société est condamnée à l'immobilité, puisqu'elle ne peut avancer sans qu'une opinion particulière ait imprimé le mouvement ; ou bien, si elle marche, c'est que quelqu'un en a enfreint la règle : le dilemme est forcé.

La contradiction est telle, que les défenseurs du principe de l'autorité historique ne peuvent suivre leur principe jusqu'au bout ; car comment appliquera-t-on ce criterium aux idées de détail, aux faits scientifiques, à ces déterminations que l'homme a à prendre chaque jour dans tous les actes de la vie civile ? Cependant cette règle du jugement, pour être vraie, ne doit pas être applicable seulement à la conduite des empires ; elle doit être applicable partout, toujours, dans les petites choses comme dans les grandes : elle ne procure la certitude à l'esprit qu'à cette condition.

Je sais bien que Vico, allant au-devant de ces objections, a déclaré qu'il n'entendait pas renverser le principe de Descartes, mais seulement le corriger. Mais qu'est-ce à dire ? qu'il y aura un double criterium du vrai ? Je réponds que cela ne se peut pas ; que deux principes opposés, deux règles contraires ne peuvent exister simultanément, avec une autorité égale ; que la vérité n'a qu'une mesure, et que la difficulté n'est pas même reculée par cette sorte d'arrangement amiable, par conséquent très-peu rationnel et très-peu philosophique, puisque des doutes ne pouvant s'élever quand le sens individuel concorde avec le sens général, il y aura toujours à se demander où est la règle, dans le cas contraire, dans le cas de conflit, quand ce qui paraît vrai au grand nombre répugnera invinciblement à ma raison. Si Vico n'avait voulu donner qu'un conseil : Écoutez ceux qui savent, interrogez la tradition, son conseil serait d'un homme sage et prudent; mais s'il a entendu donner une règle nouvelle, obligatoire pour le jugement, et de fait telle était sa pensée, il ne peut se soustraire au reproche d'inconséquence qu'on pourra toujours lui adresser.

La conséquence la plus immédiate du principe de Vico est de ne laisser aucun recours contre l'erreur, et cela déjà suffirait pour le faire suspecter. Avec le principe de Descartes, si je me trompe, mon erreur sera redressée par le jugement d'autrui. Mais avec le principe de Vico, au contraire, nul recours contre les jugements de l'histoire si souvent iniques ; rien contre la tyrannie démocratique si souvent aveugle ; nulle résistance possible aux entraînements d'une tradition erronée ou mensongère, si elle vient à s'établir : tout fait accompli devient légitime dans une telle doctrine, toute sentence une fois portée irréfragable; comme les pécheurs de Dante, au seuil de leur enfer, quand la porte de l'histoire s'est fermée sur les vaincus, ils demeurent à jamais des maudits.

Les deux écoles dont Vico est le chef véritable en droit public et en jurisprudence peuvent, d'ailleurs, faire juger, presque sous nos yeux, la valeur de son principe. En politique, Vico est le père de cette école démocratique, qui, rompant avec la doctrine de Rousseau, laquelle base la souveraineté démocratique sur une convention présumée, conclue unanimement, donne pour toute raison de la souveraineté du peuple, que le peuple est souverain (1). Mais avec quelle promptitude, dans ce système dangereux autant que faux, ne voit-on pas se substituer à la raison universelle, la barrière étant une fois ouverte, la convoitise brutale et la basse envie? Affranchir l'homme de toute responsabilité personnelle, pour la transporter au nombre, c'est déchaîner ses passions.

En jurisprudence, Vico est le fondateur de l'école dite historique. Le principe de l'école historique en effet, ainsi que Vico l'a dit le premier, c'est que le Droit se fait tout seul; or si le Droit se fait tout seul, pour être conséquent, il faut ajouter encore avec Vico qu'il se fait toujours bien; autrement on se trouverait prêcher l'autorité ou au moins le respect d'un Droit inique. Voilà donc Vico, père en jurisprudence d'une sorte de démocratie, comme en politique. Mais l'école historique, en repoussant toute initiative particulière, de quelque part qu'elle

---

(1) Nous voulons parler de l'école démocratique, dont Lamennais a été, dans ces derniers temps, le théoricien.

25.

vienne, fût-ce même du législateur, immobilise le Droit, tout en prétendant servir son développement. Sans règle fixe, sans méthode, elle proteste au nom du progrès contre toute amélioration, à ce point que, si on l'eût écoutée, nous aurions déchiré nos Codes aussitôt faits. Les démocrates en jurisprudence manquent leur but aussi bien que les démocrates politiques.

Vico loue les jurisconsultes romains de ne s'être asservis à aucune école, de n'avoir été ni épicuriens ni stoïciens, de n'avoir puisé leur science que dans la sagesse vulgaire. Il est vrai que le bon sens, qui est le maître des choses humaines, selon l'expression de Bossuet, est ce qui les a guidés. Mais les jurisconsultes romains n'avaient pas pour la tradition un respect exagéré : Ulpien et Papinien cherchaient la justice selon les lumières de leur propre raison.

Peut-être voit-on maintenant ce qu'a d'excessif la doctrine de Vico, si l'on en presse les conséquences ou si l'on remonte à son principe. Ce grand généralisateur, cet esprit si éminemment synthétique, aux yeux duquel toute division des parties, soit en histoire, soit en jurisprudence, est une dislocation de l'ensemble ; ce grand abstracteur de quintessence, comme dirait Rabelais, ingénieux, profond dans ses conceptions, subtil dans les détails, très-positif à la fois et très-chimérique, a soulevé dans son livre, *Proles sine matre creata,* une foule d'a-. perçus aussi vrais que nouveaux et que notre temps, sans trop en connaître l'origine, s'est appropriés comme son bien. Mais son principe fondamental érigé en principe de droit serait à la fois erroné et dangereux. Tout est vrai ou à peu près dans Vico, sauf sa conclusion appliquée à la jurisprudence.

Quand Vico eut achevé la *Science nouvelle,* il se sentit un autre homme. Malgré les dégoûts de toute sorte dont il avait été abreuvé, déjà vieux et infirme, il avait cette sérénité d'âme que donne, même en l'absence du succès, la conviction intime d'une grande mission accomplie. L'injustice de ses contemporains lui dicta quelquefois des paroles amères; elle ne lui inspira jamais un ressentiment durable. En 1726, il écrivait ces lignes :

« Qu'elle soit à jamais louée, cette Providence (1) qui, lors même qu'elle semble à nos faibles yeux une justice sévère, n'est qu'amour et bonté. Depuis que j'ai fait mon grand ouvrage, je sens que j'ai revêtu un nouvel homme. Je n'éprouve plus la tentation de déclamer contre le mauvais goût de mon siècle, puisqu'en me repoussant de la place que je demandais, il m'a donné l'occasion de composer la *Science nouvelle.* Le dirai-je? Je me trompe peut-être, mais je voudrais bien ne pas me tromper : la composition de ce grand ouvrage m'a animé d'un esprit héroïque qui me met au-dessus de la mort et des calomnies de mes rivaux. Je me sens assis sur

____

(1) J'emprunte ici la traduction de M. Michelet.

une roche de diamant, quand je songe au jugement
de Dieu, qui fait justice au génie par l'estime du
sage... »

Cette fin de Vico est un enseignement. Quand
tant de courages faiblissent, cette sereine confiance
d'un sage devrait servir à les relever. Douloureux
spectacle que celui de· l'homme de génie aux
prises avec les misères de la vie, et soutenant
contre l'infortune une lutte obscure ; mais spectacle fortifiant quand cet homme joint, comme
Vico, à un grand esprit une grande âme, et que
l'adversité, loin de lui arracher des blasphèmes,
ne lui inspire que des paroles de pardon et de rési-
gnation !

CHAPITRE III

Bacon a beaucoup occupé, dans ces derniers temps, nos philosophes et nos écrivains. Sa vie a été fouillée dans tous ses recoins ; et plût au ciel qu'on eût pu en tirer de moins tristes enseignements ! Ses ouvrages ont été interrogés, étudiés, analysés, comme il convient quand il s'agit d'un génie de cette taille ; aujourd'hui encore, sa méthode règne, dit-on, sans partage dans le monde des sciences. De ces investigations maintes fois renouvelées, il résulte qu'il faut toujours faire dans Bacon deux parts. Le courtisan d'Élisabeth et de Jacques Ier, l'homme, n'a pu être lavé des souillures qui resteront éternellement attachées à sa mémoire ; mais le réformateur des sciences, le philosophe a conservé son auréole. Les recherches critiques tendant à attribuer à d'autres les idées fondamentales de ses ouvrages ne l'ont pas dépossédé de sa gloire ; Bacon philosophe est toujours sur le piédestal que depuis si longtemps sa nation lui a dressé.

François Bacon, successivement avocat extraordinaire de la reine Élisabeth, membre de la chambre des communes, greffier de la chambre étoilée (1), chevalier sous Jacques Ier, solliciteur-général, attorney-général, membre du conseil privé, garde du grand sceau, lord grand chancelier, baron de Verulam, vicomte de Saint-Alban, naquit à Londres le 22 janvier 1561, de Nicolas Bacon, garde du grand sceau et grand chancelier d'Angleterre, et d'Anne Cook, dont le père avait été précepteur d'Edouard VI. Dès sa première jeunesse, il se donna particulièrement à l'étude du Droit. Ambitieux, souple, peu scrupuleux, hélas ! il se disposa de bonne heure à courir la carrière des emplois publics ; mais, soit qu'Élisabeth pénétrât déjà trop bien son caractère (2), soit que Bacon eût à lutter contre des rivaux plus heureux, ses efforts furent longtemps sans succès, malgré son mérite déjà ma-

----

(1) La Chambre étoilée (*Star-chamber*), tribunal d'exception, différait des autres Chambres de justice en ce point que, tandis que ces tribunaux devaient se conformer, dans leurs jugements, soit à la loi commune, soit aux actes du parlement, la Chambre étoilée pouvait prendre pour lois les simples actes du roi en son conseil. La Chambre étoilée fut, sous Henri VII et Henri VIII, le plus puissant instrument de la tyrannie de ces princes. Aussi, l'abolition de ce tribunal exceptionnel, par le long parlement, sous Charles Ier, fut-elle accueillie avec enthousiasme par le pays, et considérée comme la victoire la plus signalée de la liberté populaire sur l'autorité royale.

(2) Rawley, secrétaire de Bacon, le dépeint comme doué d'un extérieur agréable, avec un beau front et des yeux animés et perçants ; mais le célèbre Harvey, son médecin, lui donne des yeux de vipère.

nifeste et la protection du fameux comte d'Essex,
favori alors tout-puissant de la reine ; et peut-être
même se serait-il fatigué de ses tentatives infructueuses, si ce même d'Essex ne l'eût soutenu, et
n'eût pourvu à ses besoins par les plus abondantes
libéralités.

Pour un homme comme Bacon, tout peut être un
marchepied à la fortune. En 1600, d'Essex ayant
encouru la disgrâce d'Élisabeth, Bacon ne craignit
pas non-seulement d'abandonner son bienfaiteur,
mais de consentir à se porter son accusateur. Quand
la faveur du comte d'Essex n'était encore qu'ébranlée, Bacon avait fait pour lui une apologie de ses
actes (1598). Deux ans plus tard, quand il devint
certain que le terrible ressentiment d'Élisabeth,
trop bien justifié peut-être, ne pourrait se satisfaire
à moins de la vie du comte, Bacon se chargea de la
demander devant les vingt-cinq lords choisis pour
le juger ; puis il rédigea, après l'avoir obtenue (1601),
une déclaration des faits et trahison du comte d'Essex pour justifier et la reine et lui-même. La mémoire de Bacon ne gagnerait rien à ce que les faits
de sa vie fussent désormais oubliés. Les deux
pièces accusatrices par leur rapprochement sub-
sisteront toujours ; elles se touchent dans ses œuvres (1).

(1) V. *The Works of F. Bacon*, 3 vol. in-fol. London, 1753.
Nous renvoyons, une fois pour toutes, à cette édition des œuvres
complètes de Bacon, pour tous les travaux dont il est question
dans cette étude.

Cependant l'odieuse ingratitude de Bacon envers le malheureux d'Essex resta à peu près sans récompense tant qu'Élisabeth vécut : ce ne fut que sous Jacques Ier que Bacon conquit enfin ces grandeurs qu'il avait tant convoitées. Mais son âme n'avait pas grandi avec sa fortune. Garde du grand sceau, lord chancelier d'Angleterre, Bacon ne sut que mettre son incontestable habileté au service de Jacques Ier et de Buckingham dans tous les actes politiques les plus vexatoires du roi et de son ministre. Il avait besoin de luxe, de faste : la justice placée dans ses mains y pourvut. Enfin, la clameur publique l'ayant ouvertement accusé, et la chambre des communes ayant ordonné une information sur sa conduite, il fut traduit devant la chambre des lords, et là, en présence de faits nombreux et patents, réduit à faire l'aveu écrit de son indignité et à implorer de ses juges une pitié qu'on ne lui accorda pas. Bacon fut dégradé de la pairie, déclaré incapable de toutes fonctions publiques, et condamné à une amende de 40,000 liv. sterl., et à un emprisonnement qui devait durer aussi longtemps qu'il plairait au roi.

Que, dans ces temps déjà loin du nôtre, le procès d'un ministre concussionnaire et prévaricateur ne fût pas un événement aussi considérable que cela le fut depuis, on peut le penser ; au moins est-il certain que la condamnation de Bacon n'eut pas l'éclat d'un grand événement public. Que Bacon même ait trouvé dans son poste élevé, pour de tels faits, des modèles et des complices, et que, dans sa propre affaire, il ait pu rappeler avec quelque raison que *ce ne fut pas sur les plus grands coupables que tombèrent les ruines de Siloë*, on n'est encore que trop autorisé à le croire, la probité n'étant pas une vertu antique. Mais le caractère de Bacon ne restera pas moins entaché de deux vices odieux, l'ingratitude et la cupidité ; et comme ces vices ne vont pas sans la bassesse de l'âme, Bacon fut bas et vil jusqu'à la fin : n'ayant pu obtenir l'impunité pour ses méfaits, il ne rougit pas, après sa condamnation, de mendier un pardon.

On a besoin de passer vite à l'examen des travaux de Bacon pour oublier une telle vie. Le premier ouvrage qu'il publia, ce furent ses fameux *Essais*, ouvrage de philosophie morale et de politique, qui, depuis leur apparition (1597) jusqu'à la mort de leur auteur (1626), eurent en anglais neuf éditions. Le nombre des chapitres des *Essais* fut successivement porté de six à cinquante-huit. C'est le même ouvrage qui fut traduit en latin, sous les yeux de Bacon, et publié après sa mort, en 1638, sous ce titre : *Sermones fideles, sive interiora rerum*, Discours sincères, ou le fond des choses, et qui fonda un genre de littérature très-cultivée en Angleterre, celle des *Essaysts*.

Dans les *Sermones fideles*, un chapitre surtout doit attirer notre attention, celui qui est intitulé : *De officio judicis*, du Devoir du juge. Le juge, dit Bacon, doit être plutôt érudit que fin, plutôt timoré que confiant ; il doit commander la vénération plutôt que l'amour ; sa vertu propre, c'est l'intégrité. Vis-à-vis des plaideurs, il doit veiller avant tout à ne pas se laisser circonvenir, ce qui n'est pas sans difficulté, l'artifice étant fertile en déguisements d'apparence honnête et en détours captieux. Vis-à-vis des avocats, il doit être grave et patient, et se défier surtout de cette tendance à croire qu'il a trouvé par sa propre perspicacité le nœud de la cause avant que l'avocat ait tout dit. Vis-à-vis du prince, il doit prendre garde à ne pas compromettre, par des sentences irréfléchies, le salut de l'État. Tous les détails, que nous omettons, sont d'une admirable justesse dans ce chapitre, sauf la fin, où le courtisan Bacon confond en une même chose la justice pure et l'utilité du prince.

En 1623, Bacon publia son grand ouvrage intitulé *De dignitate et augmentis Scientiarum libri novem*. Le *De augmentis Scientiarum* traite de la division des sciences ; c'est là que Bacon construit le fameux arbre encyclopédique rectifié et amélioré par d'Alembert au siècle dernier. Arrivant à parler de la doctrine *De imperio sive republicâ*, Bacon note deux *desiderata*, deux matières qu'il ne jugeait pas qu'aucun écrivain jusqu'à lui eût traitées d'une façon satisfaisante. La première aurait pour objet les moyens par lesquels peut s'étendre la puissance d'un État ; la seconde aurait pour objet les règles de la justice universelle. Pour montrer comment ces deux lacunes peuvent être comblées, Bacon commence deux traités dont le second intitulé : *Exemplum tractatûs de justitiâ universali sive de fontibus juris*, composé d'une suite d'aphorismes, a été maintes fois réimprimé, et est encore journellement cité devant nos tribunaux.

Pour comprendre l'économie de ce livre, petite partie d'un grand, il faut savoir comment Bacon concevait une loi parfaite. Toute loi, dit Bacon, doit être certaine quand elle ordonne, juste quand elle prescrit, facile dans son exécution, conforme à la nature du gouvernement de l'Etat, et telle que son effet médiat soit de porter les sujets à la vertu (1). Le premier de ces cinq points est seul traité dans le *Tractatus de Justitiâ universali*, qui, étant demeuré inachevé, quoique Bacon eût annoncé qu'il en méditait la suite, serait mieux intitulé *Tractatus de certitudine legum*.

Les aphorismes de Bacon se rapportent donc tous à un point unique, la certitude des lois; c'est le véritable manuel des législateurs de tous les pays, dans lequel Bacon enseigne, comme il le dit lui-même, les lois des lois, *legum leges*. Mais, comme dans la matière des lois, Bacon comprend tout ce qui est obligatoire, soit en vertu de la coutume, soit en vertu d'une loi expresse, tout ce qui détermine le sens, la portée de la loi, tout ce qu'il importe aux particuliers ou à leurs conseils de connaître pour être fixés sur leurs droits et leurs obligations, il est

______

(1) *Exemplum tractatûs de justitiâ universali*, aph. 7.

conduit, après avoir traité des lois en général et de la manière dont on doit les interpréter pour qu'elles demeurent claires et certaines, à parler de la jurisprudence des arrêts, qui est le complément de la loi, des écrits qui font autorité, des livres auxiliaires ou commentaires, de l'enseignement public et des avis des jurisconsultes, toutes choses qui, bien comprises peuvent bannir des lois l'obscurité.

L'idée fondamentale du petit ouvrage de Bacon, idée qu'il entreprend de montrer sous ses divers aspects, est donc celle-ci : que tout particulier qui comparaît devant un tribunal, soit en matière civile, soit en matière criminelle, doit avoir su ce qui l'attend. Tout s'y rapporte à cet objet.

Il serait assez difficile d'analyser ce livret dont la pensée toujours juste, nette et claire, le style condensé sans efforts, précis, vivant et imagé, se refusent à toute analyse; on aurait plus tôt fait de le transcrire tout entier. Mais tout jurisconsulte digne de ce nom a le livre dans les mains et le texte dans la mémoire. Quel petit chef-d'œuvre on aurait eu cependant, si Bacon eût achevé son ouvrage comme il l'avait conçu et commencé! C'est Bacon qui, le premier, a réclamé en matière pénale une interprétation bénigne des lois, et qui ne veut pas qu'on torture les lois pour leur faire torturer les hommes : *Durum est torquere leges, ad hoc ut torqueant homines* (1). C'est lui qui s'est élevé avec le plus de

____

(1) *Exemplum tractatûs de justitiâ universali*, aph. 13.

force contre les lois rétroactives, qui, régissant le passé en même temps que l'avenir, ont le double visage de l'antique Janus, et troublent tous les rapports sociaux : *Nec placet Janus in legibus… Legis enim quæ retrospicit vitium vel præcipuum est quod perturbet* (1). C'est lui qui a demandé que les jugements fussent motivés et rendus publiquement : *Nec decreta exeant cum silentio, sed judices sententiæ suæ rationes adducant, palàm atque adstante coronâ* (2). Bacon veut qu'il ne soit prononcé de peine qu'en vertu d'une loi connue, expresse; il proscrit les peines édictées d'une façon générale, les rubriques de sang : *Rubricæ sanguinis ne sunto* (3). Il indique, pour les faire éviter au législateur, toutes les causes d'obscurité des lois (4). Il recommande l'étude trop dédaignée de ces règles de Droit qu'on peut extraire de l'harmonie des lois et de la jurisprudence, *quæ subtiles et reconditæ ex legum et rerum judicatarum harmoniâ extrahi possunt*, et de ces formules d'action qui expliquent les mystères des lois, *quæ pandunt oracula et occulta legum* (5). Il montre comment la jurisprudence des arrêts pourrait acquérir la stabilité des lois mêmes, dont les jugements sont les ancres comme les lois sont les ancres de l'État : *Judicia*

(1) *Exemplum tractatûs de justitiâ universali*, aph. 47 et seqq.
(2) *Ibid.*, aph. 38.
(3) *Ibid.*, aph. 39.
(4) *Ibid.*, aph. 52 et seqq.
(5) *Ibid.*, aph. 82 et seqq., et 88.

enim anchoræ legum sunt, ut leges reipublicæ (1). Mais toutes les pensées de ce livre d'or devraient être rappelées ; il n'en est pas une dont le législateur et le jurisconsulte ne puissent faire leur profit.

Voilà pour les ouvrages que Bacon publia lui-même. Un certain nombre d'autres opuscules intéressant la science du Droit, sont restés manuscrits pendant sa vie, et n'ont paru imprimés qu'après sa mort, dans le recueil complet de ses œuvres. Un des plus importants est intitulé : Éléments de la loi commune d'Angleterre (*The elements of the common law of England*), dédié par l'auteur dans sa jeunesse à Élisabeth (1596). On sait que le Droit anglais se divise en deux parties, l'une comprenant la loi commune ou non écrite (*common law, unwritten law*), composée de coutumes romaines, bretonnes, saxonnes, danoises, normandes, ou fondées sur les actes du Parlement du temps qui suivit immédiatement la conquête, et dont les originaux n'existent plus, et l'autre comprenant les divers actes législatifs du Parlement ou statuts (*statute law*), soigneusement recueillis et conservés depuis le temps où le Parlement commença à fonctionner à peu près régulièrement, et particulièrement depuis le règne d'Édouard III. Quand une matière a été réglée par un statut, comme le statut est l'œuvre des trois parties constitutives du pouvoir législatif,

____

(1) *Exemplum tractatûs de justitiâ universali*, aph. 73.

la Chambre des communes, la Chambre des lords, la Couronne, au-dessus de quoi il n'y a rien, il prévaut sur la loi commune, dont le cercle va ainsi se rétrécissant toujours avec le temps ; quand, au contraire, la loi écrite n'a rien dit, c'est à la loi commune qu'il faut se référer.

Mais on comprend que le droit coutumier anglais, présentant dans son ensemble la même variété d'éléments qui ont composé la nationalité anglaise, et dans un autre ordre la langue anglaise, doit être très-confus. Il repose dans la collection des décisions judiciaires intervenues depuis un temps immémorial (1), collection très-volumineuse, dont des extraits sont publiés de temps à autre sous le nom de *reports*, et ensuite dans les écrits de quelques jurisconsultes qui font autorité, comme Edward Cook, par exemple, celui-là même qui fut pendant sa vie l'implacable ennemi de Bacon. C'est pour montrer comment l'étude de ce Droit pouvait être simplifiée que Bacon a composé son petit livre des *Éléments de la loi commune*, divisé par lui en deux parties. Dans la première partie, il choisit un certain nombre de maximes générales puisées dans la loi commune d'Angleterre, mais vraies dans tous les pays, et qu'il commente en prenant des exemples empruntés, malheureusement pour nous, presque

(1) Les Anglais sont fiers de l'incertitude du commencement de leur Droit coutumier, loin d'en gémir. Dans leurs banquets, les légistes anglais boivent à la glorieuse obscurité de la Coutume anglaise.

exclusivement au Droit féodal de l'Angleterre ou à son Droit particulier. Dans la seconde partie plus pratique, il donne une esquisse du Droit coutumier anglais, en tant qu'il a pour objet de réprimer les violences privées et les injures personnelles, et de régler l'ordre des successions et les divers modes d'acquisition de la propriété. Car c'est la loi commune qui, en Angleterre, régit ces matières, excepté toujours sur les points où il y a été dérogé par quelque statut particulier.

Cependant, l'élévation de Bacon à ces dignités tant convoitées de solliciteur général, puis d'attorney général, lui donna enfin l'occasion de développer ses talents de jurisconsulte sur un théâtre digne de lui. Ses *Arguments*, que nous appellerions chez nous ses conclusions, sont encore fort estimés des jurisconsultes anglais ; parmi ces arguments, il faut citer le discours qu'il prononça, en janvier 1614, devant la Chambre étoilée, pour obtenir la répression du duel en Angleterre, par la condamnation de deux provocateurs. Ses raisons semblent avoir passé dans les arrêts de nos Cours depuis 1835.

C'est à la même période de la vie affairée de Bacon qu'il faut placer un autre travail qui témoigne de la justesse de ses vues en politique et en administration. L'accession de l'Écosse à l'Angleterre, par l'effet de l'avénement de Jacques Stuart au trône d'Élisabeth, ou plutôt la réunion des deux pays sous le même sceptre, en laissant à l'Écosse son Parlement, ne satisfaisait pas Jacques Ier, qui aurait voulu que l'union des deux pays fût complète. La réalisation de la pensée du roi aurait rendu nécessaire la révision de la législation écossaise, afin de la conformer à l'esprit des institutions de l'Angleterre; et les hommes éminents de l'Angleterre, dans la prévision de cet événement, tournaient alors leurs regards de ce côté. Assurément, ce travail de révision ne devait pas avoir l'importance d'une révolution législative; il devait être assez simple, attendu que le voisinage des deux nations, la conformité de leurs mœurs, et, jusqu'à un certain point, leur communauté d'origine, avaient créé des institutions et des coutumes peu différentes entre les deux pays; mais il ne pouvait être accompli heureusement que par une main sûre. Bacon qui, dans le sein du Parlement, avait pris part à toutes les discussions relatives au projet d'union de l'Angleterre et de l'Écosse, composa plusieurs écrits pour le réaliser. Dans un écrit entre autres, intitulé : Projet d'union des lois d'Angleterre et d'Écosse (*a Preparation towards the union of the laws of England and Scotland*), il expose à Jacques Ier ses vues. Sa pensée paraît celle-ci : conserver aux Écossais toute la part d'indépendance dont il n'est pas nécessaire d'augmenter l'autorité souveraine pour le maintien de l'union des deux pays, mais fortifier l'autorité souveraine pour ce dernier point. En conséquence, il ne croyait pas qu'on pût changer les coutumes privées de l'Écosse, les lois civiles, qui se lient si intimement aux mœurs d'une nation, étant

les dernières auxquelles il soit permis de toucher si
l'on ne veut pas s'exposer à froisser le sentiment
public ; mais il indiquait comment les législations
pénales écossaise et anglaise pouvaient être rendues
uniformes sur les points d'offense à la puissance publique, à l'ordre public et à l'Eglise ; il s'attachait
surtout, dans ce plan de révision, à bien préciser les
prérogatives de la royauté. Ce travail de Bacon ne
produisit pas un effet immédiat ; car le projet de
Jacques Ier n'eut pas de suites, et la réunion de
l'Angleterre et de l'Écosse, sous le nom de Grande-
Bretagne, n'eut lieu qu'un siècle après, en 1707.

Parmi les préoccupations les plus constantes de
Bacon, arrivé au maniement des affaires judiciaires,
il en est une qui revient sans cesse, et dont la pensée, au fond, n'est pas pour nous sans intérêt ; nous
voulons parler de la révision des lois anglaises et
leur réunion en un seul corps. L'idée d'un Code,
sinon tel que nous l'avons conçu en France, au
moins tel qu'il a été compris et mal exécuté par
Justinien, s'était fait jour dans l'esprit de Bacon,
chez le peuple le moins capable peut-être de mener
à bonne fin une telle entreprise. Bacon souffrait de
la confusion des lois anglaises ; ses efforts tendaient
à la faire cesser. C'est dans cette pensée qu'il composa deux mémoires intitulés, l'un : Proposition à
Sa Majesté touchant la réunion et la révision des
lois de l'Angleterre, (*a Proposition to his Majesty
touching the compiling and emending of the laws
of England*). l'autre : Avis au roi Jacques sur la

réunion en un corps des lois anglaises (*The offer to king James of a digest to be made of the laws of England*). Ces deux Mémoires, qui n'ont pu décider l'Angleterre à une réforme qu'elle attend encore aujourd'hui, conservent pour nous de l'intérêt, mais, ajoutons, un simple intérêt de curiosité ; car, pour nous, la démonstration est depuis longtemps complète, ce sont deux plaidoyers d'une cause gagnée.

Tels sont, succinctement analysés, les divers opuscules de Bacon relatifs à la science du Droit. Par la nature de son génie, Bacon fut, dans la jurisprudence comme dans toutes les sciences, un réformateur ; par les qualités de son style à la fois précis et coloré, plein de vivacité et d'imagination, tout empreint du génie de la France, qu'il visita dans sa jeunesse, et donnant comme un avant-goût de la manière de Voltaire et de Montesquieu, ce fut un réformateur français. Chez lui la pensée, toujours arrêtée, apparaît d'abord nette au travers d'un style limpide et nerveux ; puis une métaphore rapide, en la complétant, la grave à jamais dans la mémoire. Mais tant de mérites si rares ne sauraient faire oublier ce qu'il y eut dans l'homme de méprisable et de bas, ni des faits qui attacheront à son nom la marque d'une éternelle infamie. Qui voudrait de la gloire de Bacon au prix de la honte qui l'accompagne ? Quand les privilégiés de l'intelligence ne respectent pas en eux-mêmes les dons de la Providence, ils leur deviennent un châtiment. Pour la sécurité de son nom dans l'avenir, qui veut être vil doit les répudier. Bacon fut à la fois vil et grand. Plaignons-le donc de ses faiblesses inexcusables, tout en l'admirant, mais plaignons-le aussi de son génie : le génie de Bacon aura servi à éterniser son déshonneur.

CHAPITRE IV

MONTESQUIEU JURISCONSULTE

I

Peu d'ouvrages, et surtout peu d'ouvrages politiques, ont eu la fortune des écrits de Montesquieu. Par une faveur singulière, la réputation de Montesquieu a crû en proportion inverse du nombre de lecteurs qu'il s'est trouvé pour le lire et le méditer ; son nom est devenu le mot de ralliement d'une école se donnant à la fois comme libérale et pratique, la dernière qui ait fleuri avant que le culte des intérêts matériels eût rallié tous les cœurs. Il semble que ce nom ait grandi avec le temps, et aujourd'hui encore, Montesquieu est demeuré une incontestable autorité. Quoique l'historien et le publiciste dominent en lui le jurisconsulte, Montesquieu ne doit pas moins occuper une place dans notre galerie des philosophes qui ont lu le Digeste. Il nous appartient par ses écrits, par la nature de son esprit, par l'influence qu'on lui attribue, et par les fonctions judiciaires qu'il exerça pendant dix années.

Charles de Secondat, baron de la Brède et de Montesquieu, est né au château de la Brède, près de Bordeaux, le 18 janvier 1689. Sa jeunesse ne présenta rien de remarquable, si ce n'est une disposition précoce pour l'étude approfondie du droit public. Mais un de ses oncles, président à mortier au parlement de Bordeaux, lui ayant laissé ses biens et sa charge, Montesquieu résolut d'entrer dans la carrière judiciaire. Il fut reçu, en 1714, à vingt-cinq ans, conseiller au Parlement de Bordeaux, et président à mortier deux ans après, en 1716.

Pour connaître la nature des fonctions que Montesquieu eut à exercer dans cette charge, il faut se rappeler l'organisation des anciens Parlements, ces grands corps dépositaires d'une puissance politique assez grande pour casser, l'occasion se présentant, des testaments de roi. Le Parlement de Bordeaux se composait alors du pays qui relève aujourd'hui de la Cour de Bordeaux et d'une partie de ceux qui relèvent des Cours de Poitiers, Agen, Toulouse et Pau. Il avait, comme les autres Parlements, 1° une Grand'Chambre, où avaient lieu les enregistrements, notamment ceux des lettres de grâce et de pardon, où se plaidaient les appellations verbales, les appels comme d'abus sur requêtes civiles et autres causes majeures, et où se jugeaient les procès criminels contre les ecclésiastiques, les nobles et les magistrats; 2° une Tournelle pour les affaires criminelles ordinaires ; 3° deux Chambres des enquêtes, où se jugeaient les causes écrites; 4° une Chambre des

requêtes pour juger en première instance les causes
civiles personnelles, possessoires ou mixtes dés privilégiés, ayant droit de *committimus* au grand et
au petit sceau. Il se composait d'un premier président, de neuf présidents à mortier, quatre présidents aux enquêtes, deux présidents aux requêtes,
quatre-vingt-quatorze conseillers, un procureur
général et deux avocats généraux. C'est dans ce personnel imposant que notre auteur avait une place.

Dans l'organisation des anciens Parlements, les
présidents à mortier, ainsi nommés du bonnet de
velours noir bordé d'un galon d'or figurant l'ancienne couronne des barons, qu'ils portaient comme
insigne de leur dignité, étaient les vrais présidents
de la Cour ; les autres présidents des enquêtes et des
requêtes n'étaient que présidents en leurs Chambres
et commis pour présider ces Chambres. Les présidents à mortier, au contraire, ne faisaient qu'un
avec le premier président qu'ils remplaçaient au besoin ; c'étaient eux qui étaient délégués alternative-
ment pour présider la Tournelle (1). Telles étaient
les fonctions que remplissait Montesquieu.

Sur ce que fut Montesquieu dans l'exercice de
ses fonctions judiciaires, on a très-peu de rensei-
gnements certains. Il paraît qu'en définitive il n'y

(1) Dans chaque Parlement, la *Tournelle* était composée de
deux présidents de la Cour, huit conseillers de la Grand'Chambre
et deux conseillers de chacune des enquêtes. On l'appelait la
Tournelle sans doute parce que c'était la seule Chambre formée
par un tel roulement.

brillait pas. Son esprit manquait de facilité, de cette facilité qui permet de passer sans fatigue de certains détails à d'autres détails, comme cela fut requis de tout temps chez ceux qui s'adonnent aux travaux du Palais. » «Ma machine est tellement composée, disait-il de lui-même, que j'ai besoin de me recueillir dans toutes les matières un peu abstraites; sans cela mes idées se confondent, et si je sens que je suis écouté il me semble dès lors que toute la question s'évanouit devant moi; plusieurs traces se réveillent à la fois, il résulte de là qu'aucune trace n'est réveillée (1). » Au reste, Montesquieu s'est expliqué sans détour sur son aptitude aux fonctions judiciaires : « Quant à mon métier de président, écrit-il au même endroit, j'ai le cœur très-droit. Je comprenais assez les questions en elles-mêmes, mais quant à la procédure, je n'y entendais rien. Je m'y suis pourtant appliqué; mais ce qui m'en dégoûtait le plus, c'est que je voyais à des bêtes le même talent qui me fuyait, pour ainsi dire (2). » Montesquieu était un écrivain, un penseur; mais, comme on le voit, de son propre aveu, il n'était pas fait pour le Palais.

En 1722, Montesquieu présenta des remontrances, au nom de sa Compagnie, pour obtenir qu'un impôt fort onéreux pour sa contrée fût levé. Ces remontrances furent d'abord accueillies; mais peu de temps après, l'impôt fut rétabli.

---

(1) *Pensées diverses*, Portrait de Montesquieu par lui-même.
(2) *Ibid.*

Cependant, en 1725, Montesquieu fut chargé de prononcer le discours de rentrée du Parlement de Bordeaux. Ce discours, très-remarquable par la forme, est remarquable aussi par les doléances qu'il contient, en ce qu'elles témoignent des abus que l'organisation judiciaire du temps et les mœurs avaient fait se produire dans l'administration de la justice. Montesquieu s'y plaint de la multiplicité et de la complication des lois, des piéges et des surprises tendus à la bonne foi des jugés, et de la complication des formes judiciaires. Il y trace avec beaucoup de sens le devoir du magistrat. Il y prémunit les avocats, dont il loue d'ailleurs l'intégrité, contre un zèle quelquefois excessif et une vivacité trop grande dans leurs attaques contre la partie adverse, ce qui doit faire supposer que, déjà de son temps, les avocats mettaient dans les débats plus d'acrimonie qu'il n'eût fallu. Et quand il s'adresse aux procureurs, à la façon dont il les adjure de respecter le caractère de la justice, à la manière dont il leur dit : « Ne nous ôtez pas le respect des peuples, laissez-nous notre probité, » il est facile de deviner qu'il ne pensait pas que ce fût aux procureurs que les Parlements dussent de les avoir conservés.

Mais Montesquieu ne devait pas rester longtemps investi d'une dignité peu compatible avec ses goûts, et dont les grands travaux qu'il couvait déjà dans son esprit ne lui permettaient pas d'accomplir les devoirs avec tout le succès désirable. En 1721, avaient paru les *Lettres persanes*, ce livre si spirituel, mais qui, par son style ferme et ses vues souvent profondes, ne pouvait pas être l'œuvre d'un écrivain qui n'aurait été qu'un homme d'esprit. Montesquieu vendit sa charge de président à mortier en 1726, pour se donner plus complétement à ses travaux de publiciste; et pour s'y préparer dignement par la connaissance personnelle des institutions et des hommes, il voyagea. Il visita successivement une partie de l'Allemagne, Vienne, où il rencontra le fameux prince Eugène; puis l'Italie, Venise, où il vit le fameux Law; puis la Hollande, l'Angleterre et la Suisse, faisant partout une ample récolte d'observations et de faits. C'est notamment à son séjour en Angleterre que la France dut de connaître vingt ans plus tard les rouages du gouvernement constitutionnel, tel qu'il fonctionne dans ce pays.

Au retour de ses voyages, vers 1734, Montesquieu publia son livre intitulé : *Causes de la grandeur et décadence des Romains*. Ce livre n'était pas tout à fait sans modèle : il est probable que Montesquieu, en l'écrivant, avait présents à l'esprit les quelques admirables pages du *Discours sur l'histoire universelle*, sur le même sujet, et les fameux *Discours sur Tite-Live*, de l'Italien Machiavel. Montesquieu n'égalait assurément pas Bossuet en grandeur, ni Machiavel en perspicacité; et cependant ses considérations sur les causes de la grandeur et de la décadence des Romains sont dignes de leur réputation. Le livre fut bien accueilli. Mais, quelque mérité que fût le succès des écrits de Montesquieu jusqu'alors, la postérité devait placer au-dessus de tous l'*Esprit des Lois*, publié en 1748 ; c'est son titre de gloire le plus incontesté, c'est l'ouvrage qui doit uniquement nous occuper ; nous essaierons d'en parler sans engouement comme sans prévention.

Qu'est-ce que l'*Esprit des Lois ?* Si l'on s'arrêtait au titre et à quelques chapitres du commencement, ce serait un livre de droit philosophique ; mais ailleurs on trouverait de l'histoire, ici de la politique, là de l'économie sociale, plus loin de la morale, et souvent ces différentes matières mêlées et confondues dans un même livre, de telle façon que ce qu'il y aurait peut-être de plus difficile à préciser dans l'*Esprit des Lois*, c'est l'objet que son auteur a eu en vue. L'*Esprit des Lois* renferme, en effet, à côté de considérations politiques, des vues d'économie publique et des portraits de conquérants ; et le tout se termine par des considérations historiques sur l'établissement de la féodalité. La vérité, disons-le de suite, est que le livre manque d'unité.

Au frontispice de son ouvrage, Montesquieu définit ce qu'il entend par loi et par droit. On connaît sa fameuse définition. « Les lois, dit-il, dans la signification la plus étendue du mot, sont les rapports nécessaires qui dérivent de la nature des choses. » Dans la pensée de Montesquieu donc, étant donné un être physique ou moral, individuel ou collectif, Dieu, peuple, homme ou bête, toute nécessité qui résulte de sa nature, de l'ensemble de ses qualités ou de ses attributs est une loi. Or c'est des lois établies parmi les hommes, dont l'ensemble s'appelle Droit des gens quand elles ont pour objet les rapports des peuples entre eux, Droit politique quand elles ont pour objet les rapports du gouvernement et des gouvernés, et droit civil quand elles régissent les citoyens entre eux ; c'est de ces lois, disons-nous, qu'il entreprend de parler.

Mais Montesquieu n'a, en matière de lois et de politique, ni plan, ni système, ni idées préconçues, ni rien qui rappelle même de loin le réformateur et l'utopiste. Quand il examine une institution, c'est seulement pour se demander si elle répond à une nécessité vraie, si elle est l'expression d'une loi véritable. Il *considère,* rien de plus ; et ce qu'il considère dans les lois politiques ou civiles, c'est moins leur valeur absolue que leur valeur relative ; c'est moins de la justice pure qu'il se préoccupe que de l'harmonie qui doit présider au mouvement de la machine politique, dont les rouages sont nécessairement si compliqués.

Or, Montesquieu appelle l'esprit des lois, ou plutôt, ce qui eût été mieux dire, l'esprit des institutions, l'ensemble de tous les rapports que l'état politique peut faire naître. « Il faut, dit-il, qu'elles (les lois) se rapportent à la nature et au principe du gouvernement qui est établi ou qu'on veut établir, soit qu'elles le forment comme font les lois politiques, soit qu'elles le maintiennent comme font les lois civiles. Elles doivent être relatives au physique du climat, au climat glacé, brûlant ou tempéré, à la qualité du terrain, à sa situation, à sa grandeur, au genre de vie des peuples, laboureurs, chasseurs ou pasteurs. Elles doivent se rapporter au degré de liberté que la constitution peut souffrir, à la religion des habitants, à leurs inclinations, à leurs richesses, à leur nombre, à leur commerce. Enfin, elles ont des rapports entre elles ; elles en ont avec leur origine, avec l'objet du législateur, avec l'ordre des choses sur lesquelles elles sont établies ; c'est dans toutes ces vues qu'il faut les considérer. » La science de Montesquieu est, comme on voit, une science de pure observation.

Si ces lignes étaient suffisantes pour donner une idée de la pensée selon laquelle Montesquieu a conçu son ouvrage, peut-être en pénétrerait-on sans trop de difficultés l'ordonnance irrégulière. Ainsi, Montesquieu constate qu'il y a trois espèces de gouvernements, le républicain, le monarchique et le despotique. La nature de ces trois gouvernements est, pour le premier, que le peuple en corps ou une partie du peuple ait la toute-puissance ; pour le second, qu'un seul gouverne, mais avec des lois fixes ; pour le troisième, qu'un seul, sans lois et sans règle, entraîne tout par sa volonté. Or, les institutions doivent différer dans ces trois Gouvernements ; elles doivent se conformer à la nature de chacun ; et Montesquieu examine quels sont les caractères que ces institutions doivent revêtir.

Puis Montesquieu constate que ces trois gouvernements ont chacun un principe différent, c'est-à-dire un esprit général, divers, qui les anime et peut seul les faire durer comme ils sont : la vertu dans la démocratie, l'honneur dans la monarchie et la crainte sous le despotisme. Or, les institutions doivent encore se conformer à ces principes, et notre auteur enseigne comment on y parvient par l'éducation, par la nature des lois civiles et criminelles et par celles qui réglementent le luxe et régissent la condition des femmes.

Si après cela on suit Montesquieu dans l'examen des lois et des institutions en tant qu'elles se rapportent à la guerre, à la liberté dont chaque forme de gouvernement est susceptible, aux impôts, à la nature du climat, à la configuration du territoire et à sa nature, aux mœurs et aux manières des nations, au commerce, à la population et à la religion, on connaîtra son grand ouvrage dans son ensemble ; et les diverses parties apparaissant mieux liées que le plan général de l'œuvre ne pouvait le faire supposer, certaines vues incomplètes ou obscures prises isolément se compléteront et s'éclaireront par des rapprochements.

Dans cette œuvre aux contours, disons-le, mal arrêtés, Montesquieu a jeté quelques hors-d'œuvre qui n'en sont pas le moindre ornement. Un livre composé d'un chapitre unique expose l'origine et les révolutions des lois des Romains sur les successions (1). Un autre livre est consacré à l'histoire de

____

(1) *Esprit des Lois*, livre XXVII.

l'origine des révolutions des lois civiles chez les Français (1), et les deux derniers contiennent une esquisse d'une théorie des lois féodales chez les Francs, dans les rapports qu'elles ont avec l'établissement et les révolutions de la monarchie (2).

Ces dissertations et quelques autres de moindre importance semées dans l'ouvrage ajoutent à la valeur de l'ensemble. Cependant, s'il faut le dire, l'*Esprit des Lois* ne produisit pas à son apparition tout l'effet auquel on eût pu s'attendre d'après le nom déjà grand de Montesquieu, et le bruit que le livre avait fait dès avant d'être achevé. On le lut, il n'éclata pas ; ce fut un succès, si l'on veut, à considérer l'immense débit du livre, mais il n'y eut pas de transports. On se récria contre le fatalisme politique que Montesquieu fait résulter de l'influence des climats ; on applaudit, pour la nouveauté et la vérité du tableau, à l'esquisse de la constitution de l'Angleterre, inconnue jusqu'à lui ; on signala des erreurs historiques très-graves, surprenantes chez un tel homme ; on reconnut l'auteur des *Lettres Persanes*, mais, mûr et perfectionné, dans la *très-humble remontrance aux inquisiteurs d'Espagne et de Portugal*, et dans l'explication ironique qu'il donne de l'esclavage des noirs (3); mais ni les éloges, ni les critiques ne donnèrent à l'apparition du livre le caractère d'un événement. C'est que le caractère

(1) *Esprit des Lois*, livre XXVIII.
(2) *Ibid.*, livres XXIX et XXX.
(3) *Ibid.*, liv. XXV, chap. XIII, et livre XV, ch. V.

du génie de Montesquieu, que nous apprécierons plus loin, ne permettait pas qu'il fût entièrement compris dès le premier abord.

Mais notre dessein ne peut pas être de donner un exposé complet de la doctrine de Montesquieu. Nous ne voulons montrer, de son œuvre, que ce qui est nécessaire pour faire connaître la place que la jurisprudence y occupe; nous négligerons en lui le politique, l'économiste et l'historien, pour nous attacher au jurisconsulte exclusivement. Il est temps d'aborder l'examen de l'*Esprit des Lois* à ce point de vue.

II

Pour suivre Montesquieu dans ses recherches sur l'esprit des lois civiles, il est indispensable d'insister sur sa division des différentes sortes de gouvernements et sur le principe qu'il donne à chacun d'eux. Comme les lois se rapportent, selon lui, aux différentes circonstances au milieu desquelles vit un peuple, et, avant tout, à la forme du gouvernement qui le régit, c'est par leur convenance avec le principe du gouvernement que peut s'apprécier la bonté relative des lois civiles. Tout est là : Montesquieu a fait de sa théorie des gouvernements la base de ses appréciations des lois et des institutions civiles; c'est de cette théorie bien comprise que doit découler la lumière qui éclairera toutes ses appréciations de détail.

Selon Montesquieu donc, le gouvernement démocratique, républicain, et même le gouvernement aristocratique, a pour principe la vertu, c'est-à-dire l'amour de la patrie; le gouvernement monarchique a pour principe l'honneur; et la crainte est le principe des gouvernements despotiques (1). Dans les républiques, en effet, le peuple ou une partie du peuple pouvant tout, l'État ne peut se maintenir bien ordonné qu'à la condition que l'esprit des citoyens se tienne toujours en éveil, et qu'ils préfèrent l'intérêt public au leur. Dans les monarchies, outre des institutions politiques et un corps de lois fixes, comme il faut des distinctions, des rangs, des prééminences, et même une noblesse héréditaire, suivant cet adage très-vrai : *Pas de monarchie, pas de noblesse ; pas de noblesse, pas de monarchie,* l'honneur, cette vertu de convention, factice, comme le gouvernement monarchique même, est un ressort propre à faire mouvoir tous les citoyens; et la crainte doit être le sentiment des sujets dans un État despotique, les sujets étant tous égaux dans leur servitude sous un tel gouvernement, tous y étant également courbés sous le bras toujours levé du maître.

Cela posé, il faut voir comment Montesquieu accommode les lois civiles, dont l'objet est de régler les rapports des citoyens entre eux et de maintenir la constitution de l'État, au principe de chacune de

(1) *Esprit des Lois,* liv. III, chap. III et suiv.

ces formes de gouvernement. C'est dans ce rapport de l'état civil avec l'état politique qu'est sa doctrine tout entière (1).

Les lois civiles, d'abord, ne peuvent pas être simples dans les monarchies ; l'amour des distinctions, l'*honneur* répugne à la simplicité des lois. Les distinctions dans les personnes entraînant avec elles des priviléges, il faut des priviléges de juridiction. De plus, les différences d'origine et de rang des personnes nécessitant des différences dans la nature des biens, compliquent infiniment tous les rapports sociaux. C'est ainsi que, sous l'ancien régime on distinguait des biens de tant de sortes : propres, acquêts ou conquêts, dotaux, paraphernaux, paternels et maternels, nobles et roturiers, etc. ; et toutes ces différentes natures de biens se transmettant et s'acquérant selon des modes particuliers, jettent dans l'ensemble des lois civiles une grande complication, nécessité inévitable de cette forme de gouvernement, et qui semble faire de la raison même un art (2). Tel est le premier caractère des lois civiles dans les monarchies. Mais la complication des lois civiles a une autre cause dans les institutions judiciaires inhérentes à l'état monarchique. Dans toute monarchie, il faut des Tribunaux, un pouvoir judiciaire, ce qui doit s'entendre de Tribunaux ayant une existence propre et indépendante. Joignez la

____

(1) *Esprit des Lois*, liv. I, chap. III, et liv. XXVI, chap. I.
(2) *Ibid.*, liv. VI, chap. I.

puissance de juger à la puissance législative ou à la puissance exécutrice, et à l'instant tout est perdu, toute liberté disparaît, et la monarchie s'écroule dans l'anarchie ou glisse dans le despotisme (1). Cependant cette règle n'est pas tellement absolue qu'elle ne souffre quelques exceptions dans l'intérêt même du maintien de la forme monarchique. Pour juger les Grands, exposés à l'envie, et dont les Tribunaux ne respecteraient pas les priviléges, il faut pour certains cas des Tribunaux spéciaux, dont les juges seront pris parmi les nobles, qui feront peut-être partie du Corps législatif. Et dans les affaires intéressant la puissance publique, quand l'accusation s'en prend à un ministre de la volonté suprême, c'est encore devant une partie de la puissance législative que le jugement doit être porté (2).

Or, la nécessité de l'existence de Tribunaux indépendants étant reconnue, il s'ensuit une conséquence inévitable. « Ces Tribunaux donnent des décisions ; ces décisions doivent être conservées, apprises, pour que l'on juge aujourd'hui comme l'on jugea hier, et que la propriété et la vie des citoyens soient assurées et fixes comme la constitution même de l'État (3). » De là l'existence de ce qu'on appelle une jurisprudence ; mais, à mesure que les jugements des Tribunaux se multiplient dans les monarchies, la jurisprudence se charge de

____

(1) *Esprit des Lois*, liv. VI, chap. I, et liv. XI, chap. VI.
(2) *Ibid.*, liv. XI, chap. VI.
(3) *Ibid.*, liv. VI, chap. I.

décisions qui quelquefois se contredisent, ou parce que les mêmes affaires sont tantôt bien, tantôt mal défendues, ou enfin par une infinité d'abus qui se glissent dans tout ce qui passe par la main des hommes (1). » C'est un mal inévitable que le législateur corrige de temps à autre, mais un mal qui ajoute encore aux complications nécessaires sinon de la loi civile proprement dite, au moins de cette jurisprudence, appendice obligé de la loi.

De toutes ces choses naît une autre sorte de complication, celle des formes judiciaires. Est-ce un bien? est-ce un mal? Montesquieu répond ici à certains préjugés trop répandus : « Si vous examinez les formalités de justice par rapport à la peine qu'a un citoyen à se faire rendre son bien ou à obtenir satisfaction de quelque outrage, vous en trouverez sans doute trop ; si vous les regardez dans le rapport qu'elles ont avec la liberté et la sûreté des citoyens, vous en trouverez souvent trop peu, et vous verrez que la peine, les dépenses, les longueurs, les dangers même de la justice sont le prix que chaque citoyen donne pour sa liberté (2). »

Mais ce n'est point à dire que les formes judiciaires ne soient pas un mal très-grave si elles deviennent excessives. « L'esprit de modération, dit ailleurs Montesquieu (3), doit être celui du législateur ; le bien politique, comme le bien moral, se

(1) *Esprit des Lois*, liv. VI, chap. I.
(2) *Ibid.*, liv. VI, chap. II.
(3) *Ibid.*, liv. XXIX, chap. I.

trouve toujours entre deux limites. Les formalités de la justice sont nécessaires à la liberté ; mais le nombre en pourrait être si grand qu'il choquerait le but des lois mêmes qui les auraient établies ; les affaires n'auraient pas de fin ; la propriété des biens resterait incertaine ; on donnerait à l'une des parties le bien de l'autre sans examen, ou on les ruinerait toutes les deux à force d'examiner. »

Après les formes judiciaires, vient la manière de former les jugements. Dans les Républiques, les juges ne se communiquent pas ; les voix se comptent sans qu'il y ait eu de délibération ; c'est ainsi que cela se passait à Rome et dans les villes grecques. Dans les monarchies, au contraire, « les juges prennent la manière des arbitres, ils délibèrent ensemble, ils se communiquent leurs pensées, ils se concilient ; on modifie son avis pour le rendre conforme à celui d'un autre ; les avis les moins nombreux sont rappelés aux deux plus grands (1). »

Montesquieu ne donne pas la raison de cette différence ; c'était sans doute que dans sa pensée la suprématie du nombre dans les démocraties a ou doit avoir pour frein et pour garantie la vertu des magistrats, tandis que dans la monarchie le magistrat à un but artificiel à atteindre, ce qui requiert impérieusement une délibération.

La même complication se fait remarquer dans les lois criminelles de tous les États modérés. Là,

(1) *Esprit des Lois*, liv. **VI**, chap. IV.

« la tête du moindre citoyen est considérable; on ne lui ôte son honneur et ses biens qu'après un long examen; on ne le prive de la vie que lorsque la patrie elle-même l'attaque, et elle ne l'attaque qu'en lui laissant tous les moyens possibles de se défendre (1). » Aussi, Montesquieu fait-il remarquer que, quand un homme se rend plus absolu, il songe d'abord à simplifier les lois criminelles. Ainsi firent César, Cromwell et tant d'autres. « On commence, dans cet état, à être plus frappé des inconvénients particuliers que de la liberté des sujets dont on ne se soucie pas du tout (2). »

Ainsi, nécessité d'un corps judiciaire indépendant, complication des lois civiles résultant de la diversité des Tribunaux, de leur jurisprudence, des formes judiciaires qui y sont suivies, et surtout de la différence dans la condition des citoyens et la nature des biens : tels sont les effets civils de tout gouvernement monarchique régulièrement constitué.

Si de l'état monarchique on passe à l'état républicain et à l'état despotique, il faut y arriver avec d'autres idées. Dans les républiques, il faut au moins autant de formalités que dans les monarchies; car les formes judiciaires augmentent presque toujours en raison du cas que l'on fait de l'honneur, de la fortune, de la vie, de la liberté des citoyens. Dans les États despotiques, au contraire, tout est simple

____

(1) *Esprit des Lois*, liv. VI, chap. ii.
(2) *Ibid.*, liv. VI, chap. ii.

et facile. Les terres appartenant au prince, il y a peu de lois civiles qui règlent la propriété, et point de lois de succession. La volonté du maître pourvoit à tout; nulle organisation de la famille; la plupart des actions morales n'y étant que la volonté du père, du mari, du maître, se règlent par eux, non par les magistrats. Le despotisme se suffit à lui-même dans la famille, comme dans l'État (1).

Pour mettre dans un tel État quelques garanties et un peu de liberté, il n'y a qu'un souhait à former; c'est que des coutumes, des usages, un livre religieux suppléent à ce que la loi civile ne peut faire, comme certaines croyances en Chine, et les livres de Zoroastre et de Mahomet chez les Orientaux (2).

Après les vues générales de Montesquieu sur les caractères divers que peuvent revêtir les lois civiles, il faut le suivre dans l'application de ses principes à quelques institutions particulières, et en premier lieu au droit de propriété.

Montesquieu est très-bref à cet endroit; il ne s'occupe même du droit de propriété qu'incidemment, pour montrer comment les principes du droit politique doivent se subordonner quelquefois aux principes du droit civil. Selon Montesquieu, la propriété est née de la convention que les hommes auraient faite de vivre en société; avant cette convention, chacun avait droit à tout : « Comme les

(1) *Esprit des Lois*, liv. VI, chap. I.
(2) *Ibid.*, liv. XII, chap. XXIX.

hommes ont renoncé à leur indépendance naturelle, dit-il (1), pour vivre sous des lois politiques, ils ont renoncé à la communauté naturelle des biens pour vivre sous des lois civiles. Ces premières lois leur acquièrent la liberté, les secondes la propriété. » Partant de cette vérité que les lois politiques et les lois civiles ont chacune leur domaine, sans pouvoir empiéter de l'un sur l'autre, Montesquieu condamne comme une anomalie toute mesure portant atteinte au droit de propriété sous un prétexte d'intérêt public : tout citoyen privé de son bien doit avoir au moins une indemnité en compensation ; la cité n'étant établie que pour que chacun conserve ses biens, c'est un paralogisme de sacrifier la loi civile, qui est le *palladium* de la propriété, à l'apparence d'un intérêt public, sur lequel on se méprend nécessairement dès qu'on l'oppose à un droit aussi absolu que le droit de propriété (2).

Mais le droit de propriété entraîne avec lui le droit de transmettre ses biens après sa mort. Selon Montesquieu, en matière de successions, l'équité, ou ce qu'il appelle les principes du droit naturel, n'est rien. Le droit politique et civil doit régler l'ordre des successions selon l'intérêt de l'État (3). Qu'importe l'égalité dans la famille, ou tout autre principe de justice ou de liberté ? Montesquieu donne

(1) *Esprit des Lois*, liv. XXVI, chap. xv.
(2) *Ibid.*, chap. v.
(3) *Ibid.*, chap. vi.

pour raison que « la loi naturelle ordonne aux pères de nourrir leurs enfants, mais n'oblige pas de les faire héritiers. » Quelque langage que l'on prête au droit naturel, il sera toujours inconséquent de reconnaître au propriétaire un droit absolu sur sa chose, et de le lui dénier au dernier moment, quand il en veut faire usage au profit des siens.

Enfin il n'y a pas jusqu'aux dots des femmes dont il ne soit nécessaire, selon Montesquieu, que l'usage se règle conformément au principe de la forme politique. « Les dots doivent être considérables dans les monarchies, afin que les maris puissent soutenir leur rang et le luxe établi. Elles doivent être médiocres dans les républiques, où le luxe ne doit pas régner. Elles doivent être à peu près nulles dans les Etats despotiques, où les femmes sont en quelque façon esclaves. La communauté des biens introduite par les lois françaises, entre le mari et la femme, est très-convenable dans le gouvernement monarchique, parce qu'elle intéresse les femmes aux affaires domestiques, et les rappelle comme malgré elles au soin de la maison. Elle l'est moins dans les républiques, où les femmes ont plus de vertu. Elle serait absurde dans les États despotiques, où presque toujours les femmes sont elles-mêmes une partie de la propriété du maître (1). »

Sur la constitution de la famille et le mariage, l'*Esprit des Lois* contient peu de choses d'un inté-

______

(1) *Esprit des Lois*, liv. VII, chap. XVI.

rêt durable. Montesquieu débute même par un paralogisme. « L'obligation naturelle qu'a le père de
nourrir ses enfants, dit-il, a fait établir le mariage,
qui déclare celui qui doit remplir cette obligation (1). » Il eût paru plus rationnel de considérer
cette obligation comme une conséquence du mariage et de ses suites, plutôt que de fonder le mariage sur une obligation qui n'en est qu'un effet.

Outre la constitution de l'État, Montesquieu s'est
préoccupé de l'influence du commerce sur les lois
civiles, et de ses nécessités. Le commerce, et surtout
le commerce étranger, a une influence visible sur
le caractère des nations qui s'y adonnent. « L'empire
de la mer a toujours donné aux peuples qui l'ont
possédé une fierté naturelle, parce que, se sentant
capables d'insulter partout, ils croient que leur
pouvoir n'a pas plus de bornes que l'Océan (2). »
Mais le commerce requiert de la loi civile des complaisances particulières, justes en réalité, tant elles
sont nécessaires. Qui a mieux justifié que Montesquieu la nécessité de la contrainte par corps en
matière commerciale ? « Les négociants étant obligés de confier de grandes sommes pour des temps
souvent fort courts, de les donner et de les reprendre, il faut que le débiteur remplisse toujours aux

(1) *Esprit des Lois*, liv. XXIII, chap. II.
(2) *Ibid.*, liv. XIX, chap. XXVII, Dans ce chapitre, Montesquieu
donne, de l'Angleterre, une image *sans la lettre*, d'une vérité
frappante. Montesquieu connaissait l'esprit de l'Angleterre aussi
bien qu'il en connaissait la constitution.

temps fixés ses engagements, ce qui suppose la contrainte par corps. Dans les affaires qui dérivent des contrats civils ordinaires, la loi ne doit pas ordonner la contrainte par corps, parce qu'elle fait plus de cas de la liberté d'un citoyen que de l'aisance d'un autre. Mais, dans les conventions qui dérivent du commerce, chacun doit faire plus de cas de l'aisance publique que de la liberté d'un citoyen, ce qui n'empêche pas les restrictions et les limitations que peuvent demander l'humanité et la bonne police (1). »

La contrainte par corps, en effet, ce vestige de la barbarie, selon le sentiment de certains philanthropes, n'est peut-être pas aussi injustifiable qu'elle le paraît, si l'on considère que l'extrême péril d'autrui peut faire de mon imprudence un délit.

Une autre nécessité du commerce, c'est d'avoir des juges à lui. Pourquoi? Parce que « les affaires de commerce sont très-peu susceptibles de formalités. Ce sont des actions de chaque jour, que d'autres de même nature doivent suivre chaque jour. Il faut donc qu'elles puissent être décidées chaque jour (2). » Au reste, le développement du commerce ne profite pas à la simplicité des lois civiles ; loin de là. « Dans un État commerçant, dit Montesquieu, il y a moins de juges et plus de lois. »

Il y a tout un livre de l'*Esprit des Lois* qui, sans

(1) *Esprit des Lois*, liv. XX, chap. XIV.
(2) *Ibid.*, chap. XVI.

plus avoir pour objet les lois civiles que les lois politiques ou toutes autres, ne mérite pas moins l'attention particulière des jurisconsultes, par la nouveauté de la matière que l'auteur avait en vue. Nous voulons parler du livre vingt-neuvième, intitulé : *De la manière de composer les lois.* On n'a souvent considéré dans les lois que leurs dispositions, sans égard aux circonstances qui en changeaient complétement les effets, et les rendaient différentes malgré leur identité littérale. Montesquieu a montré le premier que des lois semblables ont souvent un objet différent; que des lois différentes dérivent souvent du même esprit, et qu'il ne faut les séparer ni de l'objet pour lequel elles ont été faites, ni des circonstances dans lesquelles elles sont devenues nécessaires, si l'on veut en connaître le véritable esprit. Il a ainsi presque créé une science nouvelle, la législation comparée; ce sera un jour, sans doute, son titre de gloire le plus incontesté.

Mais Montesquieu, avons-nous dit en commençant, est historien autant que publiciste et légiste. Comme historien du Droit, il a consacré deux livres à esquisser l'histoire de deux parties importantes du Droit : l'une explique l'origine et les révolutions des lois des Romains sur les successions; l'autre explique l'origine t les révolutions des lois civiles chez les Français (1).

____

(1) *Esprit des Lois*, liv. XXVII et XXVIII.

Dans l'historique que Montesquieu trace de l'origine et des révolutions des lois de succession à Rome, on ne peut méconnaître un esprit d'une rare perspicacité ; mais il faut bien avouer, d'un autre côté, que les conjectures de Montesquieu violentent quelquefois les faits et la raison. Ainsi, ce serait du partage des terres que, au dire de Denys d'Halicarnasse et de Plutarque, Romulus fit entre les citoyens de son petit État, qu'il faudrait faire dériver les lois de Rome sur les successions! Ce fait obscur et au moins douteux devrait tout expliquer! Si l'hérédité du père, à Rome, passait, à défaut d'enfants, aux agnats, de préférence aux cognats plus proches par les liens du sang, c'était pour respecter le partage des terres en maintenant les biens dans les familles! Et comme ce système historique n'expliquerait pas l'usage des testaments, si profondément ancré dans les mœurs romaines, Montesquieu se tire d'affaire en déclarant que, dans l'origine, les testaments devaient être inconnus!

Lorsqu'en histoire on base un système sur de pures conjectures, on arrive bien vite à des hypothèses invraisemblables; Montesquieu n'a pas échappé à cette loi. Qui ne voit, au contraire, que l'ordre des successions à Rome et l'usage des testaments avaient pour principe la constitution aristocratique de la famille, laquelle formait dans l'État un petit État, dont le père de famille était le chef? Si les testaments étaient d'un usage tellement général que mourir intestat était presque un opprobre, c'est que les mœurs, les institutions politiques, les idées religieuses, tout y poussait.

Or, de telles coutumes ne s'établissent pas sans raison, elles suivent un développement régulier, et ne s'implantent pas chez un peuple comme une mode. Le père de famille romain était aussi jaloux du droit de tester dans les comices, qu'un prince peut l'être des prérogatives de sa souveraineté, parce que de fait c'était dans la famille un petit souverain. Aussi, l'usage des testaments va-t-il en décroissant à Rome, à mesure que la constitution de la famille s'affaiblit, et l'ordre des successions *ab intestat* se modifie de la même façon. Si l'esprit de Montesquieu n'avait pas été doué de tant de finesse, nous aurions eu, au lieu de conjectures hasardées et d'hypothèses inadmissibles, une véritable histoire du développement si intéressant de l'ordre des successions, à Rome, depuis la loi aristocratique des Douze-Tables jusqu'aux Novelles de Justinien, qui ont établi le régime que nous avons encore, histoire qu'on ne trouve pas dans le XXVIIe chapitre de l'*Esprit des Lois*.

L'esquisse historique de l'origine et des révolutions des lois civiles chez les Français a les mêmes mérites dans les détails et les mêmes défauts dans l'ensemble. Montesquieu y étudie surtout les origines de notre organisation judiciaire et de notre procédure, empruntée, telle qu'elle est suivie encore aujourd'hui, aux formes observées devant les Tribunaux ecclésiastiques. Il s'arrête où les autres commencent, à la naissance des coutumes. Disons de suite, pour n'avoir plus à y revenir, que Montesquieu est assez peu instructif comme historien; il éclaire d'une lumière, à la vérité quelquefois trompeuse, ceux qui savent, il n'apprend pas à ceux qui ignorent.

Nous avons exposé les idées de Montesquieu en laissant de côté, pour plus de clarté, les détails et les preuves. Nous l'avons fait, autant que possible, sans interruption, pour éviter des complications en mêlant notre commentaire au texte. Nous allons risquer maintenant une appréciation.

III

Tout homme digne d'attention a une faculté dominante qui, sans absorber les autres parties de son intelligence, le caractérise plus particulièrement et est, en quelque sorte, sa marque. Pour le juger avec vérité, c'est à cette faculté qu'il faut rapporter toutes les autres. S'il nous fallait fixer dans Montesquieu la qualité d'où dérivent ses autres qualités et aussi, disons-le de suite, ses défauts, nous le ferions en un mot : Montesquieu fut avant tout un homme d'esprit. On s'étonne, au premier abord, de cette tendance chez un homme qui, pendant quarante ans, promena son génie sur les sommets les plus ardus de la politique, de la jurisprudence et de l'histoire.

Et cependant, dans ses ouvrages les plus frivoles, comme dans ses livres les plus sérieux ; dans ses vues les plus fines, les plus perçantes sur les hommes et sur les choses, comme dans ses considérations les plus subtiles et les plus hasardées, c'est toujours l'esprit qui domine dans Montesquieu, l'esprit élevé à sa plus haute puissance, et ayant souvent la lucidité du génie, mais l'esprit traînant avec lui les inévitables abus de l'esprit, le raffinement outré et le défaut de suite.

On ferait, avec les pensées de Montesquieu, recueillies dans son *Esprit des Lois* et surtout dans ses *Lettres persanes,* qui eurent de leur temps le prodigieux succès que l'on sait, le plus intéressant recueil qui se pût voir. C'est Montesquieu qui a porté sur Voltaire historien ce jugement si vrai, d'un esprit si mordant : « Voltaire n'écrira jamais une bonne histoire. Il est comme les moines, qui n'écrivent pas pour le sujet qu'ils traitent, mais pour la gloire de leur ordre. Voltaire écrit pour son couvent (1). » C'est lui qui a formulé le scepticisme religieux de son siècle, dans ces lignes si profondément spirituelles, hélas ! « Dieu est comme ce monarque qui a plusieurs nations dans son empire ; elles viennent toutes lui porter un tribut, et chacune lui parle sa langue, religion diverse (2). » Le plus sérieux de ses ouvrages est plein de traits de cette

____

(1) OEuvres complètes. *Pensées diverses.*
(2) *Ibid.*

nature ; et le mot de madame du Deffand : « C'est de l'esprit sur les lois, » ce mot qui devint fameux dans un temps où cependant on en faisait tant, sans être complétement juste, n'est pas tout à fait dépourvu de vérité.

Le grand mérite de l'*Esprit des Lois*, mérite que nul ne lui contestera, c'est la profondeur de la pensée. Dans les ouvrages vulgaires, la vérité n'est qu'entrevue ; l'écrivain y touche quelquefois, mais à la façon du mineur qui n'a qu'une idée vague de la valeur du métal précieux que sa pioche rencontre. De tels ouvrages ne requièrent pas de commentaires, et leurs auteurs n'ont pas de disciples. Montesquieu, au contraire, approfondit sa matière jusqu'à l'idée première ; il fouille jusqu'au roc, il plonge jusqu'au fond ; et s'il ne rapporte pas toujours de ses excursions ténébreuses et souterraines des diamants et des perles, tant s'en faut ! au moins y a-t-il toujours profit à l'y suivre, car, alors même qu'il se trompe, il prépare à la découverte de la vérité, en conduisant son lecteur sur l'emplacement qui la produit.

Ce mérite si rare de la profondeur de la pensée est cependant insuffisant quand il ne s'y joint pas une autre qualité qui peut seule le faire valoir. Une pensée profonde, c'est-à-dire une pensée vraie, au delà de laquelle il n'y en a pas d'autre, et d'où découle tout un ordre de vérités de détail, a besoin de s'exprimer. Que de pensées profondes et vraies enfouies à jamais, perdues, faute par leur auteur d'avoir su se faire comprendre ! Que de penseurs sérieux qui sont demeurés ignorés d'eux-mêmes pour n'avoir pu trouver leur langue ! L'idée vraie et l'expression juste, forte, sont nécessaires l'une à l'autre, tellement que jamais auteur peut-être n'a possédé pleinement l'une d'elles séparément. Mais, chez Montesquieu, l'écrivain est égal au penseur pour le moins ; sa plume est un burin comme celui de tous les grands artistes en style. Si de telles façons de parler étaient reçues dans des études de cette nature, nous dirions de lui que c'est un graveur ; quand il a trouvé une pensée vraie et qu'il l'a dite, nul ne la dira jamais autrement.

Un autre mérite de Montesquieu est d'avoir trouvé le sujet même qu'il a entrepris de traiter. En pénétrant l'esprit des lois et des institutions, il a montré toutes les ressources que l'on pouvait tirer de l'étude des législations comparées. On cherchait bien, avant lui, des exemples et des modèles dans l'antiquité et dans les temps modernes ; mais nul n'avait songé à chercher l'esprit sous la forme identique ou différente, à systématiser ces recherches, et à faire de l'étude des législations comparées presque une science nouvelle, qui devait projeter de nos jours de si vives lumières sur presque toutes les parties de notre droit politique et civil.

Enfin, Montesquieu, dans ses appréciations, dans ses jugements et dans les rares préceptes qu'il déduit de ses considérations soit historiques, soit politiques, possède une dernière qualité, celle qui a le plus contribué peut-être à lui valoir cette influence si grande qui dure encore ; nous voulons parler de sa modération. Montesquieu a la mesure ; il n'est pas, comme tel de ses contemporains, un logicien à outrance ni un utopiste s'enivrant de ses propres conceptions; c'est un penseur calme, toujours maître de lui-même et de son sujet, dominant assez sa matière pour ne pas se laisser égarer à la poursuite de théories chimériques. Montesquieu a le sens droit toujours, même alors que, comme historien, il s'abandonne à des conjectures hasardées : il n'y a pas dans ce que nous disons là de contradiction.

Mais, en lui rendant pleinement justice, il serait puéril de dissimuler des défauts assez graves qui déparent son grand ouvrage, à côté de ses éminentes qualités de penseur et d'écrivain. Montesquieu a été l'objet d'un engoûment peut-être excessif ; son mérite brillant d'un si vif éclat a trop fait oublier ce qui lui manque. Honni soit qui mal y pense !... Nous dirons notre pensée tout entière sur ses défauts, comme nous l'avons dite sur ses qualités ; on doit la vérité à tout le monde, et surtout aux grands esprits, en raison même de l'influence que leurs ouvrages ont exercée.

Ce qui manque à l'*Esprit des Lois*, c'est d'abord une forte conception de l'ensemble. Montesquieu a de la profondeur dans la pensée, mais précisément cette qualité lui fait défaut dans la conception et l'ordonnance de son livre. Dans les œuvres des génies vraiment créateurs, Aristote et Descartes, par exemple, quand la foule des penseurs du second ordre s'agitent, inquiets, troublés, incertains du terrain sur lequel ils doivent porter la discussion ou l'accepter, l'homme de génie discerne de suite la question qui domine toutes les autres; il fixe le terrain, s'y établit, et la solution de la question fondamentale amène avec elle la solution de toutes les questions secondaires. Il dit le mot de ce que tout le monde sent confusément et ne peut pas dire. C'est là son signe. Montesquieu n'a pas eu un tel bonheur ailleurs que dans les détails de son livre; il ne s'est pas placé au centre de son œuvre; il s'en est suivi dans l'ensemble un défaut d'unité, et par conséquent de clarté, j'entends de cette clarté qui provient d'une conception vraiment forte du sujet et qui nous saisit dans toutes les œuvres vraiment supérieures.

Il est facile de voir, en effet, qu'en rapportant toutes les questions de politique, de droit public, de législation à la forme du gouvernement, et en examinant les institutions et les lois au point de vue de leur concordance avec la forme politique, ce qu'il fait dans tout le cours de son livre, même quand les rubriques sembleraient indiquer qu'il veut faire autrement, Montesquieu procède en sens inverse de la méthode que la raison indique. La forme politique d'une nation est le résultat de ses mœurs, de ses croyances et de son état de civilisation, comme toutes les autres lois ou politiques ou civiles; elle est un effet, non une cause. Elle est faite pour la nation, non la nation pour la forme. Elle doit s'adapter au caractère d'un peuple et concorder avec ses autres institutions ; mais elle ne fait plier ni les institutions ni les mœurs. En subordonnant tout à la forme des gouvernements, Montesquieu a fait comme le statuaire qui raisonnerait sur les formes du corps humain en prenant pour terme de rapport et point de départ la coupe différente des habits dont on peut le revêtir.

La conséquence la plus inévitable de cette façon irrationnelle de procéder a dû être, dans l'*Esprit des lois*, le défaut d'unité. Quel est l'objet de l'*Esprit des lois?* les institutions, les mœurs, les lois proprement dites, l'histoire ? tout cela à la fois et rien de tout cela complétement. L'esprit du lecteur, incertain, hésitant, comme à la lecture de tous les ouvrages aux contours mal arrêtés, cherche en vain une satisfaction qu'il ne trouve jamais complète. Plus le sujet était vaste et même divers, plus il était nécessaire d'en relier toutes les parties à une idée unique qui les dominât toutes. L'*Esprit des lois*, qui renferme tant de pensées fines ou profondes, n'a épuisé aucun sujet. C'est un ouvrage de génie qui fait désirer la perfection, comme l'a dit Voltaire avec tant de justesse. C'est un édifice mal fondé et construit irrégulièrement, dans lequel il y a beaucoup de beaux appartements vernis et dorés (1). Aussi la lecture de ce livre est-elle souvent une fatigue par la nécessité où est le lecteur de le recomposer à son usage, et ne laisse-t-elle pas après elle cette

____

(1) Dialogue entre A B C, tome XXXV de l'édition de Kehl.

pleine satisfaction de l'esprit que l'on goûte après la lecture d'un livre réussi, quand le sujet est bien défini et la matière épuisée.

Si l'on passait cependant sur ce vice fondamental dans la composition de l'*Esprit des lois*, on trouverait d'autres défauts de moindre importance, à la vérité, mais devant lesquels il faudrait bien s'arrêter. La matière des différents livres qui le composent est vague comme ses titres (1); les transitions y sont mal ou point préparées, les divisions insignifiantes et l'enchaînement des idées nul. Qui a jamais pu lire l'*Esprit des lois* d'une façon suivie? Montesquieu, doué d'un esprit vif, perçant, primesautier, a des aperçus et fort peu de raisonnements; il sautille et ne marche pas; il ignore cet art savant de la composition des livres, qui prépare les beaux et larges développements et fait converger toutes les parties vers une pensée unique, conçue clairement. Pour la force de la conception, la logique sévère, l'enchaînement des idées et l'unité de vue, la grande œuvre politique de son siècle sera toujours le *Contrat social*, l'œuvre admirable, dangereuse, profonde et sophistique de Rousseau.

Quand nous aurons ajouté maintenant que l'*Esprit des Lois* présenté comme le fruit d'une raison supérieure et mûre, contient encore bien des pré-

---

(1) *Des lois dans leur rapport avec la religion... Des lois dans leur rapport avec le climat...* De pareils titres ne sont pas d'un écrivain chez qui les idées s'enchaînent rigoureusement. On devine tout de suite des pensées détachées.

jugés, bien des erreurs d'histoire, bien des maximes de fausse vertu, comme celles que nous a laissées l'antiquité travestie dans les colléges ; quand nous aurons dit que son auteur paraît se faire un jeu de dérouter à chaque pas le lecteur par ses saillies, et va toujours chercher, comme à plaisir, ses exemples chez des peuplades sauvages sur l'existence desquelles les géographes ne sont pas d'accord, scrutant ainsi l'esprit des lois dans de prétendues lois d'où tout esprit est absent ; quand nous aurons dit cela, nous en aurons fini avec les critiques générales ; nous aurons donné à peu près la somme des défauts qui déparent un ouvrage admirable à tant d'autres titres.

Quant aux considérations de Montesquieu relatives au droit civil, dont nous nous sommes presque uniquement occupé, elles sont très-vraies, très-justes, sauf quelques exceptions ; elles font seulement régretter que l'auteur n'ait pas donné à cette matière une place plus grande dans son livre. Montesquieu a compris et exposé le premier, et mieux que personne après lui, le véritable caractère des lois civiles compatibles avec la forme monarchique, disons mieux, avec le caractère national qui rend la forme monarchique nécessaire et bonne. Tout n'était pas absurde et illogique dans l'ordre de choses que la Révolution a renversé. Au reste, sa tâche ici était facile ; ses idées étaient d'accord avec ses sentiments ; Montesquieu était monarchiste par goût. « Je vis en bon citoyen, disait-il, parce que j'aime le gouvernement où je suis né et que je n'en attends d'autre faveur que ce bien inestimable que je partage avec tous mes compatriotes... Je rends grâce au ciel de ce qu'il m'a fait naître dans le gouvernement où je vis et de ce qu'il a voulu que j'obéisse à ceux qu'il m'a fait aimer (1). »

Mais des lacunes se font sentir sur cette matière du droit civil comme sur les autres. Qui croirait, par exemple, que quelques lignes auront suffi à Montesquieu pour donner la théorie du droit de propriété? Et encore la doctrine de Montesquieu, qui fonde le droit de propriété sur la loi civile, est-elle erronée comme celle des socialistes de nos jours. D'autres questions de même sorte, et des plus graves, ne sont souvent que mentionnées incidemment dans l'*Esprit des Lois.*

Sur la matière des successions, Montesquieu est plus explicite, mais il n'est pas toujours à l'abri de l'erreur. Ainsi, partant de ce principe, que la loi naturelle (laquelle?) ordonne aux pères de nourrir leurs enfants, mais n'oblige pas de les faire héritiers, il conclut que c'est à la loi politique à régler l'ordre des successions, selon le principe et la constitution de l'État ; c'est-à-dire que les enfants n'ayant pas un droit inné sur les biens du père, la loi politique ne fait rien que de légitime en enlevant à celui-ci la faculté d'en disposer ! Mais qui ne touche du doigt l'erreur de Montesquieu, déniant

____

(1) V. *Pensées diverses* et la *Préface de l'Esprit des Lois.*

au père de famille mourant le plein exercice du droit de propriété sous le prétexte que ses enfants n'y participent pas? Une loi de succession ne peut être légitimement que le testament présumé de tout citoyen qui meurt sans avoir testé. Reconnaître le droit de propriété, le déclarer absolu chez le père de famille, et, pour cela même, lui en refuser l'exercice au dernier moment de sa vie, ou ce qui est la même chose, faire de la loi des successions une loi politique, c'est une contradiction, ou bien il n'y en eut jamais.

Quoi! le droit de propriété est absolu chez le père de famille ; les enfants n'ont aucun droit sur son hérédité ; mais, comme le droit du père est souverain, l'État doit disposer de sa succession à sa guise! Tel est cependant le raisonnement de Montesquieu.

Sur d'autres questions, Montesquieu a quelquefois les préjugés de son temps. La vénalité des offices de judicature, par exemple, ne répugnait pas à sa probité. « Cette vénalité, dit-il, est bonne dans les États monarchiques, parce qu'elle fait faire comme un métier de famille ce qu'on ne voudrait pas entreprendre pour la vertu; qu'elle destine chacun à son devoir et rend les ordres de l'État plus permanents... Dans une monarchie, quand les charges ne se vendraient pas par un règlement public, l'indigence et l'avidité des courtisans les vendraient tout de même; le hasard donnera de meilleurs sujets que le choix du prince. Enfin, la manière de s'avancer par les richesses inspire et entretient l'industrie, chose dont cette espèce de gouvernement a grand besoin (1). » Triste nécessité des monarchies si cela est vrai ! Voilà le monstrueux expédient financier de François Ier, justifié comme une institution sage par le président à mortier du Parlement de Bordeaux !

Nous n'irons pas plus loin dans ces appréciations critiques, qui pourraient se prolonger longtemps avec un génie aussi divers que celui de Montesquieu : il nous suffira d'en avoir marqué les grands traits. Montesquieu est une des gloires de ce dix-huitième siècle à la fois glorieux et coupable, dont la tendance actuelle serait peut-être de trop oublier les bienfaits sociaux ; mais nous ne devions pas à Montesquieu autre chose que la vérité. Heureux encore s'il n'eût pas fait tant de mauvais imitateurs sous l'*ancien régime* et depuis *la Révolution*, ou si son génie, qui n'est qu'à lui, avait illuminé d'un rayon les pâles copies de ses descendants ! Répétons-le donc, pour conclure, Montesquieu fut grand, mais imparfait. L'*Esprit des lois* pourrait être refondu et former deux parties : l'une de pensées fines, ingénieuses, vraies, exprimées en un langage dont nul écrivain n'a jamais égalé la précision et la vivacité ; l'autre, de choses inutiles ou erronées, pour ne rien dire de plus. Quelle serait la plus considérable ? je ne sais pas.

(1) *Esprit des Lois*, liv. V, ch. xix.

QUATRIÈME PARTIE

ORGANISATION DE LA COUR DE CASSATION

Notre organisation judiciaire, qui est pour nous l'objet d'un juste orgueil, fait l'envie et l'admiration des nations civilisées ; celles qui n'ont rien à nous envier sont celles qui nous ont copiés. Jusqu'à ce que l'Assemblée constituante eût achevé son œuvre et que l'Empire nous eût donné ses Codes, jamais un système d'organisation judiciaire et de procédure n'avait été conçu plus simple, plus rationnel, plus dégagé de complications inutiles, et combinant dans une plus juste mesure un ensemble de formes propres à assurer, autant qu'il se peut, le triomphe du bon droit, sans cesser toutefois de donner à la propriété, aux droits acquis, une entière sécurité.

C'est, en effet, selon la remarque de Montesquieu, le grand point, la grande difficulté de tout bon système d'organisation judiciaire et de procédure, de ne pas sacrifier les droits acquis ou même seulement apparents à un idéal de simplicité qui ne peut convenir qu'à un état social primitif, et de ne pas rendre, d'un autre côté, l'accès du prétoire trop gênant pour l'homme de bonne foi, en multipliant des formalités qui, au delà d'un certain terme, ne servent plus qu'à alimenter l'esprit de contention. L'extrême simplification des formes judiciaires serait le plus souvent la spoliation du défendeur dans les procès ; et une excessive complication offrirait une prime trop tentante à cette race, vivace en tout temps, que les jurisconsultes romains appelaient du nom de *calumniatores*, et que la médisance de nos pères a transportée en Normandie. Le bon sens, cette qualité dominante de l'esprit français, a fait éviter à notre législateur ce double écueil : nos lois d'organisation judiciaire et de procédure, qui se sont déjà améliorées sur certains points et qui se perfectionneront encore, satisfont incontestablement aux conditions essentielles à la garantie de tous les intérêts ; on pourra rectifier des détails, mais l'ensemble du monument conservera toujours son imposante simplicité.

Mais notre mécanisme judiciaire, malgré sa perfection, n'atteindrait pas le but, si l'Assemblée constituante n'avait placé au sommet une autorité souveraine qui en réglât le mouvement. Cette autorité souveraine, c'est la Cour de cassation. Maintenir les tribunaux de tous les degrés dans le respect de la loi, assurer l'unité de la jurisprudence et l'ordre des juridictions, telle est la mission de la Cour de cassation, cette grande institution qui, dans notre nouvel ordre politique, est chargée en quelque sorte de la police du droit en France.

Certes, une telle institution commandera toujours le respect. Quand on a eu, comme nous, l'honneur d'écrire et de parler pendant dix ans devant un tel tribunal, et qu'on a pu recueillir quelquefois par hasard l'écho de ses délibérations, on conserve pour l'institution et pour les hommes une admiration que rien ne peut ébranler. C'est là, dans ce sénat judiciaire, que la science, l'amour du bien, le culte de la justice et de la vérité ont leurs adeptes, comme toutes les vertus publiques ont leurs modèles. Loin du bruit de la place publique, la loi seule y règne en maîtresse respectée ; la Cour de cassation est son organe impassible, son oracle, *lex loquens ;* et ce serait trop peu de dire que la justice n'est nulle part plus éclairée, si l'on n'ajoutait qu'elle n'est nulle part plus consciencieusement rendue. Si maintenant nous nous permettons d'élever contre l'organisation intérieure de la Cour de cassation quelques critiques, que nous ne sommes pas d'ailleurs les premiers à faire entendre, il devra demeurer bien convenu que ces critiques, qui ne portent que sur un détail, ne diminuent en rien notre profonde admiration pour l'institution, ni notre respect absolu pour les décisions qui en émanent. Voyons donc les doutes que peut soulever l'organisation de la Cour de cassation.

Aux termes des lois de son organisation, la Cour de cassation se divise en trois chambres : une chambre des requêtes, qui statue sur l'admission ou le rejet des pourvois en cassation, et où le demandeur seul est entendu ; une chambre civile, qui statue définitivement, après un débat contradictoire, sur les demandes en cassation, quand les pourvois ont été admis et que le demandeur a été autorisé à assigner la partie adverse ; et une chambre criminelle, qui prononce sur les demandes en cassation en matière criminelle, correctionnelle et de police, sans qu'il soit besoin d'un jugement préalable d'admission. (*Décr.* 27 *novembre* 1790, *art.* 5 *et suiv.; L.* 27 *ventôse an VIII, art.* 60 *et suiv.*)

Devant les trois chambres, le jugement de chaque affaire est précédé d'un rapport fait par un conseiller commis par le président. Cet exposé de l'affaire est terminé, à la chambre des requêtes, par des observations où le magistrat rapporteur donne son opinion personnelle sur le mérite du pourvoi, et auxquelles l'avocat du demandeur répond ; puis l'avocat général conclut, et la Cour rend son arrêt.

A la première vue, rien ne paraît plus sage qu'une telle division de la Cour de cassation en trois chambres ; nous ajouterons même de suite que rien n'est plus rationnel. La Cour de cassation n'est instituée que pour annuler les procédures dans lesquelles les formes ont été violées, et les arrêts et jugements en dernier ressort qui contiennent une contravention expresse au texte de la loi (*Décr.* 27 *novembre* 1790, *art.* 3). L'examen du point de fait dans les affaires ne lui appartient pas. Sous aucun prétexte et dans aucun cas, ajoute le décret du 27 novembre 1790, elle ne peut connaître du fond des affaires ; après avoir cassé les procédures ou le jugement, elle renvoie le fond des affaires aux tribunaux qui doivent en connaître (*ibid.*).

Si l'on réfléchit que la Cour de cassation n'est pas, par l'esprit de son institution, un troisième degré de juridiction, et que toute contestation, dans les cas les plus importants, où il y a lieu à appel, a déjà subi l'épreuve d'un double examen quand l'arrêt ou le jugement est déféré à la Cour de cassation pour violation de la loi, il paraît tout naturel que le débat solennel contradictoire qui précède la cassation ne puisse s'engager, en matière civile, sans que le demandeur en cassation ait été autorisé à le provoquer, après un examen préalable, attestant que ses griefs sont, sinon très-réels, au moins sérieux, et que sa tentative n'est pas, vis-à-vis de son adversaire, simplement un moyen d'intimidation.

Mais cet examen préalable devra-t-il être tel que les magistrats, qui prononcent définitivement sur la prétention du demandeur quand ils rejettent son pourvoi, le préjugeront nécessairement fondé quand ils l'admettront? Entre-t-il dans l'esprit de la loi, convient-il au moins à la bonne administration de la justice, que la chambre des requêtes ne prononce l'admission que dans les cas où, dans sa pensée, la cassation de l'arrêt qui lui est déféré doit s'ensuivre inévitablement? La nature de ses attributions comporte-t-elle un tel pouvoir? L'absence d'un contradicteur à la demande en cassation ne semble-t-elle pas devoir lui interdire l'examen définitif des questions qui peuvent faire naître des doutes sérieux?

En un mot, la chambre des requêtes peut-elle avoir autre chose que des usages? doit-elle avoir une jurisprudence? C'est ici que les difficultés s'élèvent.

La chambre des requêtes a une tradition constante, invariable, et dont sa composition, quant au nombre des magistrats qui y siégent, ne lui permettra jamais de se départir : c'est d'avoir un pouvoir égal à celui de la chambre civile pour prononcer le rejet des pourvois; elle n'admet les pourvois en cassation que dans les cas où, chambre civile, elle casserait.

Mais qu'arrive-t-il de cet usage pour lequel elle n'est pas faite? C'est que, par la force même des choses, par l'effet de l'organisation de la chambre des requêtes, le magistrat est exposé à perdre quelque chose de son impartialité. Il ne faut pas s'abuser, en effet, sur les forces de la pauvre nature humaine : les plus sages, les plus vaillants, les plus étrangers aux passions et aux faiblesses de notre nature, n'arriveront jamais à prononcer avec une parfaite sérénité de conscience, dans les causes où ils ont été entraînés, dès le commencement, à prendre un parti. Or, l'absence du défendeur éventuel devant la chambre des requêtes obligeant le magistrat rapporteur à se porter comme le défenseur de l'arrêt attaqué, dans les observations qui suivent son rapport, et la Cour subissant sur ce point l'imposante autorité du rapporteur, il peut arriver que le demandeur soit jugé quelquefois avec des préventions qu'un débat contradictoire aurait dissipées ou même empêchées de naître.

L'erreur la plus commune est de croire que, parce que le demandeur est admis à faire valoir ses griefs sans contradicteur devant la chambre des requêtes, l'avantage lui est assuré jusqu'à ce que la contestation arrive devant la chambre civile : toutes les fois qu'un pourvoi est rejeté, c'est, dit-on, que l'arrêt attaqué s'est défendu lui-même. La raison et l'expérience apprennent au contraire que jamais l'impartialité du magistrat n'est mise à une plus rude épreuve que quand il juge par habitude en n'entendant qu'une partie. En défiance perpétuelle contre les prétentions du demandeur, le juge en aborde l'examen avec une prévention dont il ne lui est pas possible de se défaire. Tout lui est suspect alors; et comme les meilleures raisons à nos yeux sont toujours celles que nous avons découvertes, le magistrat qui a été induit à se constituer l'adversaire de la partie demanderesse, le magistrat qui plaide et juge en quelque sorte dans une même cause, est inévitablement entraîné à sacrifier son caractère de juge aux intérêts de la partie absente, dont il a épousé à son insu, malgré lui, sinon les passions, au moins quelques-unes des préventions.

C'est une observation que chacun peut faire chaque jour devant les tribunaux ordinaires. Un vieil avocat peut dire ce qu'il lui en a coûté dans sa carrière pour avoir omis quelquefois, par inadvertance ou par oubli, de signaler un fait, un incident, un écrit, important ou non, contraire à ses prétentions, et dont les juges, qui ont cru l'avoir découvert, ont fait dépendre le succès de la cause. C'est que le magistrat cesse de tenir le fléau d'une main sûre, dès qu'il se mêle de toucher aux plateaux de la balance. Or, ce qui se produit accidentellement devant les tribunaux ordinaires est la règle devant la chambre des requêtes.

Mais, dit-on, devant la chambre des requêtes, le contradicteur c'est l'arrêt attaqué ; la partie qui l'a obtenu se défend derrière lui : le demandeur en cassation ne peut s'en prendre qu'à lui-même de son insuccès, s'il s'est attaqué à un arrêt qui se justifie par ses propres motifs (1).

J'ai le malheur de ne pas croire aux arrêts qui se défendent eux-mêmes, ne les connaissant que par une boutade d'un spirituel magistrat dont la Cour de Paris, qui l'a eu à sa tête, se souviendra longtemps. Au fond, un arrêt qui se défend lui-même, c'est un arrêt dont on ne pourrait contester un seul motif sans commettre en droit une hérésie ; c'est un arrêt qu'on ne pourrait quereller par aucune raison plausible ; c'est un arrêt comme ceux en si grand

______

(1) Pour ne pas multiplier sans nécessité les citations, nous renvoyons une fois pour toutes, pour les objections que nous aurons à réfuter, anx documents suivants : *Observations de la Cour de cassation sur le projet de loi rédigé sur l'ordre du gouvernement provisoire*, par M. Troplong ; *Cour de cassation*, par Tarbé, *Introduction*, ch. iii, § 2 ; *Discours prononcé par M. Dupin à l'Assemblée nationale, dans la séance du 3 février* 1849.

nombre que la rancune et l'obstination des plaideurs voudraient déférer à la Cour de cassation, mais qui, à l'honneur du barreau, ne trouvent pas d'avocats pour les attaquer. Mais croit-on que la Cour de cassation ait à en examiner beaucoup de tels? A quoi serviraient ces longues observations par lesquelles les magistrats terminent leurs rapports, si l'instruction écrite n'affaiblissait aucunement l'autorité doctrinale de l'arrêt attaqué? Ou bien, si cet arrêt se défend lui-même, que ne le laisse-t-on faire? Que l'autorité de l'arrêt soit d'habitude plus ou moins ébranlée dans l'instruction écrite, là n'est pas la question; toujours est-il que derrière l'arrêt attaqué il y a de fait, avec l'organisation actuelle de la chambre des requêtes, non le défendeur éventuel, mais le magistrat, et que dire que l'arrêt se défend lui-même pour signifier que le magistrat rapporteur a peu de mal à le défendre, c'est faire une métaphore et non donner une raison.

La loi anglaise, à qui l'indépendance du magistrat est si chère, n'aurait pas commis ainsi ce que nous croyons pouvoir appeler, dans la loi française, une erreur. Là, toute participation active du magistrat aux débats de l'audience paraît tellement dangereuse pour son indépendance, que, dans les assises criminelles, l'accusé est interrogé non par le président, mais par l'accusateur public, par l'attorney général. On a craint qu'en se mêlant aux débats pour y prendre part, le juge n'y perdît quelque chose de sa froide gravité et par suite de son impartialité.

Sans pousser le scrupule aussi loin, il est au moins permis de douter que le juge ait toujours un coup d'œil parfaitement juste, quand il aborde l'examen d'une cause avec un esprit nécessairement prévenu : sa vue se trouble à examiner des prétentions dont, par la nature de son institution, il est porté à se faire le contradicteur officieux ; il ne peut pas être témoin impartial des coups, s'il est lui-même un des combattants.

Et qu'on ne dise pas que cette prévention, si elle existe, a son principe dans la légitime autorité qui doit s'attacher à toute décision souveraine, à l'arrêt attaqué. Je répondrais que l'autorité des décisions souveraines ne peut être une autorité que pour leur exécution, vis-à-vis des parties, et non pas vis-à-vis d'un tribunal suprême qui est précisément institué pour les contrôler au point de vue de l'application de la loi. Quoi ! la Cour de cassation est établie pour juger si tel arrêt a violé la loi, et elle en aborderait l'examen avec cette pensée que la loi ne doit point avoir été violée ! Bien plus, elle devrait fonctionner de telle façon que, tout en donnant en apparence un avantage à celui qui attaque, cet avantage devînt un bienfait empoisonné par la tendance irrésistible qu'auront les juges à rétablir l'équilibre en se portant du côté opposé ! Une cause qui arrive devant un tribunal d'appel n'est pas présumée jugée; elle y arrive nouvelle. Du moment où les décisions des premiers juges pourraient peser devant les tribunaux d'appel d'un autre poids que celui de la raison, c'en serait fait de la garantie que la loi a voulu donner aux plaideurs, en établissant deux degrés de juridiction. Pourquoi donc une pareille garantie n'existerait-elle pas pleine, franche et entière devant la Cour de cassation, établie pour assurer à tous les avantages d'une saine application de la loi?

On dit que l'inviolabilité de la chose jugée est une des bases fondamentales de l'ordre social ; que les décisions souveraines sont irréformables ; que la présomption est pour elles, et que ce n'est que dans le cas d'une transgression expresse de la loi qu'elles peuvent être annulées, parce qu'il y a alors une nécessité constitutionnelle de faire cesser un trouble qui porte atteinte à l'ordre public.

Cela revient à dire : 1° que les décisions souveraines ne peuvent être attaquées que pour violation de la loi, ce que tout le monde sait ; 2° que la Cour de cassation n'a été instituée que pour le bien général, sans souci de l'intérêt particulier des plaideurs, ce qui est au moins douteux. D'où la conclusion, sans doute, que, l'intérêt général ne souffrant pas de l'organisation intérieure de la Cour de cassation, il n'y a pas lieu d'y rien changer.

, Mais il ne paraît pas que l'établissement de la Cour de cassation ait pour cause principale l'intérêt public, et que les intérêts particuliers ne puissent en profiter qu'occasionnellement. La vérité serait plutôt dans la proposition contraire ; car enfin devant la Cour de cassation, comme devant tous les tribunaux, c'est la partie qui se croit lésée qui saisit le juge, et si la requête est admise, c'est la partie adverse qui défendra au pourvoi. Écartons donc ces considérations d'une exactitude très-contestable, qui viennent compliquer d'une difficulté de mots une question qui n'a pas besoin de cela. Il est bien vrai que la Cour de cassation, en fixant le sens de la loi, rend un service public, puisque son interprétation deviendra une règle à laquelle les tribunaux de tous les degrés s'empresseront ordinairement de se soumettre. Mais il faut savoir que ce n'est là qu'un résultat accidentel de son institution ; qu'en définitive elle ne prononce jamais que sur des contestations privées, soulevées par des particuliers, soutenues à leurs risques et à leurs frais, et où elle ne serait pas intervenue, quelque atteinte qu'eût reçue la loi, si les particuliers ne l'en avaient saisie.

Bien loin que la Cour de cassation soit établie dans un intérêt constitutionnel, elle ne peut pas même prononcer par voie de disposition générale et réglementaire, comme faisaient les anciens parlements, qui pourtant ne prétendaient servir que des intérêts privés. Or, supprimez en imagination la Cour de cassation, et chaque Cour impériale aura, dans les limites de son ressort, une autorité semblable. Cependant on ne dirait pas alors que c'est dans un intérêt constitutionnel que sont instituées les Cours impériales.

D'ailleurs on ne voit pas trop comment, de ce que la Cour de cassation serait établie dans un intérêt constitutionnel, on pourrait conclure qu'il convient d'en gêner l'accès arbitrairement aux plaideurs. La dignité d'une telle Cour pourrait-elle bien s'accommoder d'un système qui ferait suspecter sa franchise, promettant une justice entière, et ne la dispensant que comme à regret ? Sans doute, la Cour de cassation ne peut pas se faire un jeu de casser des arrêts, et ce serait un grand malheur que les cassations fussent trop fréquentes ; mais ce serait un malheur, beaucoup moins parce que cela diminuerait l'autorité morale des décisions souveraines, que parce que cela témoignerait de la légèreté ou de l'incapacité des juges. La Cour de cassation ne peut pas être instituée pour abuser les justiciables, mais pour dire la vérité, quelque inconvénient même qu'il pût y avoir à la répéter souvent. Il y a quelque chose de plus grave que le mal résultant de ce que les particuliers sauraient que la justice est mal rendue, ce serait que la justice fût mal rendue effectivement. La question est donc toujours de savoir si l'organisation actuelle de la Cour de cassation assure le mieux aux justiciables une justice impartiale.

Je crains beaucoup que cette opinion, qui fait de la Cour de cassation une institution constitutionnelle plutôt qu'une institution judiciaire, ne tienne à une assimilation trop complète qu'on veut établir entre la Cour de cassation et l'ancien Conseil des parties dont elle a hérité. L'avocat général Joly de Fleury disait :

« On a toujours tenu pour principe au Conseil que la cassation a été introduite plutôt pour le maintien des Ordonnances que pour l'intérêt des justiciables. Si la contravention n'est pas claire et *littérale*, si l'on peut croire que les circonstances du fait ont influé sur le jugement, on rejette la demande en cassation, parce qu'alors on peut supposer que le juge n'a pas *méprisé* la loi, mais qu'il a pensé que ce n'était pas le cas d'en faire l'application. »

On remarquera dans ces lignes l'emploi de mots dont on ne se servirait plus maintenant en parlant de lä juridiction de la Cour de cassation. Ainsi Joly de Fleury voulait que la contravention aux Ordonnances fût littérale pour qu'il y eût lieu à cassation. Le décret du 27 novembre 1790 et la loi du 20 avril 1810 paraissent un peu moins exigeants : ils autorisent la cassation quand la décision attaquée contient une contravention *expresse* à la loi.

Ainsi encore Joly de Fleury dit qu'on rejetait la demande en cassation pour si peu qu'on pût supposer que le juge n'avait pas *méprisé* la loi. Nos lois modernes ne s'inquiètent pas du mépris du juge pour la loi ; elles ne supposent jamais que l'erreur, mais l'erreur suffit pour qu'il y ait cassation.

D'où vient donc que l'ancien Conseil des parties, division du Conseil du roi, où se portaient les affaires contentieuses entre particuliers, paraissait plus tenir à punir le mépris du juge en prononçant la cassation qu'à assurer la juste observation de la loi ? D'où vient que Joly de Fleury était autorisé à écrire que la cassation par le Conseil des parties avait été plutôt introduite pour le maintien des Ordonnances que

pour l'intérêt des justiciables ? Comment se fait-il
que le Conseil des parties reculât jusqu'à la contravention littérale aux Ordonnances royales pour prononcer la cassation des décisions souveraines ? Les
arrêts du Conseil des parties avaient presque le caractère de revendication ; *spirabant vindictam*,
selon une expression du droit romain ! C'est que le
Conseil des parties, à l'imitation de toutes les autres
divisions du Conseil du roi, était institué d'abord,
avant tout, pour défendre l'autorité royale contre les
empiétements des grands corps judiciaires, et que
c'était une machine de combat et de défense plutôt
qu'un tribunal. Aussi le Conseil n'avait-il pas une
existence indépendante ; le roi était toujours censé
y siéger. Dans cette longue lutte avec la féodalité,
qui s'est terminée par le triomphe de la royauté, les
Conseils du roi ou plutôt les rois de France en leurs
Conseils ont toujours veillé avec une extrême solli-
citude à la conservation et à la consolidation de leurs
conquêtes administratives. C'est de la ruine de mille
seigneuries, grandes ou petites, qu'est sortie la nationalité française ; c'est des débris de l'autorité des
feudataires que s'est formée l'autorité royale ; le
Conseil du roi était le gardien des conquêtes de la
royauté. Mais cette lutte, entreprise d'abord contre
la puissance féodale, dut se continuer contre les parlements, quand l'esprit féodal, vaincu, ruiné, vint
chercher un asile dans le sein de ces grands corps
judiciaires et politiques, où l'esprit d'indépendance
provinciale retrouvait par intervalles toute son éner-

31.

gie et sa vitalité. Tout le monde sait les résistances que les parlements opposèrent si souvent à l'enregistrement des Ordonnances ; c'est une partie notable de notre histoire. Or, quand par un lit de justice ou des lettres de jussion, la volonté royale était devenue pour le Parlement une règle obligatoire, il fallait en assurer l'exécution au profit des particuliers qui entendaient en profiter ; et c'est à quoi pourvoyait le Conseil des parties.

A ce point de vue, tout s'explique. Comme, par l'esprit de son institution, le Conseil des parties était le défenseur des prérogatives royales, le recours au Conseil ou plutôt au Roi en son conseil était de droit quand une décision souveraine avait violé les Ordonnances ou était contraire à quelque arrêt du Conseil ; il ne l'était pas, quand il y avait eu seulement violation de la coutume ou du droit commun. Et comme, d'un autre côté, le jugement du fond des affaires pouvait dans certains cas constituer un empiétement des parlements sur l'autorité royale ou la menacer, il arrivait, rarement, mais quelquefois, que le Conseil saisi d'une affaire ordonnait que les parties y procéderaient sur le fond (1).

Le Conseil des parties, investi d'une puissance exorbitante, dont il n'avait à user que dans l'intérêt de la Couronne, sans grand souci du droit et de ses principes, en usait comme on use toujours d'un

______

(1) Tolozan, *Règlement du Conseil.*

pouvoir rigoureux quand on est sage, c'est-à-dire modérément.

Mais la Cour de cassation n'a pas été instituée dans le même esprit ou pour un résultat semblable, et ce n'est pas un corps administratif au sein duquel le dépositaire des pouvoirs publics ressaisisse jamais une partie de la justice déléguée. Où sont maintenant ces grands corps, rivaux jaloux de l'autorité suprême et toujours prêts à faire servir leur pouvoir judiciaire à l'extension de leur puissance politique? Il en reste un souvenir en France, mais c'est tout. La Cour de cassation, placée au sommet de l'ordre judiciaire qui a, à tous les degrés, une existence indépendante, et non pas à côté du pouvoir législatif comme on l'a dit à tort, protége les parties contre des violations de la loi; elle ne combat pas pour l'indépendance de l'autorité suprême, qui n'a plus, dans l'ordre judiciaire, de rivales à redouter.

On ne voit donc pas quelle raison il y aurait d'entraver son action, en défiance des intérêts particuliers, quand c'est principalement pour ces intérêts qu'elle est établie. Merlin et Tronchet, à l'Assemblée constituante, demandaient que la juridiction de la Cour de cassation fût très-resserrée et que la voie de cassation ne fût pas un remède facile, de peur que le tribunal de cassation, comme on l'appelait alors, ne fût bientôt considéré comme un troisième degré de juridiction. C'est qu'ils avaient en vue les attributions mal précisées de l'ancien

Conseil des parties, et qu'ils désiraient que le tribunal de cassation ne pût pas faire plus qu'assurer la stricte observation de la loi. Mais ils n'entendaient pas qu'il dût fonctionner de manière à décourager les plaideurs, à les prendre par la fatigue.

On peut resserrer, en effet, plus ou moins la juridiction d'un tribunal; mais, le cercle de juridiction une fois tracé, la justice doit y être franche, **nous dirions facile**, si nous ne craignions pas de paraître demander à la Cour de cassation des complaisances aussi contraires à l'esprit de son institution que les embarras systématiques et les rigueurs.

Voilà, pensons-nous, la vérité sur l'argument historique emprunté quelquefois à Joly de Fleury. Si maintenant nous examinons les conséquences du système selon lequel la chambre des requêtes est établie et fonctionne, nous trouverons à chaque pas des singularités, des anomalies, des contradictions.

Ces singularités et ces contradictions ne devront pas surprendre. Quand l'erreur est dans les prémisses d'un raisonnement, l'homme qui raisonne, par cela seul qu'il raisonne bien, est condamné à aller jusqu'au bout de son raisonnement en se trompant toujours. Ainsi encore, quand un édifice est établi contrairement aux lois de la statique, les étais ne remédieront jamais parfaitement au défaut d'équilibre. Cette terrible solidarité de l'erreur confond la faible raison humaine, mais elle est un enseignement. Les magistrats si éminents par leur science et leur vertu, qui composent la chambre des requêtes, ne peuvent pas faire que le vice de l'institution de cette chambre (nous parlons ici avec la réserve que commande une institution qui a déjà tant d'années d'existence) n'apparaisse quelquefois à des yeux non prévenus; or, les contradictions y sont incontestables.

D'abord, comme nous l'avons dit en commençant, l'usage s'est établi que le conseiller rapporteur termine son rapport par des observations qui font connaître son opinion propre sur le mérite du pourvoi. Ces observations sont souvent très-développées; elles le sont surtout quand elles tendent au rejet. Etant donné le système suivi par la chambre des requêtes de n'admettre les pourvois que dans les cas où, chambre civile, elle casserait, ces observations sont d'une nécessité évidente; car une discussion complète doit précéder l'arrêt de la Cour, et en l'absence du défendeur qui ne comparaît pas, il ne reste plus que le rapporteur pour contredire le demandeur en cassation.

Cependant l'article 12 du décret du 27 novembre 1790 dit que dans tout pourvoi « la discussion « sera précédée d'un rapport par un des juges, sans « qu'il énonce son opinion; » et la loi du 2 brumaire an IV dit : « Les affaires seront jugées sur « rapport fait publiquement par l'un des juges, « lequel n'énoncera son opinion qu'en même temps « que ses collègues et dans la même forme. »

Et ce n'est pas sans raison que nos lois non-seulement n'ont pas autorisé, mais encore ont défendu par avance que le magistrat rapporteur fît connaître son opinion dans son rapport. Logiquement, il ne doit pas avoir une opinion engagée avant la fin du débat, c'est-à-dire avant la plaidoirie de l'avocat et les conclusions de l'avocat-général. Or, de fait, non-seulement le rapporteur fait connaître son opinion, mais il la motive avec détail, il discute. Que ce soit là une nécessité de la façon dont la chambre des requêtes est obligée de fonctionner, on ne peut pas le contester; mais nous, qui nous permettons d'élever sur l'excellence de l'organisation de la chambre des requêtes des doutes, nous ferons à cette occasion cette remarque, que, par la nature de son institution, la chambre des requêtes de la Cour de cassation, chargée d'assurer le respect de la loi, ne peut fonctionner selon son usage sans se mettre avec la loi en une flagrante opposition.

Dira-t-on que si la loi est impraticable il suffira de la changer? Soit; mais, en attendant, la loi existe toujours, et voici maintenant une autre singularité dont on ne se tirera pas aussi facilement.

Dans tous les Tribunaux de tous les degrés, les affaires se jugent à la majorité des voix. Mettre aux voix la vérité, cela peut paraître étrange à un premier examen; car philosophiquement il ne semblerait pas qu'on pût mettre aux voix autre chose que les déterminations libres de la volonté, les actes volontaires qu'on se propose d'accomplir en commun. Cependant, comme cet être collectif qu'on appelle un Tribunal se compose d'unités égales, d'intelligences égales, et qu'à défaut de la vérité proprement dite, qui n'est peut-être pas de ce monde, il faut se contenter de la certitude, il est tout naturel de faire sortir la vérité présumée, la certitude judiciaire, de la pluralité des voix : hors de là, il n'y a plus que hasard et chaos.

Or, à la Cour de cassation, après un double examen, une double discussion, une partie peut avoir la majorité des voix et perdre son procès. Comptons plutôt (1).·

Une partie demanderesse en cassation a vu admettre son pourvoi à l'unanimité des voix. Comme la chambre des requêtes n'admet les pourvois que dans le cas où, chambre civile, elle casserait l'arrêt, voilà seize voix, seize magistrats égaux en dignité, en science et en lumières, aux magistrats de la chambre civile, qui sont de l'avis que l'arrêt doit être cassé. Mais à la chambre civile, neuf voix contre sept sont d'avis du rejet : voilà une partie qui aura eu pour elle vingt-trois voix, et qui perdra sa cause contre sa partie adverse qui n'en aura eu que neuf.

·Et cette hypothèse n'a rien d'invraisemblable. A la chambre des requêtes, les admissions et les

____

(1) Tous les chiffres que nous allons discuter sont pris dans les statistiques officielles. Quant à leur appréciation, elle résulte d'observations consciencieuses. D'ailleurs, parmi les hommes compétents, nul, quelle que soit son opinion sur l'objet de ce travail, ne les contestera.

rejets sont presque toujours prononcés à l'unanimité ; les délibérés n'ont pas lieu dans la proportion
de plus de deux sur cent affaires, et les délibérés en
la chambre du conseil se comptent à trois ou quatre
par an. Or, parmi les pourvois admis, la chambre
civile ne cassant en moyenne que dans la proportion
de trois sur cinq, on peut conjecturer que, sur cent
arrêts de rejet prononcés par la chambre civile, il
en est soixante qui présentent l'anomalie que nous
venons de signaler.

Autre hypothèse. Une partie demanderesse en
cassation invoque à l'appui de son pourvoi deux
moyens. La chambre des requêtes est d'avis que le
premier moyen doit être rejeté, mais qu'il y a lieu
de casser sur le second, et, en conséquence, elle admet le pourvoi. La chambre des requêtes rejetant
ou admettant toujours les requêtes dans leur entier
et ne prononçant jamais d'admission *in parte quâ*,
si bien que ses arrêts d'admission ne sont pas motivés, la chambre civile se trouve saisie de l'examen
des deux moyens du demandeur. Or, la chambre
civile casse sur le premier moyen et rejette sur le
second : voilà un rejet là où la chambre des requêtes eût prononcé une cassation et une cassation
là où elle eût prononcé un rejet.

Nous venons de voir des cas fréquents où une
partie perdait son procès avec la majorité des voix
en sa faveur ; en voilà un possible où elle perd son
procès en partie et le gagne en partie contre l'avis
de tout le monde ! Et dans ce même cas, l'opinion

des deux chambres se contredit positivement!

Qu'on ne dise pas que ces exemples sont rares; nous répondrions qu'ils sont plus communs qu'on ne croit; il est peu d'avocats qui ne puissent en citer. Mais quand encore ils seraient rares, quand même ils ne se seraient jamais présentés, ne suffit-il pas qu'ils soient possibles pour fournir contre l'institution qui les produirait de redoutables arguments? Tout système, comme tout raisonnement, se juge par ses conséquences, et, pour le bien juger, il faut même aller de suite aux plus éloignées.

La chambre des requêtes a donc une jurisprudence quelquefois différente de celle de la chambre civile. Mais, ce qui est plus grave, c'est que, sans parler des cas où l'opposition des tendances des deux chambres n'est pas apparue de manière qu'il en restât des traces dans les recueils d'arrêts, le plus souvent la diversité de jurisprudence n'a pu se manifester qu'à la faveur d'un concours bizarre de circonstances, comme celui que nous venons de supposer. On compte, dit-on, douze questions où la division des deux chambres a éclaté. C'est peu par le nombre; mais ce sont douze questions où le triomphe de la vérité à la chambre civile n'a été dû qu'à des admissions de pourvoi subreptices et forcées. Et combien d'autres dont on ne sait rien! Assurément, nous ne voudrions pas exagérer l'inconvénient qui peut résulter d'une opposition de jurisprudence entre les deux chambres; ce n'est rien en soi; et si la chambre des requêtes devait être remplacée, comme on l'a proposé et comme nous ne le proposerons jamais, par une seconde chambre civile, cette opposition se montrerait bien plus fréquemment encore. Mais c'est un mal véritable quand cela révèle une scission intérieure, comme ici. Une lutte ouverte, mais qui ne durerait pas, éveillerait moins d'inquiétude qu'une division se manifestant dans un même corps, et ne devant qu'à un concours de circonstances exceptionnelles le hasard d'apparaître au grand jour : une lutte ouverte ne s'engage que sur un terrain circonscrit; une division intestine, éclatant par intervalles, en dépit des précautions prises pour la dissimuler, laisse tout supposer et fait tout craindre.

Les défenseurs de l'ordre actuel ne pouvant méconnaître l'opposition qu'il fait naître quelquefois entre les deux chambres, mais se taisant sur les circonstances où cette opposition apparaît et qui la rendent tout à fait grave, croient se tirer d'affaire en expliquant que, quand la chambre civile fait prévaloir dans ses arrêts un sentiment contraire à celui de la chambre des requêtes, celle-ci s'empresse de ramener ses décisions à l'opinion prépondérante de la première. En fait, dit-on, devant un arrêt de la chambre civile, la chambre des requêtes s'incline !

C'est vrai. Mais pourquoi s'incline-t-elle? Nous prenons acte de ce fait pour en tirer une objection. Pourquoi la chambre des requêtes, composée des mêmes éléments, du même nombre de magistrats que la chambre civile, et devant avoir une autorité morale égale, fait-elle fléchir son opinion devant l'opinion d'une chambre qui n'est, comme elle-même, que partie d'un tout? Pourquoi cette déférence de la chambre des requêtes pour sa sœur, quand cela doit conduire au triomphe d'une opinion erronée à ses yeux, et inévitablement au triomphe de la minorité? Logiquement, il ne saurait y avoir au-dessus de chaque chambre de la Cour de cassation que les chambres réunies. N'est-ce pas en vertu des prérogatives de l'égalité que la chambre des requêtes rejette dans tous les cas où, chambre civile, elle ne casserait pas? Grâce à ce respect inconséquent de la chambre des requêtes pour les décisions de la chambre civile, une communauté de sentiments purement artificielle et seulement apparente se rétablira au sein de la Cour; mais il ne faut pas oublier que l'union alors sera due à un acte d'abnégation qui peut être le sacrifice de la vérité. Chaque chambre, en effet, juge au nombre de seize juges et peut juger à onze. Avec ce système, si, par événement, la chambre des requêtes était unanime sur un point de droit que la chambre civile aurait jugé en sens contraire à la majorité de six voix contre cinq, l'opinion formelle de vingt et un magistrats se trouverait enchaînée par l'opinion de six magistrats d'une égale autorité !

On ne serait pas fondé à dire alors que le plaideur n'aurait toujours que cette garantie de six voix si l'affaire arrivait directement devant la chambre civile, ou si la chambre des requêtes n'avait pas à se livrer à un examen dont le résultat préjugeât le jugement du fond du droit. Nous répondrions que, quand la loi établit des garanties, règle la manière de fonctionner d'un tribunal et fixe le nombre des juges qui doivent connaître des affaires d'une certaine classe, c'est qu'elle juge tout cela nécessaire; que l'on n'est jamais fondé à défendre la prépondérance de la minorité en donnant pour raison que le nombre des voix qui la composent est encore assez grand; que, par conséquent, si la chambre des requêtes était instituée pour examiner les mêmes affaires que la chambre civile et concurremment avec elle, rien ne pourrait justifier la loi de s'être mise en contradiction avec elle-même, et d'avoir combiné les choses de façon que l'opinion du petit nombre pût l'emporter quelquefois sur l'opinion du grand. Ce sont là des principes élémentaires en matière d'organisation judiciaire.

Mais ce n'est pas tout. Nous avons laissé la chambre des requêtes sous l'impression d'un arrêt de la chambre civile contraire à sa propre jurisprudence. En vertu d'un usage invariable, elle rejetera désormais, contre son sentiment, tous les pourvois qu'elle eût admis auparavant. Supposons maintenant que, par un de ces revirements d'opinion qui ne sont pas rares dans la science, la chambre civile soit disposée à reconnaître une erreur : la chambre des requêtes arrêtant les pourvois, elle ne le pourra pas ; ou bien, pour que ce changement désirable s'effectue, il faudra attendre un nouveau hasard qui fasse, par exemple, passer cette question devant la chambre civile, à la faveur d'une admission prononcée sur le même pourvoi à propos d'une question diffé-rente.

De la sorte, le demandeur en cassation verra son pourvoi rejeté, en ayant pour soi les deux cham-bres : l'une ne voulant pas juger comme elle le pour-rait effectivement, l'autre voulant, mais ne pouvant pas ! Alceste, qui disait dans une de ses sorties de misanthrope :

J'ai pour moi la justice, et je perds mon procès !

pourrait avoir à ajouter aujourd'hui : et les juges !

Et quelle autre singularité encore dans le cas où deux questions contraires se présentent en même temps devant la chambre des requêtes ! Pour ne pas risquer d'être démentie par la chambre civile, en admettant seulement l'un ou l'autre des deux pourvois, la chambre des requêtes est dans l'usage de les admettre tous les deux, c'est-à-dire que, pour sauver les apparences, elle abdique, quoiqu'elle eût prononcé, si par hasard l'un des deux pour-vois se fût présenté seul. Mais la loi a-t-elle pu ré-server au hasard un rôle devant le grand tribunal qui prononce sur le droit ? Il faut bien reconnaître que toutes ces capitulations d'opinion, obligées, je le sais bien, mais toujours regrettables, s'accordent mal avec la compétence étendue qu'on a voulu donner à la chambre des requêtes.

Voilà des objections auxquelles nous ne sachions pas qu'on ait jamais répondu. Que l'on explique donc toutes ces anomalies, et qu'on les justifie si cela se peut. Mais nous craignons bien que l'explication ne se fasse toujours attendre : quand il y a dans une institution défaut d'équilibre, elle ne peut fonctionner qu'en boitant.

Tout cela est grave cependant, si l'on songe que c'est dans la Cour suprême de France que toutes ces anomalies se manifestent. On ne s'inquiète pas des dissidences d'opinion qui éclatent à peu près partout où il y a des hommes ; on s'alarme même assez peu des erreurs judiciaires, quand elles n'ont pas leur principe dans l'aveuglement d'un esprit de parti et de réaction : tout cela est subi, presque accepté comme un mal inhérent à la faiblesse de notre nature ; et d'ailleurs on se console intérieurement en pensant que ce sont là de simples accidents qu'aucune cause permanente ne forcera de se reproduire. Mais on s'émeut des vices qui se révèlent dans une institution politique, administrative ou judiciaire, parce qu'ils sont une occasion incessante sinon d'erreurs, au moins de tiraillements pires que l'erreur en ce qu'ils la font craindre à chaque instant, et parce qu'il est contre la nature des choses que les hommes aient à rectifier en fait l'institution, quand l'institution doit être organisée précisément pour obvier à leur faiblesse ou au moins pour en conjurer les résultats.

Croit-on qu'on pourrait répondre à celui qui critiquerait la construction vicieuse d'un char, dans l'intérêt des voyageurs, que ce char, fait après tout pour les porter, marchera néanmoins à la condition qu'ils le traîneront ? Or, la chambre des requêtes fonctionne, mais grâce au concours des hommes, qui aident à l'institution au lieu d'en tirer un profit.

Mais, dit-on, avec le grand nombre de pourvois qui débordent au greffe de la Cour de cassation, et qui sont pour la plupart si peu fondés, il est nécessaire que la Cour fasse préalablement un choix. Le grand nombre des arrêts de rejet le prouve. Sans la chambre des requêtes, voilà bien des frais inutiles, bien des déplacements coûteux, bien des plaideurs qui, au lieu de se reposer sous l'autorité d'une décision souveraine, verront se prolonger leurs inquiétudes et diminuer leurs épargnes par la nécessité de continuer la lutte !

Comme nous ne nous en prenons qu'à la manière dont la chambre des requêtes fonctionne, et que nous n'avons jamais pensé que tous les pourvois dussent donner lieu de suite à un débat contradictoire, cette objection ne nous atteint pas. Mais, allant au fond des choses, quel argument veut-on tirer du nombre considérable des rejets prononcés par la chambre des requêtes, quand ces rejets sont précisément le grief de ceux qui l'attaquent ? Dans les affaires ordinaires, la chambre des requêtes rejette, non dans la proportion de deux sur trois, comme on l'a dit inexactement, mais bien dans la proportion de quatre sur cinq (1). Or, quoique parmi cette masse d'arrêts de rejet il en soit qui contiennent, au dire des adversaires de la chambre des requêtes, des appréciations et des doctrines contestables, on justifie la chambre des requêtes en comptant le grand nombre des pourvois rejetés ! Se faire d'un grief d'autrui un moyen de justification, c'est habile, mais ce n'est pas répondre.

La pensée réelle des défenseurs de la chambre des requêtes, la voici sans artifices : c'est que les cassations d'arrêts des Cours impériales sont un mal, qu'il en faut peut-être dans l'intérêt public, pour l'exemple, mais qu'au résumé il ne saurait y avoir trop de pourvois arrêtés au défilé de la chambre des requêtes, pourvu qu'il en passe quelques-uns.

C'est le système des barrages et des écluses. Mais le système des barrages et des écluses, fort ingénieux quand il s'agit du régime des eaux, nous paraît moins heureux appliqué à l'administration de la justice. La chambre des requêtes n'admet en moyenne que dans la proportion de un sur cinq, parce qu'elle ne casserait, si elle était chambre civile, que dans la proportion de un sur cinq. Cependant la chambre civile augmente encore le nombre des rejets, puisqu'elle ne casse que dans la proportion de trois sur cinq ; de sorte que la chambre des

____

(1) Nous ne faisons pas entrer en compte les affaires de régie ; ce sont des affaires spéciales.

requêtes est contredite deux fois sur cinq admissions qu'elle prononce ! Ces contradictions ne peuvent-elles pas justifier quelques inquiétudes sur le sort des quatre cents rejets que la chambre des requêtes prononce chaque année ?

On serait sévère pour de tels inconvénients, s'ils se produisaient dans les tribunaux ordinaires, où cependant l'appréciation des circonstances de fait joue un si grand rôle. Qu'en faut-il penser à la Cour de cassation, qui procède dans l'examen des questions de droit avec la même rigueur que le géomètre quand il tire ses lignes ? Son organisation intérieure dément l'esprit de son institution.

Encore une fois, nous n'entendons pas porter atteinte à l'immense autorité de la Cour de cassation. Telle qu'elle est, cette institution est encore un chef-d'œuvre. Quant aux hommes, ils sont ce qu'ils ont toujours été, les grandes lumières du pays. Entre tous, l'éminent magistrat qui préside aujourd'hui à l'examen des affaires à la chambre des requêtes joint à de hautes facultés et à la science acquise un amour de la justice et du devoir qu'on ne surpassa jamais. Mais quand il s'agit d'institutions judiciaires, il faut faire abstraction des hommes ; ce qu'on cherche, ce sont des garanties de droit.

Ces critiques ne nous conduiront pas toutefois à demander la conversion de la chambre des requêtes en une seconde chambre civile, comme on l'a demandé à l'Assemblée nationale en 1849. Il naîtrait de ce changement de réels inconvénients qu'il est inutile d'exposer, puisque ce système n'est plus défendu. Mais voyons comment la composition de la chambre des requêtes peut être modifiée; c'est par où nous terminerons ces observations.

La compétence étendue que la chambre des requêtes s'est reconnue n'a pas d'autre cause que sa composition. Comme aux chambres civile et criminelle, seize magistrats en font partie, et elle peut juger au nombre de onze juges. Or, seize magistrats égaux en dignité, en talents, aux magistrats des deux autres chambres, conseillers au même titre, ne consentiront jamais à ne former qu'un bureau d'examen ; disons mieux, la dignité de leur caractère ne le permettrait pas.

De là l'usage qui s'est établi à la chambre des requêtes, d'examiner les pourvois comme s'ils ne devaient pas subir une seconde épreuve, et de ne les admettre que dans les cas où l'on casserait.

Il est si vrai que la compétence de la chambre des requêtes tient à sa composition, que dans une institution voisine, découlant de la même source, la même pensée qui a inspiré la création de la chambre des requêtes a produit un résultat opposé. Au conseil d'État, toutes les fois qu'un recours au contentieux formé par une personne mise aux droits de l'État intéresse un particulier, le président de la section du contentieux délivre une ordonnance de *soit communiqué,* qui autorise le demandeur à assigner sa partie adverse; et ce n'est que dans des cas où le recours n'aurait aucun caractère sérieux que le conseil d'État prononcerait en l'absence du défendeur.

Or qu'est-ce que l'ordonnance de *soit communiqué* du président du contentieux du conseil d'État, sinon l'arrêt d'admission de la chambre des requêtes? La filiation historique des deux usages est la même. L'un et l'autre descendent en ligne droite de l'art. 28 du règlement de 1730. Mais, dans l'un, seize magistrats, se livrant à l'examen des affaires, les examinent en juges qui auraient à prononcer définitivement, tandis que dans l'autre, le président, ne voulant pas prendre sur lui seul de rien préjuger sur la difficulté soumise à sa section, rend son ordonnance sans examen.

Nous ne proposerons certainement pas de substituer le second usage au premier; mais ne pourrait-on pas prendre, entre les deux, un moyen terme qui conduirait à un résultat moyen? Rendez à la chambre des requêtes sa dénomination primitive de *bureau des requêtes;* réduisez les magistrats qui la composent de seize à sept, à cinq, à trois; faites en sorte que, par un roulement prudemment combiné, tous les magistrats de la Cour passent successivement par le bureau des requêtes, afin que l'immobilisation des hommes n'amène pas l'établissement d'autres usages que ceux que la Cour entière sanctionnerait, et vous ferez disparaître, d'un seul coup, les inconvénients de l'état actuel que nous venons d'exposer.

Si nous ne nous trompons, la substitution d'un

bureau des requêtes à la chambre des requêtes aurait les résultats suivants :

1° Le bureau des requêtes écarterait dans son premier examen tous les pourvois, assez nombreux, où la question de fait domine la question de droit. Cette séparation du fait et du droit n'est pas toujours sans difficulté, mais un examen attentif permet de la faire avec exactitude.

2° Il écarterait ensuite tous les pourvois qui, sans soulever des questions de droit de nature à donner lieu à une controverse sérieuse, font naître néanmoins, au premier abord, des doutes que trois, cinq, sept magistrats peuvent dissiper.

Le bureau des requêtes aurait ainsi des usages, et il n'aurait pas de jurisprudence proprement dite. Il ne serait pas dans la situation anormale et fausse de la chambre des requêtes, qui, constituée comme chambre de jugement, organisée comme simple bureau, présente ce spectacle étrange d'une chambre de justice qui peut faire perdre son procès à un plaideur et ne peut pas le lui faire gagner !

Avec ce système, plus de contradiction de jurisprudence, plus de ces singularités capables de déconsidérer tout autre tribunal que la Cour de cassation. La position des magistrats serait partout digne et franche, et quand un demandeur en cassation perdrait son procès, il n'aurait plus aucun prétexte pour s'en prendre à d'autres qu'à lui-même.

A ceux qui ont demandé quelquefois que l'importance des questions entrât pour quelque chose dans les décisions de la chambre des requêtes, on a répondu que ce n'est pas selon le doute, mais selon le droit que le magistrat doit se décider. L'objection et la réponse ne se présenteraient plus, si, à la place de la chambre des requêtes, il n'y avait plus qu'un bureau. Une chambre de justice est invinciblement portée à se décider selon le droit, quelle que soit son organisation intérieure; un bureau limiterait sa compétence et ses pouvoirs. Or, il est sage, quand on établit une autorité au-dessus de laquelle il n'y a plus rien, de la constituer de telle façon qu'elle se limite elle-même.

Mais, un tel système augmentant les admissions dans une certaine proportion, la chambre civile pourra-t-elle suffire au jugement d'un plus grand nombre de pourvois?

Oui, répondrons-nous, à la condition d'augmenter le nombre de ses audiences, ce qui sera facile, puisque, par la conversion de la chambre des requêtes en un bureau, on pourra augmenter le nombre des magistrats de l'autre chambre. En portant le nombre des audiences de la chambre civile de trois à quatre par semaine, la justice serait aussi prompte, et les magistrats ne seraient pas surchargés, car il est bien entendu que la chambre civile ne continuerait toujours de juger qu'au nombre de onze à seize magistrats. Seulement les audiences ne seraient pas toujours composées des mêmes hommes.

Et si maintenant on craignait que ce roulement

continu dans le personnel des audiences de la chambre civile ne nuisît à l'unité de sa jurisprudence, nous répondrions que pareille chose arrive chaque année à la chambre criminelle pendant les mois de juin, juillet et août, et qu'on ne s'est jamais aperçu qu'elle entraînât le moindre inconvénient. La chambre criminelle ne vaquant jamais, ses membres s'absentent successivement pour prendre quelque repos dès la fin du mois de mai; des magistrats de la chambre des requêtes et de la chambre civile sont alors appelés à tour de rôle pour compléter la chambre criminelle, et la justice n'en souffre pas.

Loin de présenter un désavantage, ce roulement incessant des magistrats à la chambre civile obvierait à l'inconvénient lointain, mais réel, qui résulte toujours de l'immobilisation des hommes dans les mêmes fonctions.

Tels sont les vœux que nous formons pour la Cour de cassation, cette grande institution chère à la France, chère surtout au barreau qui a appris, par une fréquentation continue, à admirer et à vénérer les magistrats qui la composent. Nous nous sommes expliqué avec la franchise qui convenait à un tel sujet; la franchise, sur d'aussi hautes questions, c'est encore du respect. Mais nous ne pouvions pas taire des inconvénients tellement inhérents à l'institution, que tous les efforts des hommes ne peuvent parvenir à les dissimuler. Nous n'avons rien imaginé, rien inventé; tout ce que nous avons dit, nous l'avons vu. Nous aurions pu aller plus loin dans nos hypothèses, car, en bonne logique, nul système n'est parfait qui ne peut résister à l'épreuve des suppositions même impossibles.

Mais à quoi servirait de signaler de nouvelles singularités découlant toujours d'une même cause : la situation fausse de la chambre des requêtes ? Quand une Cour de justice est organisée de façon à n'entendre que le demandeur, la partie défenderesse absente ne manque pas pour cela de défenseur : à défaut d'un avocat de son choix, elle aura pour avocat le magistrat lui-même. Et c'est ainsi que tout équilibre est rompu.

> Et cela vient d'avoir, du point fixe, écarté
> Ce que nous appelons centre de gravité.

Nous n'espérons pas cependant que nos vœux soient entendus. L'organisation actuelle de la Cour de cassation a pour elle le temps, et c'est un bien fort préjugé quand il s'agit d'un tel Tribunal. Tout continuera donc d'aller comme par le passé, l'institution fonctionnant selon sa nature, les hommes se pliant aux nécessités de l'institution ; et les prêcheurs de réforme en seront pour leurs souhaits inutiles.

E pur si muove!

FIN

TABLE DES MATIÈRES.

Pages.

Préface... I.

PREMIÈRE PARTIE. — ENSEIGNEMENT.

Chapitre   1. — De l'enseignement du droit civil en France.   1
 —   II. — De l'utilité de l'étude du droit romain....   20

DEUXIÈME PARTIE. — DOCTRINE.

Chapitre   I. — Du droit et du fait.....................   47
 —   II. — Des maximes de droit..................   60
 —   III. — Des formules......................   84
 —   IV. — Des symboles du droit................   99
 —   V. — Des fictions de la loi.................   111
 —   VI. — De l'histoire et de la philosophie dans l'é-
           tude du droit........................   133
 —   VII. — De la logique juridique et de la logique ju-
           diciaire............................   160
 —   VIII. — De la jurisprudence des arrêts...........   185
 —   IX. — Du juste et de l'utile dans le Code Napo-
           léon........................   201
 —   X. — De la garantie du droit.................   214

TROISIÈME PARTIE. — BIBLIOGRAPHIE.

Chapitre   I. — Leibnitz, jurisconsulte..................   227
 —   II. — Vico, jurisconsulte....................   260
 —   III. — Bacon, jurisconsulte....................   297
 —   IV. — Montesquieu, jurisconsulte...............   313

QUATRIÈME PARTIE. — ORGANISATION DE LA COUR DE
CASSATION.

Corbeil, imprimerie de Crété.